COLLECTION TEL

Pierre Manent

Cours familier de philosophie politique

Gallimard

AVANT-PROPOS

Ce livre est le fruit d'un hasard de la vie universitaire. L'Institut d'études politiques de Paris m'avait demandé de donner le cours intitulé « Grands Enjeux » et destiné aux étudiants de troisième année. Il s'agissait d'élaborer librement, en une vingtaine de séances hebdomadaires, une sorte de tableau raisonné du monde actuel : non pas le détail des événements dont les journaux sont pleins, mais les articulations principales selon lesquelles notre monde s'ordonne et se meut. Je n'aurais jamais pris l'initiative moi-même d'une telle entreprise. Mais l'offre ayant été acceptée, il fallait s'exécuter. Et devant ces auditeurs vivants et curieux, je « versai mon esprit ». Une imprudence conduisant à l'autre, je propose maintenant ces réflexions au public.

INTRODUCTION

« Ce n'est point le futur que j'envisage, écrit Paul Claudel au début de son *Art poétique*, c'est le présent même qu'un dieu nous presse de déchiffrer. De moment à autre, un homme redresse la tête, renifle, écoute, considère, reconnaît sa position : il pense, il soupire, et, tirant sa montre de la poche logée contre sa côte, regarde l'heure. *Où suis-je ?* et *Quelle heure est-il ?* telle est de nous au monde la question inépuisable. » Au moment d'entamer notre enquête politique, ces mêmes questions nous motivent, cette même question inépuisable nous requiert. Commencer, c'est s'orienter.

Comment nous orienter dans le monde social et politique ? De quelle manière pouvons-nous le mieux commencer notre enquête ? Je crois que, dans ce premier effort de reconnaissance, la première question à poser est celle-ci : *qu'est-ce qui pour nous fait autorité* ? « Pour nous » ne signifie pas ici : pour Pierre ou Paul, ou pour les étudiants de Sciences-Po, ou pour telle classe sociale ou classe d'âge, mais : pour nous en tant que citoyens d'une démocratie au tournant de l'an 2000. Eh bien, je crois que si nous nous efforçons de répondre de la manière la plus simple et en même temps la plus ample à cette question, nous dirons à peu près ceci : *nous*, citoyens d'une démocratie à l'orée du nouveau millénaire, *nous* reconnaissons l'autorité, dans le domaine théorique, de la *science*, et dans le domaine pratique, de la *liberté*. Telles sont les deux autorités les plus largement, pour ainsi dire universellement reconnues dans nos sociétés. Bien entendu, certains d'entre nous reconnaissent aussi d'autres autorités, par exemple l'autorité d'une Église ou d'une Loi religieuse, et cela peut entraîner des conflits d'autorité ; mais l'autorité qui fait le plus autorité, si je puis dire, celle qui inspire les lois et, au-delà des lois, qui donne le ton à notre société, c'est bien la double autorité de la Science et de la Liberté.

Lorsque je dis que la Science et la Liberté sont nos deux grandes autorités, je laisse évidemment de côté la question de leur vérité et de leur bonté. On peut penser, comme certains écologistes, que la Science nous conduit à la catastrophe, ou, comme les « fondamentalistes » religieux, que la Liberté nous éloigne de plus en plus de la Loi divine. Il reste que ces deux instances, ces deux « valeurs » si vous voulez, dominent effectivement notre vie : *nos sociétés sont organisées pour la science et pour la liberté*. C'est là un *fait* et, je crois, le fait majeur de notre situation présente.

Mais que signifient ici ces grands mots de « science » et de « liberté » ? Ces notions ne sont-elles pas à la fois usées et vagues ? Quant à la science : peut-on parler de *la* science quand il y en a plusieurs, fort différentes entre elles, et que par exemple on distingue, et même oppose, les sciences de la nature pour lesquelles les mathématiques sont l'instrument indispensable et essentiel, et les sciences de l'homme qui semblent tout à fait rebelles à la mathématisation ? La physique quantique et la sociologie, par exemple, font-elles également partie de *la* science ? Les équivoques enveloppant la notion de liberté semblent plus considérables encore. De quelle liberté parlons-nous ? Certains des plus grands conflits du siècle ne naquirent-ils pas du fait que les hommes se font des idées différentes de la liberté ? Quoi de commun par exemple entre la liberté des libéraux et la liberté des marxistes, sinon que chaque parti déclare que la liberté que propose l'autre parti n'est qu'un esclavage doublé d'une imposture ? Ces difficultés sont bien réelles, et nous devons les garder présentes à l'esprit si nous voulons rester attentifs à la complexité des phénomènes. Je crois néanmoins qu'on peut légitimement parler de *la* science et de *la* liberté, du moins en tant que ces grandes choses orientent décisivement la vie et le mouvement de notre société. Par-delà la complexité et l'équivoque de ces deux notions, il y a en chacune d'elles un *principe actif* très simple qu'il importe de dégager dans toute sa force.

Commençons par la science. La science au sens moderne du terme n'est pas seulement une connaissance exacte ; ce n'est pas non plus seulement une connaissance méthodiquement exacte, je veux dire dont l'exactitude est obtenue et garantie par l'application de la méthode scientifique. Ces aspects sont très importants ; ils appartiennent à la définition même de la science. Mais en deçà de ces aspects, il y a quelque chose de plus fondamental, il y a un *projet* inédit. Il s'agit de voir le monde tel qu'il est, non tel qu'il devrait être, et pour cela de le rendre *entièrement visible* à l'œil de l'esprit. Pour voir ce qui est, il faut le rendre visible. Ce projet a ainsi un double aspect, moral et gnoséologique (c'est-à-dire relevant de la connaissance comme telle).

D'un point de vue moral, il y a la *volonté* d'écarter de notre perspective sur le monde tout ce qui relève de nos désirs et de nos souhaits – d'écarter toutes les « illusions ». La première et la plus frappante expression de cette volonté, on la trouve dans *Le Prince* de Machiavel, donc dans un contexte politique et dès le début du XVIe siècle. Au chapitre XV de cet ouvrage, nous lisons : « Mais mon intention étant d'écrire des choses profitables à ceux qui les entendront, il m'a semblé plus convenable d'aller droit à la vérité effective de la chose plutôt que d'en rester à l'imagination. Beaucoup se sont imaginé des républiques et des principautés qui ne furent jamais vues ni connues pour vraies. Mais il y a si loin de la manière dont on vit à celle dont on devrait vivre, que celui qui laissera ce qui se fait pour cela qui se devrait faire, il apprend plutôt à se perdre qu'à se conserver. » Tel est donc, formulé pour la première fois par Machiavel, le projet *réaliste* de la science moderne. Et tel est le caractère moral de cette science.

D'un point de vue gnoséologique, maintenant, elle se définit donc par l'effort méthodique pour porter le monde devant l'œil de l'esprit, de sorte que le monde, en tant qu'il est à connaître, soit désormais *tout entier* devant l'œil de l'esprit, en d'autres termes qu'il soit désormais *sans mystère*. Le grand sociologue allemand Max Weber, dans une conférence prononcée à la fin de la Première Guerre mondiale et sur laquelle je vais revenir tout à l'heure, a formulé cette idée de manière particulièrement énergique. Parlant de l'intellectualisation et de la rationalisation croissantes de la vie dues à la science moderne, il déclare qu'elles signifient « que nous savons ou que nous croyons qu'à chaque instant nous *pourrions*, pourvu *seulement que nous le voulions*, nous prouver qu'il n'existe en principe aucune puissance mystérieuse et imprévisible qui interfère dans le cours de la vie ; bref que nous pouvons *maîtriser* toute chose par la *prévision*[1] ».

Ces deux aspects du projet moderne de connaissance convergent dans la mathématisation caractéristique de la science moderne, à la différence par exemple de la science grecque. Quant au premier aspect – le rejet des « illusions » et des « imaginations » –, il est clair que les théorèmes mathématiques ne sont pas le reflet de nos désirs et qu'ils sont indifférents à nos souhaits. Et tandis que les hommes sont divisés par les idées différentes qu'ils se font du Bien, ils sont tous nécessairement d'accord sur la validité des démonstrations mathématiques. En ce sens, la science moderne réconcilie les hommes. Quant au second aspect, il est non moins clair que les mathématiques sont entièrement intelligibles, puisque c'est la démonstration mathématique précisément qui fournit le modèle du raisonnement parfaitement concluant. Voilà donc, sinon la science moderne dans tous ses aspects, du moins le projet de la science moderne tel qu'il a été défini à son commencement et qu'il n'a cessé d'agir jusqu'à aujourd'hui.

J'en viens maintenant à la seconde grande autorité moderne, à savoir la liberté. Il semble plus difficile de donner une définition synthétique de la liberté que de la science. Parlons-nous de la liberté religieuse, ou politique, ou encore économique ? Parlons-nous de la liberté « extérieure » de « faire ce que je veux »

1. Max Weber, *Le Savant et le politique*, Paris, Plon, coll. « Recherches en sciences humaines », 1959, p. 78.

sans empêchement d'autrui, selon la conception des premiers grands philosophes libéraux comme Hobbes et Spinoza au XVIIe siècle, ou parlons-nous de la liberté « intérieure » par laquelle je me détermine moi-même, je m'autodétermine, je me donne à moi-même la loi, selon la conception de Rousseau et de Kant au XVIIIe siècle ? Aussi intéressantes et importantes que soient ces différences intérieures à la notion moderne de liberté, elles n'entament pas la vérité effective et dynamique de *la* liberté moderne, à savoir que *l'homme est l'auteur souverain, de fait et de droit, du monde humain.* Il l'est et il doit l'être. Le monde, en tout cas le monde humain, la « société », n'a pas pour auteur Dieu, ou les dieux, ni la nature, mais l'homme lui-même. Cette vérité fondamentale de notre condition, qui dans les sociétés antérieures était cachée et pour ainsi dire enfouie, devient visible dans les sociétés démocratiques. La démocratie *met en œuvre et en scène* cette souveraineté humaine. Par exemple, toute grande élection au suffrage universel met en œuvre et en scène le fait que les sociétaires, les citoyens, sont les auteurs de leurs conditions d'existence puisqu'ils choisissent librement leurs représentants qui vont déterminer ces conditions par la législation. Là est d'ailleurs le motif le plus fort, et en même temps le plus noble, des adversaires de la démocratie moderne, de ceux qu'on appelait les « réactionnaires » : ils considéraient qu'il y a quelque chose de suprêmement dangereux pour l'homme, en vérité d'impie, dans l'ambition démocratique d'organiser le monde « à notre guise », au lieu d'obéir à la loi divine ou de suivre les coutumes éprouvées reçues des générations passées.

•

L'esquisse que je viens de tracer est assurément sommaire, mais je crois qu'elle donne une idée en gros exacte des deux grandes « masses spirituelles », selon l'expression de Hegel, qui composent le monde dans lequel nous essayons de nous orienter. Et tout serait pour le mieux dans le meilleur des mondes si des phénomènes étranges ne se produisaient dès que nous rapprochons ces deux masses l'une de l'autre, dès que nous considérons *ensemble* la science et la liberté.

Prenons une question très débattue aujourd'hui, celle des manipulations génétiques. Selon un sentiment très répandu, la société, la « démocratie », est habilitée, sinon à interdire purement et simplement, du moins à réglementer ces manipulations : ainsi affirmerions-nous notre liberté collective. En même temps, non moins répandu est le sentiment, parfois chez les mêmes personnes, que cette législation ne servirait à rien, qu'« on n'arrête pas la science », et que d'ailleurs on n'a pas le droit d'arrêter la science ! De fait, si la situation juridique, dans les différents pays, est passablement confuse, il semble bien qu'en pratique la recherche génétique soit à peu près complètement libre. Bref, notre science semble plus forte que notre liberté, irrésistiblement plus forte qu'elle. Mais alors que devient notre liberté ? Peut-on encore parler de notre liberté, de notre souveraineté, quand c'est la science qui est notre véritable et légitime souveraine ? C'est d'ailleurs depuis longtemps la thèse de certains philosophes, comme Heidegger, que nous sommes sous l'empire de la science, que celle-ci est notre destin, et que donc notre liberté si vantée est illusoire.

De l'autre côté, il semble que le contraire aussi soit vrai, que la liberté soit plus forte que la science. Aucun gouvernement démocratique ne songerait à fonder sa légitimité sur la science, par exemple sur la connaissance que la science nous donne de la nature humaine, ou de l'histoire humaine. Se fonder sur une telle science, ce fut la prétention des régimes totalitaires. Le communisme prétendit mettre en œuvre la connaissance scientifique, élaborée par Marx, des lois de l'histoire, cette science de l'histoire appelée « matérialisme historique ». Le nazisme, de son côté, prétendit mettre en œuvre la connaissance scientifique des lois de la nature humaine, celles en particulier gouvernant l'« inégalité des races ». Les crimes commis au XXe siècle au nom des lois de l'histoire ou de la nature suffiraient sans doute à détourner tout gouvernement démocratique de la tentation de fonder son action sur la science. Mais à ce motif s'en ajoute un autre, plus fondamental : pour nous, citoyens des démocraties

– et ceux qui nous gouvernent sont sur ce point des citoyens comme nous –, *il n'y a pas de science de ce qui est bon pour nous*, bon pour l'homme. Ce qui est bon pour nous, individuellement ou collectivement, nous le découvrons ou nous l'inventons par nous-mêmes et pour nous-mêmes, à chaque instant et en toute liberté. Ce qui est bon pour nous n'appartient pas au domaine de la science mais à celui des « valeurs », et ces « valeurs », nous les choisissons, certains disent même que nous les « créons », librement. En ce sens, pour nous, la liberté est plus forte que la science.

Sur ces deux exemples, nous voyons que, tantôt la science intimide la liberté, la réduit au silence, tantôt la liberté, lui rendant la pareille, intime à la science l'ordre de se taire. De sorte que, sommes-nous tentés de dire, de même que les hommes du Moyen Âge avaient à s'orienter dans un monde à la fois organisé et désorganisé par la confrontation des deux grandes autorités du pape et de l'empereur, de même nous autres citoyens des démocraties modernes, nous avons à nous orienter dans un monde à la fois organisé et désorganisé par la confrontation des deux grandes autorités de la science et de la liberté.

•

J'ai fait allusion il y a un instant à la distinction, et même à la séparation, qui nous est familière entre le monde de la science et celui des « valeurs ». Cette séparation est pour nous comme une évidence. En même temps, nous venons de le voir, cette séparation n'en est pas vraiment une puisque tantôt la science commande à la liberté, tantôt la liberté commande à la science. Cette séparation est donc moins une évidence qu'un vœu : nous voudrions résoudre les conflits réels ou potentiels entre les deux autorités en séparant les combattants. Ce vœu a d'abord été formé lorsque les deux autorités se sont affirmées dans toute leur force, c'est-à-dire vers la fin du XIXe siècle. Philosophes et sociologues ont alors élaboré une doctrine destinée à résoudre, ou plutôt à prévenir, ces conflits. Cette doctrine est encore la nôtre. C'est la doctrine qui veut distinguer rigoureusement les

« faits » et les « valeurs » : le savant s'occupe des faits ; l'homme choisit ou crée librement les valeurs suivant lesquelles il veut vivre ; il n'y a donc pas de science des valeurs, pas de connaissance objective du bien. Vous connaissez cette doctrine : c'est celle qui règne aujourd'hui.

Il n'est pas question pour nous d'étudier cette doctrine de manière approfondie. Mais nous devons en prendre connaissance et en faire l'évaluation au moins grossière, pour plusieurs raisons dont l'urgence est inégale. La plus urgente est la suivante : ce cours relève-t-il de la science, ou relève-t-il des valeurs, qui ne peuvent être en l'occurrence que *mes* valeurs ? S'il relève de la science, vous ne devez pas en perdre une miette, et bien sûr vous devez consentir à tout ce qui y est dit ; s'il relève des valeurs, c'est-à-dire de mes valeurs, pourquoi écouteriez-vous, pourquoi mon choix de valeurs vous intéresserait-il ? Cette alternative n'est pas satisfaisante, certes, mais elle semble impliquée dans la compréhension courante de la séparation entre les faits et les valeurs. Il faut donc examiner cela de plus près.

Il est d'ailleurs remarquable que le texte le plus célèbre et le plus influent sur cette question soit constitué par deux conférences prononcées par un professeur d'université, dont la première, à laquelle j'ai déjà emprunté une citation, est précisément consacrée à la vocation du professeur d'université en tant que savant. Il s'agit bien sûr des conférences de Max Weber, *Wissenschaft als Beruf* et *Politik als Beruf*, prononcées à l'université de Munich durant l'hiver de 1918, à un moment de grande confusion politique, sociale et morale, et traduites et connues en français sous le titre *Le Savant et le politique*. Je l'ai déjà indiqué, ces textes brefs sont parmi les plus impressionnants et les plus influents qui aient été rédigés au XXe siècle. Je vous proposerai une brève analyse de la première conférence, la plus importante de loin pour notre propos, celle qui concerne le métier et la vocation de savant.

Parlant devant des étudiants et des collègues, Max Weber s'interroge sur ce qu'est son devoir en tant que professeur, sur ce que ses auditeurs peuvent exiger de lui. Il répond : « On ne peut jamais exiger de lui que la probité intellectuelle, ce qui veut dire l'obligation de reconnaître que d'une part l'établissement des faits, la détermination des réalités mathématiques et logiques ou la constatation des structures intrinsèques des valeurs culturelles, et d'autre part la réponse aux questions concernant la *valeur* de la culture et de ses contenus particuliers ou encore celles concernant la manière dont il faudrait agir dans la cité et au sein des groupements politiques, constituent deux sortes de problèmes totalement *hétérogènes*[1]. » Max Weber distingue ici rigoureusement entre la science, qui établit les faits et les relations entre les faits, et la vie, politique ou autre, qui implique nécessairement évaluation et action. Je l'ai déjà souligné, non seulement cette idée nous est familière et pour ainsi dire évidente, mais elle constitue en quelque sorte notre doctrine officielle. En même temps, elle n'est pas aisée à saisir dans la mesure où il semble que nous ne pouvons comprendre adéquatement les phénomènes humains si nous sommes incapables de les évaluer, ou si nous refusons de le faire. Pour prendre un exemple qui est plus qu'un exemple : comment commencer à décrire ce qui se passe dans un camp de concentration sans en faire apparaître l'inhumanité, c'est-à-dire sans l'évaluer, sans porter un « jugement de valeur » ? D'ailleurs, ainsi que nombre de commentateurs l'ont remarqué, Max Weber lui-même, dans ses écrits historiques et sociologiques, ne se lasse pas d'évaluer alors même qu'il établit les faits, ou plutôt, *pour* établir les faits. Autrement, comment pourrait-il distinguer, et cette distinction est très importante dans sa sociologie religieuse, comment pourrait-il distinguer entre un « prophète » et un « charlatan » ?

Mais avant de critiquer Weber, il conviendrait de l'écouter. Comment prouve-t-il cette thèse qui nous semble si difficile à admettre dès que nous réfléchissons un peu ? Il fait référence avec approbation au « vieux Mill » – il s'agit bien sûr de John Stuart Mill – qui affirmait que lorsqu'on part de l'expérience pure, on aboutit au polythéisme. En d'autres termes, les divers aspects de l'expérience de la vie sont si disparates, entraînent dans des directions si différentes, qu'il est impossible de les ramener à l'unité (si

1. *Ibid.*, p. 90.

cette unité était possible, on aboutirait au « monothéisme »). Dans le langage de Weber, cela signifie que la vie humaine est caractérisée par une lutte inexpiable entre les « valeurs ». Ainsi Max Weber découvre-t-il, ou affirme-t-il, deux sortes d'hétérogénéités que les commentateurs confondent souvent : l'hétérogénéité entre la science et la vie, d'une part ; l'hétérogénéité ou même la lutte entre les valeurs dans la vie, d'autre part.

En tout cas, il est clair que, pour Max Weber, la probité intellectuelle nous interdit d'enseigner, et d'abord de croire, que la science puisse nous apprendre comment vivre, comment mener notre vie, ou comment instituer l'ordre politique ; et cette même probité intellectuelle nous interdit de croire par exemple qu'une chose est bonne parce qu'elle est belle ou inversement. Mais pourquoi Weber est-il à ce point préoccupé par la probité intellectuelle ? Cette vertu à la fois intellectuelle et morale serait-elle spécialement en danger aujourd'hui ? Ou au contraire, aurait-elle enregistré à l'époque moderne des progrès décisifs qu'il conviendrait de sauvegarder ? Peut-être pourrait-on dire qu'à ses yeux, les deux sont vrais : dans un monde dominé par la science moderne, la probité intellectuelle est singulièrement valorisée et aiguisée, et en même temps elle court des risques particuliers.

Il y a quelque chose de particulièrement problématique dans la science moderne, c'est son caractère inachevé, définitivement et essentiellement inachevé, inachevable. Max Weber demande : « Pourquoi donc se livre-t-on à une occupation qui en réalité n'a jamais de fin et ne peut pas en avoir ? » Pourquoi les êtres humains s'efforcent-ils sans cesse de savoir ce qu'ils savent qu'ils ne sauront jamais ? Le sens de la science est de n'avoir pas de sens. Et la probité intellectuelle consiste à ne pas lui donner arbitrairement un sens – en disant par exemple que la science permet de construire un monde plus juste –, à continuer le travail de la science en dépit de cette absence de sens. Mais cette probité est presque surhumaine ou inhumaine, puisque les hommes ne désirent rien tant que de trouver du sens à ce qu'ils font. La tentation de conférer un sens à l'activité scientifique est dès lors presque irrésistible. Innombrables donc sont les savants et les enseignants qui, arbitrairement, attribuent un sens à leur activité scientifique, ou à ses résultats provisoires : ils se transforment alors en petits prophètes, en petits démagogues.

Ces savants et ces enseignants nous font part de leurs convictions personnelles – ce qui serait leur droit – mais ils les présentent comme le résultat de la pure science – et c'est là qu'ils manquent à la probité. Cette conduite est lamentable, mais elle découle presque nécessairement d'un trait majeur de notre situation : dans la société moderne, seule la science peut être l'objet d'une affirmation, d'une approbation publique. C'est le seul contenu de pensée publiquement recevable. Les autres « valeurs », par exemple les valeurs esthétiques ou religieuses, n'ont plus le droit d'être reçues dans l'espace public, ou n'ont plus assez de force pour être reçues dans l'espace public. Vers la fin de sa conférence, Max Weber déclare :

> Le destin de notre époque caractérisée par la rationalisation, par l'intellectualisation et surtout par le désenchantement du monde, a conduit les humains à bannir les valeurs suprêmes les plus sublimes de la vie publique. Elles ont trouvé refuge soit dans le royaume transcendant de la vie mystique soit dans la fraternité des relations directes et réciproques entre individus isolés. Il n'y a rien de fortuit dans le fait que l'art le plus éminent de notre temps est intime et non monumental, ni non plus dans le fait que de nos jours on retrouve uniquement dans les petits cercles communautaires, dans le contact d'hommes à hommes, en pianissimo, quelque chose qui pourrait correspondre au *pneuma* prophétique qui embrasait autrefois les grandes communautés et les soudait ensemble. Lorsque nous essayons d'« inventer » à tout prix un nouveau style de l'art monumental, nous aboutissons à ces lamentables horreurs que sont les monuments des vingt dernières années. Et lorsque nous nous creusons la cervelle pour fabriquer de nouvelles religions, nous aboutissons intérieurement, en l'absence de toute prophétie nouvelle et authentique, à quelque chose d'analogue qui aura pour notre âme des effets encore plus désastreux. Les prophéties qui tombent des chaires universitaires

n'ont finalement d'autres résultats que de former des sectes de fanatiques, mais jamais de véritables communautés[1].

On ne peut qu'être impressionné par cette éloquente description d'un monde social qui est encore le nôtre, qui l'est même pour ainsi dire de plus en plus. La place publique de plus en plus dépouillée de signes religieux, la fuite dans le « privé », la pauvreté de l'architecture publique et la multiplication de « nouvelles religions » bricolées, tous ces phénomènes n'ont fait que se développer, couplés avec le pouvoir chaque jour croissant de la science de modeler tous les aspects de notre vie, y compris les plus intimes. La perte de substance de la vie publique est telle qu'il semble parfois que celle-ci ne soit plus constituée que par la publicisation de la vie privée, ou des vies privées.

Dans le passage que je viens de lire, Max Weber déplore les conséquences pratiques de la séparation qu'il recommande en principe, qu'il nous fait un devoir de probité intellectuelle de respecter. En effet, pourquoi la vie est-elle de plus en plus privée sinon parce que le public est de plus en plus dominé par une science qui n'a rien à dire sur la vie ? Et c'est bien de cette science que Max Weber veut respecter l'intégrité. En tout cas, l'un des grands mérites de Weber pour notre propos, c'est précisément de souligner avec une vigueur incomparable un aspect fondamental de notre société sur lequel je reviendrai systématiquement bientôt : elle est fondée sur des séparations, elle est une certaine organisation de séparations. La séparation majeure à ses yeux est la séparation entre la science et la vie : entre la science qui n'a pas de sens pour l'homme, qui ne lui dit pas comment vivre, et la vie qui n'a pas d'unité, qui est traversée et pour ainsi dire définie par les conflits de valeurs, par la « guerre des dieux », et donc dans laquelle chacun doit *choisir*, sans garantie rationnelle, son dieu ou son démon.

Cette séparation entre la science et la vie s'articule puissamment sur la séparation constitutive de l'ordre politique entre le public et le privé : la science régit le public, elle est la seule

1. *Ibid.*, p. 105-106.

valeur effectivement reçue dans l'espace public ; la vie, la vraie vie, est à chercher dans l'espace privé, la vraie vie est la vie privée. Ainsi sommes-nous étrangement divisés : nous avons foi en la science, nous la faisons souveraine de l'espace public, c'est-à-dire que nous nouons ensemble les deux idées les plus fortes dans l'esprit des hommes, celle de vérité et celle de chose publique, et en même temps nous décidons de vivre pour ainsi dire à côté et ailleurs : hors du public, dans le privé ; hors de la science, dans les valeurs.

Au moment même où nous faisons ressortir l'étrangeté et presque l'absurdité de notre démarche, nous en comprenons soudain le sens. Dans le premier moment, lorsque nous nouons ensemble la science et l'espace public, la science et l'État si vous voulez, nous créons le cadre et les conditions de notre vie ; dans le second moment, eh bien nous nous proposons de vivre en exerçant notre liberté. Les séparations que Weber souligne, comme celles que nous considérerons ensuite, s'enracinent dans ce double moment, ou cette dualité de moments. L'homme moderne, l'homme démocratique, veut d'abord créer le cadre de sa vie, le cadre le plus neutre, le cadre le plus vide même, afin de pouvoir ensuite vivre d'autant plus librement. Il affirme la Science pour pouvoir mieux affirmer la Liberté. Et, bien sûr, il ne peut affirmer chacune qu'en affirmant leur séparation.

Je viens de dire que l'homme démocratique veut d'abord créer le cadre de sa vie afin de pouvoir ensuite vivre d'autant plus librement. C'est une proposition qui paraît plutôt inoffensive et qui, dans sa platitude, ne répond sans doute pas à l'idée que vous vous faites de la philosophie politique ! En réalité, elle résume un extraordinaire changement dans les perspectives de l'humanité. Pour comprendre l'énormité de cette innovation historique qui définit la démocratie moderne, il suffit de songer un instant à la perspective sur la vie qui était celle de nos ancêtres d'avant la démocratie. Ils ignoraient complètement cette division, cette séparation en deux moments. Vivre, pour eux, c'était obéir à la Loi. Bien entendu, il y avait plusieurs sortes de loi – loi religieuse, loi politique, loi familiale –, et ces lois différentes pouvaient entrer en conflit. Mais on savait que la vie consistait principalement dans l'obéissance à la Loi. Nous ne voulons pas obéir à la Loi, nous voulons être libres. Pour être libres, nous devons créer les conditions de la liberté. La science et l'État nous permettent de créer ces conditions. Et l'espace public est de plus en plus vide pour que nous soyons de plus en plus libres.

Chapitre I

L'ORGANISATION DES SÉPARATIONS

Nous avons tous une certaine connaissance préalable, préscientifique, du régime politique dans lequel nous vivons. En tant que sociétaires, en tant que citoyens, nous savons par observation, par expérience, par immersion, une foule de choses sur notre démocratie. Mais parmi toutes ces choses que nous savons ou croyons savoir de la démocratie, lesquelles sont vraies et importantes, lesquelles sont des impressions illusoires ou sans portée ? Comment ordonner notre perception, la transformer en analyse ? Comment vérifier notre analyse ?

Nous sommes tentés de procéder de la manière suivante. Nous nous demandons d'abord ce que la démocratie *veut* être, ou *prétend* être, et nous répondons : la démocratie est le pouvoir du peuple, ou, de manière plus développée, la démocratie est un régime politique où tous les pouvoirs puisent leur légitimité dans le peuple, où tous les pouvoirs sont exercés par le peuple ou ses représentants. Tous les autres aspects, et d'abord ce que les juristes en France appellent les « libertés publiques », découlent de ce principe. Le choix par le peuple de ses représentants n'a de sens que si les citoyens sont informés, et donc peuvent communiquer librement et en sécurité, bref si le peuple jouit des libertés publiques. Mais à peine avons-nous dit que notre régime est représentatif que des doutes nous assaillent. Ils concernent précisément la réalité ou la validité de la représentation. Dans quelle mesure les représentants du peuple sont-ils représentatifs du peuple ? Dès que nous étudions de plus près le mécanisme de la représentation, dès que par exemple nous considérons le système électoral – loi électorale, organisation et financement des partis – et plus généralement le système politique effectif – pouvoirs financiers, médias, pouvoirs « idéologiques » –, nous avons des doutes sur la réalité de la démocratie. Et ces doutes sont confirmés par des experts en sociologie politique qui expliquent que, sous l'apparence de la démocratie, prospère en réalité une oligarchie : la minorité des détenteurs du capital matériel et culturel, disent-ils, manipule les institutions politiques à son profit. Alors, au terme de ce parcours qui nous semblait si naturel, nous ne savons plus où nous en sommes.

Dans un premier temps, les spécialistes du droit constitutionnel, du droit public, nous aident à décrire le propos et les mécanismes de la démocratie comme régime représentatif. Mais dans un deuxième temps, la sociologie politique attire notre attention sur des phénomènes qui sont étrangers, voire contraires, aux principes constitutionnels de la démocratie, et qui tendent à suggérer que ces principes sont des illusions, peut-être même des impostures. Si nous avons le moindre souci de la cohérence intellectuelle, nous nous trouvons dans une inconfortable perplexité : nous sommes pris entre, d'un côté, le principe et les mécanismes formels de la démocratie, et, de l'autre, faut-il dire la réalité de la démocratie, en tout cas certains aspects réels de la démocratie, qui semblent bien contredire ses principes en entravant, ou en rendant vains, ses mécanismes. Nous n'avons plus les moyens de progresser vers la vérité car une sorte de mécanisme autoparalysant occupe notre esprit : chaque fois que nous avançons une considération sur les principes ou les mécanismes formels de la démocratie, nous nous souvenons des aspects de la réalité, de ces aspects pour ainsi dire inavouables qui les contredisent ; et chaque fois que nous considérons les aspects oligarchiques, plus généralement non démocratiques de la démocratie, nous nous rappelons que les principes et les mécanismes formels malgré tout sont là, qu'ils sont à l'œuvre et qu'ils doivent bien avoir quelques effets réels. Tel est aujourd'hui, je crois, le malaise à la fois civique et intellectuel, politique et scientifique, de notre démocratie. Comment sortir de ce malaise ? N'est-il pas inscrit dans la structure même de notre régime ? Je crois qu'il est possible de résoudre la difficulté scientifique que je viens de souligner, en tout cas de poser le problème de la démocratie *autrement.*

•

L'opposition que nous avons dressée, et qui nous a rendus si perplexes, entre la constitution officielle de la démocratie et sa réalité oligarchique inavouable, n'est si tranchée et si dérangeante que parce que les deux aspects opposés, ou contrastés, relèvent de deux disciplines toutes différentes qui avivent et maximisent l'opposition, ces deux disciplines étant ici le droit constitutionnel ou la théorie de la démocratie qui le fonde d'un côté, la sociologie politique de l'autre. Je ne prétends pas que l'opposition est factice, seulement qu'elle est rendue exagérément saillante du fait que les deux aspects sont pris en charge par deux disciplines distinctes dont chacune, voulant préserver sa spécificité et sa légitimité, accentue précisément ce qui rend ses résultats incompatibles avec les résultats obtenus par l'autre discipline. Plus généralement, s'il est de toute façon difficile de décrire adéquatement notre démocratie parce que c'est un phénomène humain extrêmement complexe, cette difficulté est aggravée, en somme artificiellement, par le fait que les différents aspects du phénomène sont pris en charge par des disciplines différentes et le plus souvent incapables de communiquer. Ayant fait cette remarque, nous faisons la remarque suivante : la répartition du monde social en disciplines, aspects, pouvoirs, rigoureusement séparés est un trait général et caractéristique du régime démocratique. C'est un trait caractéristique de la démocratie qui rend la démocratie particulièrement difficile à caractériser. Nous pouvons partir de là.

La démocratie est une *organisation des séparations.* Je ne sais pas si c'est son trait le plus fondamental, mais je crois que c'est son trait le plus distinctif. Elle met des distinctions, et même des séparations, là où les autres régimes n'en mettent pas, ou n'en mettaient pas. Ce fait attira fortement l'attention lors de la première apparition du régime moderne. Parlant de ce qu'il appelle les « nations vouées à l'industrie », Adam Ferguson écrit ceci en 1767 : « Chaque individu est distingué par sa profession et occupe la place à laquelle il est propre. Le sauvage qui ne connaît de distinction que celle du mérite, du sexe ou de son espèce, et pour qui la communauté est le suprême objet d'affection, celui-là est étonné de voir qu'en de telles circonstances sa qualité d'homme ne le met pas en état de jouer quelque rôle que ce soit : il fuit vers les forêts avec une surprise mêlée de chagrin, de dégoût et d'indignation [1]. » Bien sûr, Ferguson considère ici les nations développées en général, qui ne sont pas nécessairement démocratiques. En vérité, à l'époque où il écrit, même le régime anglais n'est pas vraiment démocratique, mais il est représentatif, et il est le seul à l'être en Europe et dans le monde.

La démocratie confirme et multiplie les séparations produites par le développement de la civilisation. Plus un régime et une société sont démocratiques, plus ils produisent de professions, de distinctions, de séparations qui sont autant d'avantages, autant de supériorités par rapport aux régimes non démocratiques ou moins démocratiques. La supériorité, ou du moins la vitalité supérieure, de la démocratie américaine tient pour une bonne part à son inventivité inépuisable en matière de nouvelles distinctions : introduire un nouveau service, ce n'est souvent qu'introduire une distinction, une division là où il n'y avait jusque-là qu'une fonction, un service, un travail indivis. Le phénomène que j'évoque est depuis longtemps connu et décrit sous le nom de « division du travail ». J'ai délibérément tardé à introduire cette expression parce que je crois que le phénomène est beaucoup plus large que celui qui est visé par l'expression « division du travail », une expression qui tend à diriger l'attention de manière exclusive vers la sphère économique. En fait,

1. Adam Ferguson, *Essai sur l'histoire de la société civile*, [1767], trad. M. Bergier, revue par C. Gautier, Paris, PUF, coll. « Léviathan », 1992, p. 278.

la division du travail n'est qu'un aspect, certes fort important, de ce mouvement qui multiplie les distinctions et les séparations, et qui caractérise notre régime (Sieyès, qui joua un rôle si important au début de la Révolution française, décrit la représentation politique comme un développement, une application du principe de la division du travail : c'est dire par là même que ce principe déborde largement le champ économique). Et ce mouvement, on le voit aisément, se nourrit de lui-même : les nouvelles distinctions, c'est-à-dire les nouvelles professions ou fonctions, ont pour but de faire droit à des différences aperçues à l'intérieur de fonctions jusqu'ici indivises, mais aussi de relier les éléments séparés par les distinctions antérieures. La professionnalisation multiplie les professions, les distinguant bien sûr et les séparant les unes des autres ; et le développement des fonctions de « communication » a pour but précisément de relier les professions séparées par la professionnalisation même. On sépare pour relier et on relie pour séparer. Caractérisant son époque qui commençait la nôtre, Ferguson parle de *this age of separations*, cette « époque où tout est séparé[1] ».

Si le mouvement de distinction, ou de séparation, est un aspect fondamental de la démocratie moderne, on peut distinguer, ou séparer, plusieurs grandes catégories de séparations. J'en vois au moins six :

– séparation des professions, ou division du travail ;
– séparation des pouvoirs ;
– séparation de l'Église et de l'État ;
– séparation de la société civile et de l'État ;
– séparation entre le représenté et le représentant ;
– séparation des faits et des valeurs, ou de la science et de la vie.

Bien entendu, ces six rubriques ne sont pas étanches. Elles se recoupent partiellement. La séparation entre l'Église et l'État peut être considérée comme un cas particulier de la séparation entre la société civile et l'État. En même temps, c'est un cas particulier qui a revêtu une telle importance qu'il est nécessaire

1. *Ibid.*, p. 280.

de lui accorder une rubrique spéciale : la société civile a pris sa forme lorsque l'Église a quitté le gouvernement, ou le co-gouvernement du corps politique, ou en a été chassée, pour prendre sa nouvelle place comme un élément essentiel de la société civile. On pourrait trouver de nombreux autres recoupements. En tout cas, il me semble que nous avons là les grandes séparations qui définissent notre démocratie, les six grands thèmes de la symphonie démocratique.

Le point commun de ces six séparations, c'est qu'elles sont autant d'impératifs : notre description est prescriptive. Ces séparations *doivent* être mises en œuvre et, après cela, elles *doivent* être préservées. Pourquoi ? Parce que ces séparations sont nécessaires à la liberté. Mieux, elles définissent la liberté telle que les Modernes l'entendent. La liberté moderne est fondée sur une organisation des séparations. Le régime moderne institue ses séparations pour la liberté. La liberté moderne est inséparablement liée à ces séparations.

•

Je viens de parler de régime « moderne », de la liberté « telle que les Modernes l'entendent ». De fait, ce souci de séparation est très spécifique de l'époque moderne ; en sens inverse, il est très étranger aux sociétés antérieures. Dans les sociétés prédémocratiques, l'accent est mis explicitement, emphatiquement, parfois obsessionnellement, sur l'unité sociale, sur la concorde. Ces sociétés ne cessent de représenter leur unité, de mettre en scène le spectacle de leur unité. Tout ce qui sépare ou menace de séparer, tout ce qui divise ou menace de diviser est combattu, refoulé, tu. Il y a bien une division, une séparation, qui est reconnue et même proclamée dans les sociétés prédémocratiques, c'est la division entre ceux qui commandent et ceux qui obéissent, entre les gouvernants et les gouvernés. Mais l'affirmation de cette division est précisément le moyen d'assurer l'unité et la concorde puisque, inversement, lorsque cette distinction se brouille, lorsqu'on ne sait plus bien qui commande et qui obéit, la discorde s'installe, l'unité fait place au désordre, à l'anarchie. Dans les sociétés prédémocratiques, cette structure ne caractérise pas seulement l'ordre politique, elle est dupliquée, ou répliquée partout : dans la famille, dans les corporations, dans l'Église, dans l'Université, etc. L'ordre ancien se fonde sur le commandement ; il a pour pivot la relation commandement-obéissance.

Cela se donne à voir de manière particulièrement évidente dans ce que nous appelons l'Ancien Régime. Mais cela n'était pas moins vrai, quoique d'une autre façon, dans les républiques et les démocraties antiques. Certes, il est permis de voir l'origine et le premier modèle de notre liberté dans la liberté de l'Athènes démocratique ou de la Rome républicaine. En même temps, entre les deux libertés, il y a autant de différences que de ressemblances. La liberté du citoyen grec se définit par le fait que les rôles de celui qui commande et de celui qui obéit ne sont pas déterminés par la naissance, comme ce sera le cas sous l'Ancien Régime, mais que chacun, dès lors qu'il est citoyen, est tantôt commandant tantôt commandé : la liberté ancienne se définit par cette alternance. Elle repose donc elle aussi sur la relation commandement-obéissance. Quant à son exercice, cette liberté est mise en œuvre par la participation des citoyens aux délibérations et aux décisions du corps politique. Les citoyens grecs convergent vers l'agora, ils s'y rassemblent. Le mouvement même du civisme ancien est le contraire d'une séparation. Les citoyens modernes au contraire se retirent dans l'« isoloir ». Comment la liberté moderne en est-elle venue à reposer sur un système de séparations ?

On pourrait dire, de manière très synthétique, que la politique moderne s'est construite précisément pour abolir, du moins pour contourner, cette relation commandement-obéissance qui était donc le pivot de la politique ancienne, qu'elle fût libre comme à Athènes ou non libre comme sous l'Ancien Régime. Encore une fois, la liberté ancienne était une certaine modalité de cette relation, à savoir l'alternance. La liberté moderne est un effort très méthodique pour échapper à l'emprise de cette relation. Et cet effort très méthodique a pour instrument les séparations dont nous parlons.

Un exemple, qui est plus qu'un exemple, fera aisément comprendre ce dont il s'agit. Nous l'avons rappelé, la démocratie moderne est un régime représentatif. Le gouvernement représentant le peuple (ses « intérêts », sa « volonté », etc.), les actions du gouvernement sont au sens fort du terme *autorisées* par le peuple. Par conséquent, lorsque le gouvernement me commande quelque chose, c'est que je l'ai autorisé en principe à m'adresser ce commandement. On pourrait dire que je me commande à moi-même par l'intermédiaire du gouvernement. Finalement, je n'obéis qu'à moi-même. La séparation représenté-représentant permet de contourner la nécessité apparemment incontournable de la relation commandement-obéissance. Là où la liberté ancienne s'organisait autour de l'alternance, la liberté moderne s'organise autour de la représentation.

On dira que ce que je viens de décrire n'est en fait que l'illusion, ou l'idéologie, de la représentation politique ; qu'en réalité j'obéis bel et bien au gouvernement et non pas à moi-même ; et que d'ailleurs l'idée de la représentation a justifié certaines des pires oppressions politiques de l'histoire des hommes. C'est précisément parce qu'ils étaient convaincus de représenter le peuple que les Jacobins, par exemple, exercèrent sur les Français – sur le peuple réel – une terreur qui est restée dans les mémoires comme la Terreur. La représentation politique comporte certes des possibilités terribles. Il reste que, dès lors que l'idée de représentation a été élaborée, l'articulation commandement-obéissance est contournée ou passe au second plan. Et pour que la représentation ne puisse pas se retourner en oppression, il est nécessaire et il suffit de compléter la séparation entre représenté et représentant par la séparation entre les pouvoirs – la « séparation des pouvoirs ». Selon une logique que j'avais esquissée tout à l'heure en termes généraux, une nouvelle séparation vient résoudre le problème suscité par une première séparation. Décrire la démocratie moderne, c'est décrire d'abord l'articulation dynamique de ces deux séparations.

Cette articulation est d'abord apparue en Angleterre ; et elle a été décrite d'une manière pour ainsi dire définitive dès la première moitié du XVIIIe siècle par Montesquieu. La première description est la meilleure description parce qu'elle est tout animée et éclairée par la surprise du Nouveau. On la trouve dans les chapitres VI du livre XI et XXVII du livre XIX de l'*Esprit des lois*. Le mécanisme que décrit Montesquieu est merveilleusement simple, et ses effets sont merveilleusement salutaires. S'il y a quelque chose comme une science politique, elle se trouve assurément dans cette analyse de Montesquieu, que je résume à très gros traits.

Il y a donc deux séparations, celle entre les représentés et les représentants – en d'autres termes, entre la société civile et les institutions gouvernementales – et celle entre les pouvoirs. Les pouvoirs à considérer dans ce contexte sont au nombre de deux : l'exécutif et le législatif (le judiciaire, reposant sur le jury, c'est-à-dire sur des hommes tirés du corps du peuple et qui y retournent une fois leur tâche remplie, est « pour ainsi dire invisible et nul », dit Montesquieu). Le législatif, composé des représentants du peuple, est en principe le seul pouvoir représentatif. Mais Montesquieu observe que, dans la réalité, l'exécutif aussi a une fonction représentative : il a des partisans, et d'abord ceux qui se sentent mal représentés par le législatif. Nous avons donc un jeu des quatre coins, ou un jeu politique à quatre protagonistes : au niveau du gouvernement, deux pouvoirs, l'exécutif et le législatif ; au niveau de la société, deux partis, celui de l'exécutif et celui du législatif. Ce qui met en mouvement le jeu, ou le mécanisme, ce sont les vœux, volontés, désirs et craintes des sociétaires. Ceux-ci vont chercher à réaliser leurs fins par l'intermédiaire du pouvoir qu'ils favorisent et dont ils espèrent les faveurs. Mais leur volonté ne pourra guère avoir d'effet immédiat ou direct puisque le pouvoir dont ils espèrent l'action favorable est limité, circonscrit, tenu en respect par l'autre pouvoir. Parce que la société est *représentée* par un *pouvoir divisé*, les citoyens vont être *impuissants* à se faire beaucoup de mal les uns aux autres.

Mais, dira-t-on, si l'un des deux pouvoirs est soutenu par une si large majorité qu'il écrase l'autre pouvoir et la minorité de citoyens qui soutient ce dernier ? Une telle oppression n'est guère à craindre, répond Montesquieu, en vertu de ce qu'il appelle l'« effet de la liberté ». Si un des deux pouvoirs, nous dit-il, menace de trop l'emporter, de parvenir à la domination complète, les citoyens se porteront au secours de l'autre : ils changeront de parti. Autrement dit, par suite de l'« effet de la liberté », les deux partis correspondant aux deux pouvoirs resteront toujours de force à peu près égale. C'est ce que confirme l'expérience historique des démocraties. Mais pourquoi, alors que cette expérience commençait à peine, Montesquieu était-il déjà si certain de cet « effet de la liberté » ? Je résumerai son raisonnement, inséparablement politique et psychologique, de la manière suivante.

Les citoyens sont certes partisans de l'un ou de l'autre pouvoir qu'ils favorisent et dont ils espèrent des avantages, mais ils restent toujours d'abord membres de la société en tant que celle-ci se distingue des deux pouvoirs, de celui qu'ils aiment non moins que de celui qu'ils n'aiment pas. Dès lors, si l'un des pouvoirs prend trop l'avantage, un certain nombre de ses partisans eux-mêmes, les plus tièdes d'abord, se sentiront menacés, non pas en tant que partisans de ce pouvoir mais en tant que membres de la société civile. Dans un tel système, en effet, les citoyens ont en général une double préoccupation : que le pouvoir serve leurs intérêts, certes, mais *aussi* qu'il ne pèse pas trop lourdement sur la société ; et ils éprouvent en général un sentiment double : que le pouvoir qu'ils soutiennent les « représente », est « leur » pouvoir, mais *aussi* qu'il est différent d'eux, qu'il les représente mal, qu'il va les trahir. Et c'est le jeu nécessaire de cette double préoccupation et de ce sentiment double qui garantit que les citoyens se porteront nécessairement au secours du pouvoir qui sera devenu trop faible, au secours du pouvoir menacé.

Il y a une sorte de « double jeu » des citoyens avec le pouvoir, qui est inscrit dans la logique de la représentation : dès lors qu'un pouvoir, n'importe lequel, est censé représenter le citoyen, le désir d'identification de ce dernier est inséparable d'un sentiment d'aliénation. On le voit, cette organisation des pouvoirs organise en fait une sorte d'impuissance générale : impuissance des citoyens à agir beaucoup les uns sur les autres, impuissance du pouvoir divisé à opprimer les citoyens. Ce mécanisme de pouvoir produisant l'impuissance du pouvoir, c'est ce que Montesquieu appelle la *liberté*. En effet, puisque les hommes ne peuvent agir dans un tel système en commandant les uns aux autres, ils n'ont d'autre perspective à leur activité et à leur ambition que de « faire valoir à leur gré leur indépendance », c'est-à-dire de tourner leurs désirs et leurs efforts vers des domaines étrangers au pouvoir ou à la politique proprement dite, vers des domaines où l'on n'exerce pas à proprement parler de pouvoir sur les autres sociétaires. Les citoyens n'ont plus qu'à exercer leurs talents, et à devenir riches ou fameux en exerçant leurs talents. Dans un régime politique ainsi disposé, la vie consiste principalement en l'*économie* et la *culture*.

Ce qui est extraordinaire, c'est que cette analyse de Montesquieu, élaborée dans un contexte apparemment si différent du nôtre, garde une validité entière aujourd'hui. On aurait pu penser qu'elle perdrait toute pertinence lorsqu'un élément aussi fondamental de l'analyse que la séparation entre l'exécutif et le législatif aurait disparu de la réalité. Nous savons que cette séparation disparaît en Angleterre vers le milieu du XIXe siècle lorsque s'installe le « gouvernement de cabinet » : un tel gouvernement, dans lequel le Premier ministre est en même temps le chef de la majorité à la Chambre des communes, concentre dans ses mains l'exécutif *et* le législatif[1]. Or cette réunion des pouvoirs exécutif et législatif dans les mêmes mains ne signifia nullement la fin de la liberté politique moderne. Sous le régime du gouvernement de cabinet, elle continua au contraire de progresser. C'est qu'une nouvelle séparation est venue se substituer à la séparation des pouvoirs, tout en remplissant la même fonction. Il s'agit de la séparation entre la majorité et l'opposition. Bien entendu, l'opposition ne partage pas constitutionnellement le pouvoir avec la majorité, mais à tout moment, en tout cas à la prochaine élection, elle *peut* revenir au pouvoir, et cette perspective exerce une action modératrice considérable sur le gouvernement et sa majorité. Ainsi, entre l'époque de Montesquieu et la nôtre, le contenu des pouvoirs séparés s'est beaucoup trans-

1. Voir Walter Bagehot, *The English Constitution*, [1867], chap. I, « The Cabinet ».

formé, mais ce qui n'a pas changé, c'est le fait de la séparation entre deux grands pouvoirs. On ne saurait concevoir confirmation plus éclatante du rôle décisif des séparations dans la liberté moderne.

•

Cette organisation des séparations, ce « système de la liberté » selon l'expression de Montesquieu, présente deux caractéristiques en quelque sorte opposées, qui expliquent les difficultés et la lenteur de son installation en même temps que son extraordinaire stabilité une fois qu'il est installé. D'une part, il s'agit d'un « système » précisément, d'un mécanisme et même d'un mécanisme simple : une fois qu'un tel mécanisme a été monté, il est extrêmement robuste. Mais d'autre part, pour fonctionner, ce mécanisme réclame un ensemble de conditions difficiles à rassembler, à savoir l'existence préalable d'une « société civile », d'un vivre-ensemble qui ne dépend pas, ou peu, du commandement. Il réclame donc le développement préalable de ce qu'au XVIIIe siècle on appelait le « commerce », ce réseau de relations que les sociétaires nouent librement, c'est-à-dire non pas pour obéir à un commandement mais pour chercher leur intérêt.

Nous reviendrons plus tard sur cette question si importante du commerce. Je voudrais évoquer immédiatement une condition plus spécifique, plus politique, une condition qui relève de ce qu'on pourrait appeler la psychologie politique. Dans le système dont nous parlons, chaque parti veut le pouvoir pour accomplir un programme à ses yeux nécessaire et salutaire. Mais ce programme, il ne pourra le réaliser que dans une faible mesure. En pratique, il ne s'y essaiera vraiment que dans les premiers temps de son mandat, durant ce qu'on appelle si bien l'« état de grâce ». Bientôt, les électeurs flottants vont être déçus ou irrités, s'orienter peut-être vers l'opposition, et la maxime du gouvernement cessera d'être : satisfaire ses partisans, pour devenir : ne mécontenter personne. Ces phénomènes nous sont tout à fait familiers. Mais aussi inévitables qu'ils soient, ils entraînent des conséquences qui peuvent devenir très négatives. On pourrait désigner ces conséquences par une expression de Stendhal, qui voit dans la « haine impuissante » un trait spécifique de la société démocratique.

Je m'explique. Pour bien fonctionner, un tel système exige une séparation rigoureuse et efficace entre la majorité et l'opposition ; il réclame donc une certaine vitalité de l'esprit partisan. Un tel système excite l'esprit partisan dont il a besoin pour fonctionner. En même temps, il ne cesse de frustrer les passions partisanes puisqu'il est organisé pour empêcher qu'elles n'aient le champ libre et puissent ce qu'elles désirent. En termes psychologiques, on pourrait dire que cette organisation des séparations excite de manière extrême les désirs et les volontés des sociétaires, et les frustre de manière tout aussi extrême. Les volontés sont mobilisées puisque ce sont elles qui forment le lien entre les citoyens et le parti qu'ils favorisent : ce que veut le parti est en principe le résumé et le résultat de ce que veulent ses partisans, tandis qu'inversement le parti incite ses partisans à prendre toujours davantage parti. En même temps, les partisans savent, ils finissent du moins par savoir que leurs volontés auront bien peu d'effet, et que leurs désirs ne seront guère satisfaits. Ainsi un tel système nourrit-il une volonté qui se veut partisane et qui se sait impuissante, et qui se veut d'autant plus partisane peut-être qu'elle se sait impuissante. Personne ne se soucie d'être impartial puisque c'est le système qui est chargé de l'être ; mais le système n'est pas impartial, il neutralise seulement chaque parti par l'autre. Une société ainsi organisée tend à présenter un mélange très spécifique d'agitation et d'immobilité, mélange qui fatigue les âmes tout en décourageant les grandes entreprises.

Un exemple récent : la procédure d'*impeachment* contre le président Clinton fut pour une part importante le résultat d'une telle exacerbation de l'esprit partisan, mais d'un esprit partisan qui ne se résigne pas à l'impuissance, ou même qui se révolte contre son impuissance, et qui recourt à une démarche extraordinaire pour satisfaire sa haine ordinaire. Je ne dis pas que ceux qui dénonçaient le président Clinton manquaient de motifs sérieux. Et je ne leur reproche pas d'avoir été partisans : ils n'ont fait qu'éprouver et exprimer à un degré plus vif que d'ordinaire les passions partisanes dont le système a besoin pour fonctionner. Mais ils ont voulu réaliser leur volonté à tout prix, du moins au prix d'une mesure extraordinaire qui tendait dangereusement les ressorts du système[1]. Cet exemple contemporain attire notre attention sur le coût psychique du système représentatif : comment m'accommoder intérieurement du fait que cet homme que je déteste pour ce qu'il représente est *mon* représentant ?

C'est la lassitude à l'égard des passions partisanes qui explique sans doute que les Français approuvent si majoritairement ce qu'on appelle la « cohabitation », phénomène symétrique et inverse de l'épisode américain que je viens de mentionner. Le sentiment répandu que la gauche ou la droite au pouvoir font à peu près la même politique, ce sentiment a rendu acceptable, et pour certains désirable, de voir un président de gauche présider un Conseil des ministres de droite, ou un président de droite présider un Conseil des ministres de gauche. En même temps, il ne faut pas se dissimuler que cette formule, aussi populaire qu'elle soit ou qu'elle semble, est absolument contraire non seulement bien sûr à l'esprit, à la raison d'être de la Constitution de la Ve République, qui était le renforcement de l'exécutif, mais aussi, ou d'abord, à la logique du système représentatif lui-même, fondée sur la séparation tranchée entre la majorité et l'opposition. Pourquoi alors, demandera-t-on, la vie politique n'est-elle pas complètement paralysée ? Simplement parce que la logique majoritaire du système représentatif, qui confie le *gouvernement* au camp qui a gagné la dernière élection, transforme la constitution de la Ve République en son contraire en réduisant à peu de chose les pouvoirs du président. À peu de chose mais pas à rien, car la logique majoritaire ne l'emporte pas sans partage, et la dualité de l'exécutif n'est pas une apparence insubstantielle. Ainsi la cohabitation constitue-t-elle une bizarrerie extrême dans l'histoire du gouvernement

1. J'ai trouvé la meilleure analyse politique de cette affaire dans les articles écrits à chaud par Clifford Orwin. Voir en particulier « Mr Clinton, the personal, and the political » et « Republicans have only themselves to blame », *National Post* (Canada), 9 décembre 1998 et 20 février 1999.

représentatif[1]. Faut-il nous réjouir que nous soyons ainsi parvenus à modérer efficacement la logique partisane du système, ou faut-il au contraire déplorer que nous l'ayons gravement faussée ?

L'organisation des séparations produit donc le système de la liberté moderne, c'est-à-dire la mise en œuvre la plus stable, pour autant la plus satisfaisante, de la liberté politique que l'humanité ait connue. En même temps, ce système fait pénétrer la séparation, la division, à l'intérieur même de l'âme des sociétaires : ils veulent et ils ne peuvent pas ; ils reconnaissent leur représentant et ils le rejettent ; ils sont tout-puissants, puisque le pouvoir repose sur leur volonté, et ils sont impuissants, puisque leur volonté est entravée, limitée, arrêtée par la volonté de l'autre parti. La tentation est grande alors de distinguer entre une bonne démocratie – celle qui n'aurait que les avantages de la démocratie – et une mauvaise démocratie, qu'on appellera d'un autre nom sans doute, ou qu'on dira décadente ou corrompue. Assurément, tous les régimes politiques démocratiques ne se valent pas ; certains sont mieux organisés, ou montrent plus de vertu civique que les autres. Mais il faut admettre, je crois, que pour l'essentiel, les inconvénients comme les avantages de notre régime sont des traits systémiques inséparables. Ils découlent les uns et les autres, avec la même nécessité, du « système de la liberté », c'est-à-dire de l'organisation des séparations. La conséquence pratique de tout ce discours, conséquence décevante, c'est qu'au lieu de se battre contre les innombrables moulins à vent que notre partialité aime à se choisir, il est plus judicieux de s'attacher à l'ordre systémique, et de le préserver en préservant l'intégrité de la logique partisane que j'ai essayé de restituer, et, pour le reste, d'en supporter patiemment les inconvénients inévitables.

1. Le rapprochement parfois fait avec le système américain est sans fondement. Aux États-Unis, un président démocrate a souvent à gouverner avec un Congrès républicain, ou l'inverse, mais cette séparation partisane recouvre la séparation constitutionnelle entre l'exécutif et le législatif.

Chapitre II

LE VECTEUR THÉOLOGICO-POLITIQUE

Nous avons défini notre régime politique, celui de la liberté moderne, par l'organisation des séparations. J'ai proposé une liste de six séparations principales, qui sont autant d'éléments constituants de ce régime. Ces séparations se recoupent souvent et se renforcent toujours. Elles s'articulent l'une à l'autre ; elles sont inséparables. L'une d'entre elles peut-elle être dite la séparation principale, la séparation origine, d'où toutes les autres découleraient ? Plusieurs paraissent susceptibles de recevoir le titre. On pourrait sans doute déduire toutes les séparations de celle entre la société civile et l'État par exemple, ou alors entre le représenté et le représentant. Il y a cependant une séparation chargée d'une intensité dramatique particulière. Sitôt que nous la mentionnons, viennent en foule des images historiques, les souvenirs de grands conflits qui ont décisivement marqué et orienté l'histoire européenne. Je veux parler bien sûr de la séparation entre l'Église et l'État. Depuis au moins la querelle des Investitures au XIe siècle entre le pape et l'empereur germanique, jusqu'à la grave crise en France au début du XXe siècle entre l'Église catholique et la République, l'histoire européenne, dirait-on, tourne autour de la relation compliquée, souvent conflictuelle, entre l'instance politique et l'instance religieuse. Et, précisément, nous avons le sentiment que le problème posé par cette relation conflictuelle n'a été résolu de manière à peu près satisfaisante qu'avec la séparation de l'Église et de l'État. De fait, la République en France n'a trouvé sa forme stable et définitive qu'avec la loi de 1905. Symétriquement, nous pensons que si cette séparation était remise en cause, si la « laïcité » était remise en cause, notre régime lui-même serait remis en cause.

Or, ces dernières années, un certain nombre de développements inédits paraissent précisément remettre en cause, du moins fragiliser le dispositif français fixé par la loi de 1905. Certains écrivains, certains hommes publics se sont même écriés que la laïcité et donc la République était en danger ! Les diverses affaires dites du « foulard islamique » ont fait apparaître aux yeux de tous une situation nouvelle. La présence croissante en France de fidèles d'une religion qui refuse ou ignore la séparation entre l'Église et l'État, la distinction entre le spirituel et le temporel, place la République devant une difficulté qu'elle croyait appartenir définitivement au passé. Mais est-ce la même difficulté ? Si certains, j'y faisais allusion, le pensent en effet, et recommandent qu'on impose aux citoyens musulmans la même séparation qui fut imposée il y a près d'un siècle aux citoyens catholiques, d'autres sont beaucoup plus hésitants : ils craignent qu'en imposant aux musulmans des règles dont leur religion peut difficilement s'accommoder, on ne les heurte gravement, que sous prétexte de défendre la laïcité on n'attaque leur « identité ». Et ils signalent que dans d'autres démocraties, au Royaume-Uni par exemple, on montre plus de tolérance pour les manifestations d'identité communautaire. Dans la laïcité à la française, une ligne de séparation implacable coupe en deux le citoyen s'il est aussi un croyant : d'un côté de la ligne, il est croyant, aussi fervent qu'il le veut ; de l'autre côté de la ligne, il n'a plus de religion, il est citoyen, et rien que citoyen. Dans le libéralisme à l'anglaise, disent ses partisans, on organise la coexistence de communautés diverses, de sorte que chacun peut tranquillement exprimer en public sa religion, sans craindre d'être accusé de mettre en danger une séparation qui n'existe pas, ou plutôt, car elle existe, qui est conçue avec moins de rigueur qu'en France.

J'ai parlé d'abord du problème posé par l'islam, car c'est ce problème qui a déclenché les débats auxquels je viens de faire allusion. Mais les relations entre l'État et la religion anciennement installée dans les pays démocratiques ne sont pas sans nuage. La principale difficulté, on le sait, concerne l'avortement. Dans la plupart des pays démocratiques, l'avortement est autorisé, sous des conditions variables. L'Église catholique, qui par le nombre de ses fidèles et par son organisation constitue l'Église chrétienne la plus influente, considère que cet acte est interdit par le commandement « Tu ne tueras point ». Comment garantir à la fois ce que la loi de l'État considère comme un droit – obtenir l'interruption d'une grossesse non désirée – et ce que l'Église considère comme un devoir – protéger toute vie humaine dès sa conception ? Bien entendu, dans notre régime fondé sur la séparation, la loi de l'État l'emporte sur la loi de l'Église, et une femme peut librement interrompre une grossesse non désirée, du moins dans les premières semaines de celle-ci. Mais tout aussi évidemment, c'est encore un effet de la séparation, un médecin ne saurait être obligé de pratiquer une interruption dc grossesse si un tel acte va contre sa conscience. De sorte qu'une femme enceinte a droit à une interruption de grossesse qu'un médecin a le droit de refuser de pratiquer. Les difficultés découlant de la séparation affectent tous les protagonistes. L'institution religieuse elle-même doit concilier son refus absolu de l'avortement avec sa participation active à une société où il est autorisé. En Allemagne, par exemple, l'Église catholique a participé jusqu'à présent aux institutions de conseil chargées d'accueillir les femmes désireuses d'avorter, et bien sûr avec le propos de les dissuader. L'autorité romaine a demandé à l'Église allemande de se retirer de ces institutions, de ne plus participer à un rouage de la loi autorisant l'avortement, participation qui est à ses yeux une manière de consentir à cette loi et de la légitimer. L'Église allemande semble majoritairement hostile à cette injonction de Rome.

Le débat peut concerner des questions beaucoup moins graves mais qui, dès lors que le principe de la séparation est engagé, soulèvent néanmoins de vives passions. Aux États-Unis, par exemple, dans certaines communes, des protestataires ont obtenu de la justice que les crèches traditionnelles de Noël soient enlevées des lieux publics, au motif que ces crèches, illustrant la foi d'une religion particulière, contrevenaient au principe de la séparation de l'Église et de l'État. Leurs adversaires ou critiques ont souligné le danger que représentait à leurs yeux la recherche d'une séparation totale entre le public et le privé : la place publique risque de devenir un lieu absolument vide, un lieu absolument nu.

Voilà quelques exemples des difficultés que rencontre dans son application le principe de la séparation de l'Église et de l'État, ou du religieux et du politique. Bien entendu, si le principe de la séparation reste un des fondements de notre régime, cela ne signifie pas que le politique ne change pas ni que le religieux reste identique à lui-même. Il faut donc prendre en compte l'évolution récente du politique et du religieux chacun en lui-même et dans leur relation réciproque. Je partirai de l'évolution récente du religieux en m'aidant du livre de Marcel Gauchet, *La Religion dans la démocratie. Parcours de la laïcité*[1]. Cet essai est un prolongement, ou une illustration, d'un livre beaucoup plus ambitieux, *Le Désenchantement du monde*, publié en 1985[2]. De la thèse générale de Gauchet, il nous suffit de retenir ceci : à ses yeux, nous sommes sortis de la religion, non pas de la croyance religieuse – il y a toujours des croyants –, mais d'un monde où la religion était « structurante », où elle commandait la forme politique des sociétés et où, plus généralement, elle définissait l'économie du lien social. Gauchet écrit : « La sortie de la religion, c'est le passage dans un monde où les religions continuent d'exister, mais à l'intérieur d'une forme politique et d'un ordre collectif qu'elles ne déterminent plus[3]. » Ce qui a été décisif dans ce processus, selon Gauchet, c'est le christianisme, « religion de la sortie de la religion ». Je n'en dirai pas plus sur sa thèse générale, concernant le sens de l'histoire humaine tout entière, car ce qui nous intéresse ici, c'est la

1. Paris, Gallimard, coll. « Le Débat », 1998.
2. Paris, Gallimard, coll. « Bibliothèque des sciences humaines ».
3. M. Gauchet, *La Religion dans la démocratie*, *op. cit.*, p. 11.

description qu'il fait de notre situation politico-religieuse, ou théologico-politique. Je vais donc simplement extraire de son essai récent quelques idées importantes pour notre propos.

Pour Marcel Gauchet, le trouble actuel de la laïcité est inséparable du trouble actuel de la religion, dont il est une conséquence. De quel « trouble actuel » de la religion s'agit-il ? D'abord, de l'affaiblissement des Églises : diminution de la pratique religieuse, baisse des vocations, dépérissement de l'autorité du magistère. Le point décisif pour Gauchet n'est pas dans les changements quantifiables de l'extérieur, mais dans la transformation du sens de la religion pour ses adeptes eux-mêmes : ce n'est pas tant qu'ils soient moins nombreux, c'est qu'ils sont *différents*. Aux yeux des fidèles eux-mêmes, les Églises n'ont plus vraiment l'autorité pour déterminer la croyance, moins encore pour orienter les choix politiques ou régler les mœurs. Il ne s'agit pas seulement de constater ce que les sociologues anglais ont appelé *the unchurching of Europe*, mais, plus profondément, d'observer que le sens intime de la croyance est en train de changer, ou a déjà changé. On est passé de la tolérance au « pluralisme ». Gauchet emploie le terme « pluralisme » en un sens précis ; je dois donc le citer un peu longuement :

> Je n'entends pas par pluralisme la simple résignation à l'existence de fait de gens qui ne pensent pas comme vous ; j'entends l'intégration par le croyant du fait de l'existence légitime d'autres croyances dans son rapport à sa propre croyance. Pour le dire en termes plus directs, le pluralisme comme donnée et comme règle de la société est une chose ; le pluralisme dans la tête des croyants en est une autre. Le pluralisme principiel des confessions dans l'espace américain, pour prendre l'exemple extrême, a pu s'accommoder pendant longtemps de formes d'adhésion spécialement rigoristes à l'intérieur des différentes confessions. Chacun admet la liberté de l'autre, mais n'en maintient pas moins pour son compte un style de conviction excluant la considération que d'autres convictions sont possibles. C'est toute la différence entre la tolérance comme principe politique et le pluralisme comme principe intellectuel. Cette relativisation intime de la croyance est le produit caractéristique de notre siècle,

> le fruit de la pénétration de l'esprit démocratique à l'intérieur même de l'esprit de foi. La métamorphose des convictions en identités religieuses en constitue l'aboutissement[1].

Ainsi le croyant contemporain, pense Gauchet, vise-t-il dans sa religion autre chose qu'une vérité objective universelle, c'est-à-dire une vérité vraie pour tous les hommes et à laquelle donc tous les hommes « devraient croire ». Il la choisit plutôt pour se choisir lui-même, pour la définition subjective qu'elle lui procure, pour l'« identité » qu'elle lui confère. Dès lors, le croyant – mais le mot convient-il encore quand l'adepte de la religion précisément ne croit plus vraiment ? – ne cherche pas à convaincre, à convertir les autres, il n'entreprend même pas d'argumenter en faveur de sa religion (de fait, ce qu'on appelait l'apologétique a pour ainsi dire complètement disparu du discours religieux contemporain). Mais, inversement, il n'admet guère qu'on argumente contre elle, il veut qu'on la « respecte ». On pourrait dire : dans la mesure où le « croyant » envisage sa religion comme un choix personnel qui définit son identité, toute critique de sa religion devient une agression contre sa personne, un « manque de respect ».

Cette transformation de la religion, cette absorption de la religion dans la démocratie, a nécessairement entraîné la transformation de son grand antagoniste, la République. La religion représentait jadis et, selon Gauchet, jusque vers 1970 (cette date me semble mal choisie, je dirais plutôt : jusqu'au concile Vatican II), l'hétéronomie collective, l'institutionnalisation d'une vérité objective que les hommes devaient reconnaître et à laquelle ils devaient se soumettre. Face à elle, la République représentait l'autonomie collective, une autonomie gagnée contre l'hétéronomie, c'est-à-dire contre la religion. Maintenant que la religion est absorbée par et dans la démocratie, qu'elle est devenue chose individuelle, chose libre, l'entreprise républicaine a perdu l'adversaire qui lui donnait sens :

1. *Ibid.*, p. 95.

> Il ne faut pas aller chercher ailleurs les motifs de l'incertitude qui taraude notre culture politique héritée. Elle est désertée par l'esprit qui a présidé, sinon à sa fondation, en tout cas à son dernier grand moment fondateur. L'idée de la République sur l'acquis coutumier de laquelle nous continuons de vivre a perdu son âme avec l'idée de la laïcité qui la flanquait comme sa plus intime compagne. La source de sens à laquelle elles s'alimentaient s'est tarie. Les termes du rapport entre religion et politique en fonction desquels elles s'étaient définies se sont radicalement déplacés[1].

Gauchet esquisse un parallèle entre l'exténuation de l'idée républicaine et l'effondrement du communisme. Certes, le communisme était totalitaire et régnait au nom de la science de l'histoire, tandis que la République était somme toute libérale et régnait au nom de la liberté, de l'éducation et de la morale. Mais le communisme comme la République furent des projets grandioses d'un règne humain – Gauchet dit : d'une « cité de l'homme » – où l'homme ferait l'expérience de sa souveraineté. Ce projet, dans sa version totalitaire comme dans sa version démocratique, est retombé : dans sa version totalitaire, parce qu'il a complètement échoué ; dans sa version démocratique, parce qu'il a trop bien réussi. D'une manière schématique, mais je crois fidèle à l'analyse de Gauchet, on pourrait dire : l'autonomie collective – la République –, en se dressant contre l'hétéronomie collective – la religion –, a fini par produire le triomphe de l'autonomie individuelle, de la pure démocratie qui a finalement absorbé la République aussi bien que la religion.

L'interprétation de Marcel Gauchet est pénétrante et puissante. Elle noue ensemble les éléments principaux de notre situation présente et de notre histoire récente ou plus éloignée, dans un dispositif dynamique convaincant. Elle nous donne à voir un monde social à la fois satisfaisant, ou satisfait, puisque l'individu démocratique a conquis son autonomie complète, et désolé, ou stérile, puisque les questions les plus décisives, les plus intéressantes pour l'homme, celle de la vérité, religieuse ou philosophique, celle de la communauté politique, ces questions

1. *Ibid.*, p. 63.

ont été écartées, repoussées par-delà l'horizon de la conscience sociale et individuelle, mises pour ainsi dire entre parenthèses. Comme si l'accomplissement de la démocratie supposait ou impliquait l'oubli des questions qui définissent l'humanité de l'homme.

•

Il me faut revenir sur notre histoire théologico-politique. Elle est assurément singulière ! Je l'ai indiqué tout à l'heure, Marcel Gauchet voit la cause, ou le pivot, de cette histoire singulière dans la singularité de la religion chrétienne, « religion de la sortie de la religion ». Je voudrais considérer brièvement cette question.

D'abord le rappel de faits élémentaires, bien connus, mais qu'il est indispensable de garder vivement présents à l'esprit. Quelques mots d'histoire des religions. Les religions païennes, la religion grecque, la religion romaine, furent des religions civiques – Tocqueville dit plaisamment : des religions « municipales ». Les dieux sont principalement ceux de la cité. Il y a bien sûr en Grèce des dieux « panhelléniques », mais ces dieux de l'Olympe sont ensuite « municipalisés », « localisés ». La communauté religieuse redouble la communauté politique ; en fait, elle se confond avec elle. Dans l'affaire fameuse des Arginuses, c'est le peuple d'Athènes qui condamne à mort les généraux coupables d'avoir poursuivi l'ennemi en fuite au lieu de rendre les devoirs religieux aux cadavres des marins athéniens. Achevant le chapitre intitulé « Les dieux de la cité », Fustel de Coulanges dans son grand ouvrage écrit ceci : « On voit par là quelle singulière idée les anciens se faisaient des dieux. Ils furent très longtemps sans concevoir la Divinité comme une puissance suprême. Chaque famille eut sa religion domestique, chaque cité sa religion nationale. Une ville était comme une petite Église complète, qui avait ses dieux, ses dogmes et son culte. Ces croyances nous semblent bien grossières, mais elles ont été celles du peuple le plus spirituel de ces temps-là, et elles ont exercé sur ce peuple et sur le peuple romain une si forte action que la plus grande partie de leurs lois, de leurs institutions et de leur histoire, est venue de là[1]. »

Aux religions païennes, politiques et particularistes, on oppose généralement les religions révélées, universalistes et spirituelles, qui transmettent un message de Dieu, un message adressé à chacun par un Dieu auquel chacun peut se convertir. Le contraste est bien réel, mais il faut aussi garder présent à l'esprit ce que les religions révélées ont en commun avec les religions païennes. La religion juive et l'islam rejettent très énergiquement l'idolâtrie païenne, mais conservent du paganisme, ou plutôt ont en commun avec le paganisme, la confusion, ou la fusion, du politique et du religieux. Ils inversent, il est vrai, l'ordre des facteurs : alors que les dieux grecs sont les dieux de la cité, le peuple d'Israël est le peuple de Dieu. Alors que la religion grecque est moulée, si je puis dire, sur la forme politique, le peuple d'Israël comme communauté humaine est moulé sur la forme religieuse, plus précisément sur la Loi donnée par Dieu, sur la Thora. C'est l'accueil de la Loi, et l'obéissance à la Loi – aux 613 commandements de la Loi –, qui définissent originellement l'appartenance à Israël. La Loi juive, la Thora, comme d'ailleurs la Loi musulmane, la Charia, règlent en principe toutes les actions des membres de la communauté, sans distinguer entre un domaine profane et un domaine religieux. La communauté religieuse est la communauté politique ; la communauté politique est la communauté religieuse.

La religion chrétienne est différente. Elle se définit moins par une loi que par une foi. Être chrétien, c'est d'abord *croire* à un certain nombre de dogmes, c'est-à-dire de propositions portant sur le monde invisible, c'est croire par exemple à l'Incarnation, ou à la Trinité. Dans son mouvement premier, le christianisme se détourne du monde, se désintéresse du monde, et donc laisse le monde tel qu'il est. En particulier, il laisse en l'état les institutions politiques qu'il rencontre. Le chrétien rend à César ce qui est à César, et à Dieu ce qui est à Dieu (Matthieu, XXII, 21). Pour cela, bien sûr, il doit distinguer entre le domaine de

1. *La Cité antique*, [1864], Paris, Flammarion, coll. « Champs », 1996, p. 178.

César et celui de Dieu. C'est cette singularité du christianisme qui fait que beaucoup d'historiens et de philosophes attribuent à cette religion un rôle décisif dans le développement de la démocratie moderne, c'est-à-dire d'un monde où l'homme est l'auteur souverain de la loi humaine. Si Marcel Gauchet voit dans le christianisme « la religion de la sortie de la religion », c'est d'abord parce que le christianisme est la seule religion qui libère l'espace profane.

En même temps, et ici il faut prendre garde, la religion chrétienne n'est pas simplement apolitique ; ce n'est pas seulement un ensemble de croyances sur l'autre monde, moins encore un ensemble de « valeurs » comme on dit aujourd'hui. Elle institue une communauté humaine inédite, et partant elle pose un problème politique inédit. Cette communauté est l'Église, qu'on pourrait définir comme une « communauté universelle réelle » : tous les hommes sont au moins potentiellement membres de cette communauté, qui a un principe propre, la charité, et une organisation spécifique, la hiérarchie ecclésiastique, au sommet de laquelle se trouve le pape. Ainsi, cette communauté non politique entre nécessairement en contact et en concurrence avec toutes les communautés politiques, non pas directement parce qu'elle voudrait donner la loi politique, mais indirectement parce qu'elle s'adresse à chaque homme et à chaque femme, le réclame ou la réclame pour elle-même, lui promettant l'appartenance à une communauté parfaite, l'Église comme *respublica perfecta* parce que *respublica christiana*.

J'en ai assez dit pour notre sujet. Le problème politique spécifique posé par la religion chrétienne tient à l'ambivalence de l'Église. D'une part, elle libère l'espace profane, je l'ai dit, elle laisse les sociétés politiques libres en principe de s'organiser comme elles l'entendent – l'Église, à la différence de la Synagogue, n'apporte pas de loi politique. En même temps, et en sens contraire, elle dévalorise les sociétés politiques. En critiquant leur principe – l'amour de soi jusqu'au mépris de Dieu – au nom de son principe – l'amour de Dieu jusqu'au mépris de soi –, elle érode leur légitimité. Le résultat net de cette ambivalence, de ce double mouvement contradictoire, pourrait être formulé brutalement ainsi : l'Église, en refusant de gouverner les hommes mais en dévalorisant ceux qui se chargent de cette responsabilité, ne réussit qu'à empêcher que les hommes se gouvernent convenablement. Telle fut en tout cas la conclusion, ou plutôt le point de départ, des penseurs qui élaborèrent la philosophie politique moderne. De Machiavel à Hobbes, de Hobbes à Rousseau, aussi différents soient-ils, ils disent tous la même chose sur ce point, que le pouvoir spirituel de l'Église, ce pouvoir qui n'est pas un pouvoir tout en étant un pouvoir, introduit une telle confusion dans la cité que « toute bonne politie [est] impossible dans les États chrétiens [1] ».

Que faire alors pour sortir de cette confusion ? Eh bien, la conclusion va s'imposer de plus en plus qu'il faut trancher ce nœud plus que gordien, et pour cela qu'un grand geste séparateur s'impose. Il faut séparer le plus complètement possible le pouvoir de l'opinion, en particulier religieuse, afin de priver de fondement ou de prétexte cette notion dangereuse et finalement inintelligible de pouvoir spirituel : l'institution spirituelle n'aura plus de pouvoir, sinon celui d'enseigner à qui veut bien l'écouter, et le pouvoir n'aura plus d'opinion, en particulier religieuse. Cette idée, qui ne sera réalisée, transformée en institutions stables qu'aux XIXe et XXe siècles dans les pays démocratiques, est complètement élaborée intellectuellement dès le XVIIe siècle. Ce pouvoir en principe sans opinion, c'est ce que nous avons appris à connaître comme l'État neutre, ou l'État laïque.

Mais comment, dira-t-on, une institution humaine peut-elle être radicalement séparée de toute opinion ? De manière très simple. Il suffit de remarquer que, indépendamment de leurs opinions sur Dieu, ou sur le Bien, ou sur le monde, ou en général sur quoi que ce soit qui les intéresse, les êtres humains ont des exigences irrépressibles qu'ils ne peuvent pas ne pas avoir : ils veulent vivre, ils veulent être libres, ils veulent pouvoir chercher le bonheur comme ils l'entendent. La vie, la liberté, la recherche du bonheur : comment les hommes n'auraient-ils pas droit à ces biens qu'ils ne peuvent s'empêcher de désirer ?

1. Jean-Jacques Rousseau, *Du contrat social*, IV, 8.

Ce sont bien des droits de l'homme ! Mieux, ce sont *les* droits de l'homme. L'État, en se séparant de plus en plus complètement de toute opinion religieuse, va découvrir de plus en plus clairement sa raison d'être, à savoir la protection, la garantie, la mise en œuvre des Droits de l'Homme.

À la distinction formulable théoriquement, mais impossible à instituer pratiquement de manière stable, entre le pouvoir spirituel et le pouvoir temporel, va se substituer la séparation, à la fois pensable et réalisable, entre le pouvoir sans opinion – l'État laïque – et les opinions sans pouvoir politique – la société dans sa diversité. En ce sens, il est vrai que le régime politique que nous connaissons, celui de l'État libéral protecteur des droits mis en œuvre dans la société civile, résout de manière satisfaisante et durable le problème inédit posé par l'irruption de la religion chrétienne.

•

Cette solution est-elle aussi satisfaisante et durable que la plupart d'entre nous le pensent, et que je viens de le dire ? À la fin de son essai, je l'ai déjà indiqué, Marcel Gauchet suggère que notre formule politique et morale fait en somme l'impasse sur la question de la vérité et sur celle de la communauté. La satisfaction légitime de vivre dans une démocratie « avancée » ne doit pas se transformer en complaisance. Je voudrais en conclusion tirer quelques enseignements du bref parcours historique que nous venons de faire.

Le mouvement politique moderne dont notre démocratie hérite et qu'elle prolonge est un mouvement libérateur ou émancipateur. Contre le pouvoir spirituel ou temporel, en fait contre ce mélange de pouvoir spirituel et temporel caractéristique de l'Ancien Régime, et qui nous donnait des ordres inintelligibles ou arbitraires, l'Europe et ses colonies d'Amérique du Nord ont élaboré un pouvoir de type nouveau, qui ne nous donne pas de commandements étrangers, mais qui nous *représente*, qui représente nos désirs nécessaires et légitimes en garantissant nos droits à la vie, à la liberté et à la recherche du bonheur. Ce pouvoir de type nouveau, c'est l'État moderne représentatif, défini par les séparations que nous avons longuement évoquées.

Ainsi, cette auto-affirmation de la liberté, pour s'exprimer et se réaliser, doit passer par la médiation des séparations. Ce langage est abstrait, mais lorsque nous décrivons notre régime politique, nous employons nécessairement un langage abstrait parce que notre régime lui-même est abstrait. Les séparations dont il est constitué sont autant d'abstractions. Le citoyen croyant dont nous avons parlé doit, pour être un bon citoyen, *faire abstraction* de sa religion. D'ailleurs, les critiques de droite et les critiques de gauche dirigées contre la démocratie moderne ont ceci de commun qu'elles en dénoncent l'abstraction et le formalisme. Burke et Marx sont d'accord sur ce point.

Mais il me faut revenir au sujet. Cette auto-affirmation de notre liberté comporte deux moments : le moment de la société civile et le moment de l'État. Chacun de nous est acteur, ou agent, dans la société civile, et il est représenté dans et par l'État. La société civile et l'État sont les deux pôles d'un dispositif dans lequel ils sont également indispensables. En ce sens, les libéraux et leurs adversaires ont également raison ; ils ont raison du moins dans ce qu'ils affirment, sinon dans ce qu'ils nient. Les libéraux affirment que chacun doit pouvoir exercer librement dans la société son droit à la vie, à la liberté et à la recherche du bonheur. Leurs adversaires affirment que seul un État fort et vraiment représentatif est un instrument assez robuste pour empêcher que les pouvoirs sociaux, et d'abord le « pouvoir de l'argent », n'infligent aux sociétaires une nouvelle forme de domination et d'aliénation. L'expérience historique paraît confirmer les suggestions du raisonnement : de nationalisations en privatisations, de réglementations en dérégulations, elle montre une oscillation, ou une alternance, assez régulière entre périodes où le mouvement social dominant réclame et obtient l'intervention accrue de l'État, et périodes où le mouvement social dominant réclame et obtient l'émancipation de la société civile et la rétraction de l'État. On peut dire que du New Deal à la crise pétrolière des années 1970, l'État a été considéré avec confiance comme le grand agent régulateur et ordonnateur de la vie sociale. Depuis une vingtaine d'années, il est sur la défensive ; souvent accusé de tous les dysfonctionnements qui affectent la société, il semble en tout cas incapable de conserver ou de retrouver ses prises sur le mouvement du monde.

Ce discrédit actuel de l'État ne doit pas nous égarer. Les critiques dirigées contre son fonctionnement effectif sont souvent justifiées, mais leur effet cumulé est de suggérer presque irrésistiblement que l'État n'a que l'utilité d'un instrument, ou que la liberté moderne n'a besoin de l'État que comme une commune a besoin d'un gardien de square. L'État le plus moderne serait nécessairement l'État le plus modeste. En réalité, l'État moderne a une fonction spirituelle ou symbolique : il est indispensable à ma prise de conscience comme citoyen. Dans le dispositif de la représentation, il constitue le lieu neutre, abstrait donc et élevé au-dessus de la société, vers lequel je puis me tourner en tant que citoyen pour qu'il *me* représente. L'État est indispensable à la réflexion, à la subjectivation de la liberté moderne. Sous le Grand Roi, dit Bossuet, « la France apprit à se connaître ». Ces mots nous livrent le secret de l'État moderne.

D'autre part, la séparation entre l'État et la société, aussi indispensable soit-elle aujourd'hui puisque constitutive du système de la liberté moderne, produit certains effets négatifs, ainsi que nous l'avons vu en étudiant le mécanisme de la séparation des pouvoirs. On pourrait dire très simplement : vivant à la fois dans la société civile et dans l'État, je ne suis jamais tout entier nulle part. Moitié bourgeois, moitié citoyen, je suis toujours inconfortablement et parfois douloureusement divisé. C'est en tout cas la critique qu'ont fait entendre des auteurs aussi importants et influents que Rousseau et Marx. Selon ce dernier, pour des raisons que nous verrons plus précisément lorsque nous étudierons sa critique des droits de l'homme dans *La Question juive*, la séparation entre l'État et la société civile doit être surmontée si l'humanité moderne doit parvenir à son accomplissement. C'est ce dépassement que tenta le communisme. Les résultats de la tentative furent assurément catastrophiques, mais le projet considéré en lui-même était intelligible. D'une manière extraordinairement primitive et brutale, il répondait à une difficulté réelle de notre régime. Un régime qui se fonde sur des séparations, et des séparations qui ont quelque chose d'abstrait et d'artificiel, suscite naturellement des entreprises destinées à abolir ces séparations. Les mouvements totalitaires peuvent être regardés dans cette lumière[1].

Le mouvement social et moral que j'ai décrit au début de cette séance avec l'aide de Marcel Gauchet peut être interprété dans cette même lumière, c'est-à-dire comme un effort pour surmonter l'abstraction du régime moderne mais sans aller contre la liberté moderne. On demande aujourd'hui à l'État comme à la société non plus de garantir les droits de l'homme simplement, de l'homme en général et donc séparé de toutes ses particularités – qualités personnelles, opinions, mœurs –, mais de l'homme concret avec toutes ses appartenances et qualités : « identité culturelle », religion, « orientation sexuelle », etc. Toutes les « identités » de l'individu doivent être validées par l'État et la société dès lors seulement que ledit individu les déclare siennes, et elles ont droit à un « respect » inconditionnel. Au lieu d'un pouvoir séparé de l'opinion, neutre entre les opinions, au lieu de ce pouvoir laïque que j'ai essayé de décrire, on réclame un pouvoir étatique et social qui approuve activement, embrasse chaleureusement, toutes les opinions, toutes les manières de vivre. C'est en un sens la négation, ou l'inversion, du mouvement qui a conduit à la séparation de l'Église et de l'État. En même temps, il s'agit de son prolongement. On ne sort pas en effet de l'ordre individualiste, et même de l'ordre bourgeois. Chacun est considéré comme un propriétaire dont l'État et la société doivent respecter la propriété, mais une propriété qui ne comporte plus seulement les biens, même en y comprenant comme le fait Locke la vie et la liberté : elle comporte aussi les opinions, les « valeurs », les « identités », les « orientations ». Je suis légitime propriétaire de tout ce que je suis. L'État et la société doivent le reconnaître et le déclarer : ils doivent approuver explicitement tout ce que je suis.

1. Voir ci-dessous, chap. XIV.

L'ordre ancien, ou plutôt le désordre ancien, dépendait d'un pouvoir spirituel qui prétendait gouverner seulement « indirectement ». Comme je l'ai dit d'une manière peu scientifique mais, je crois, expressive, c'était un pouvoir qui voulait gouverner sans gouverner tout en gouvernant quand même. Pour parer au désordre, et instaurer un ordre plus humain, plus rationnel, on s'efforça de séparer le pouvoir de l'opinion. Cette entreprise, avec le régime qui lui correspond, c'est la démocratie moderne elle-même. Pour parer aux effets corrupteurs d'une religion qui imposait la vérité, on a donc séparé le plus complètement possible la question de la liberté et la question de la vérité. Cela voulait dire qu'on définissait l'homme par la liberté, ou encore qu'on déclarait que la vérité résidait dans la liberté. L'idée de la liberté l'emporta complètement sur l'idée de la vérité. Cette victoire fut peut-être trop complète. Privée de son rapport conflictuel avec la vérité, la liberté tend à s'effondrer sur elle-même. Au lieu d'être l'effort vers l'autonomie, vers le gouvernement de soi par soi, elle devient acceptation et déclaration de soi, accompagnée de l'exigence que les autres reconnaissent et respectent cette acceptation et cette déclaration de soi. Ayant vaincu la vérité, ou l'ayant absorbée, la liberté est vaincue par la propriété, ou absorbée par elle.

Chapitre III

LE MOUVEMENT DE L'ÉGALITÉ

J'ai longuement insisté sur l'importance des séparations dans l'organisation de notre régime politique. Or, toute séparation paraît – par définition – mettre en danger l'unité même du corps politique, ainsi que les adversaires des institutions démocratiques le soulignèrent avec inquiétude, angoisse ou indignation, au long de l'histoire moderne. Si on sépare le pouvoir législatif et le pouvoir exécutif, si donc l'on divise le pouvoir suprême, dirent-ils, on prive la société de son principe supérieur d'unité, on la condamne à la paralysie, à l'anarchie, à la dissolution. Si on sépare l'Église de l'État, on fait pénétrer la division à l'intérieur de l'âme même de chaque sociétaire, le citoyen se sépare du chrétien, le lien politique et le lien religieux, au lieu de se renforcer l'un l'autre et pour ainsi dire de se confondre comme ils l'avaient toujours fait, se distinguent, se séparent, et, au lieu de l'union, c'est le déchirement qui prévaut. Ces inquiétudes, ou ces angoisses, devant les effets de nos séparations furent en général le fait des auteurs dits « réactionnaires », ou « contre-révolutionnaires », comme Joseph de Maistre ou Louis de Bonald. Mais des auteurs aussi « révolutionnaires » que Rousseau ou Marx, j'y ai fait allusion, s'insurgèrent également contre la séparation du « bourgeois » et du « citoyen ». En tout cas, ces craintes ont été réfutées par l'expérience puisque, de fait, nos régimes ne se sont pas décomposés, et qu'ils ont même été d'autant plus stables et cohérents qu'ils ont mieux su organiser ces séparations. En même temps, la question posée par les réactionnaires, et par quelques révolutionnaires, est légitime. Ou, si vous préférez, on peut aisément transformer leur dénonciation angoissée ou agressive en une question légitime : comment notre corps politique réussit-il à préserver sa cohésion en dépit de la multiplication des séparations ? Qu'est-ce qui le fait tenir ensemble en dépit de tout ? Quel est son principe d'unité ?

Nous l'avons vu, Montesquieu, analysant la Constitution anglaise, voit la raison d'être, ou du moins l'effet, de la séparation des pouvoirs dans la préservation de la liberté. La Constitution d'Angleterre, dit-il, est la première dans l'histoire qui se donne pour but principal la liberté politique. Et j'avais commencé mon propos en remarquant qu'aujourd'hui, dans nos sociétés, deux grandes idées étaient revêtues d'une autorité particulière : l'idée de la Science et l'idée de la Liberté. En ce sens, la liberté peut être dite un principe unificateur de nos sociétés. En même temps, il est visible que ses effets peuvent être, qu'ils sont souvent, « séparateurs ». La liberté économique, même s'il est vrai qu'en général son effet est d'accroître la richesse globale et donc d'élever le niveau de vie moyen, favorise souvent l'accroissement de la distance entre les riches et les pauvres. La liberté des mœurs tend à éroder, sinon à dissoudre, l'unité de la famille, donc de la cellule sociale considérée depuis toujours comme essentielle à la cohésion de l'ensemble social. La liberté en tant que telle a incontestablement des effets sociaux disruptifs. Et on peut dire que c'est une des grandes réussites, peut-être un des grands mystères, de notre société qu'elle parvienne à conserver sa cohésion tout en garantissant et promouvant tant de liberté, et de libertés.

Une des raisons majeures pour lesquelles notre liberté est moins désorganisante, plus réglée, qu'on ne pourrait le craindre, c'est sans doute qu'elle se définit comme liberté *égale*, qu'elle s'associe à l'égalité et même qu'en quelque façon elle se confond avec elle. Notre liberté se définit comme liberté *égale* ; notre égalité se définit comme égale *liberté*. « Les hommes naissent et demeurent libres et égaux en droits » : tel est l'article premier de la Déclaration des droits de l'homme de 1789. « Tous les êtres humains naissent libres et égaux en dignité et en droits » : c'est l'article premier de la Déclaration universelle des droits de l'homme de 1948. Or, l'égalité semble bien un principe de cohésion et de concorde, en tout cas d'homogénéité. Le miracle de la liberté moderne tient sans doute largement au fait qu'elle se veut une liberté égale, que l'idée de l'égalité pénètre tous les aspects de la société libre. Aux yeux de certains observateurs, c'est l'égalité, et non la liberté, qui est le véritable principe de notre démocratie. Notre liberté se voulant liberté *égale*, c'est l'attribut d'égalité qui définit le sens de notre liberté. En tout cas, liberté *égale* ou égale *liberté*, tel est le principe de notre régime dans son ambiguïté originelle et centrale.

•

Considérons par exemple une proposition économique et sociale récente, l'allocation universelle, qui offre le double caractère d'être à la fois sérieuse – dans la mesure où elle est avancée par des auteurs sérieux qui développent des arguments complexes en sa faveur – et radicale – alors qu'aujourd'hui les propositions radicales ont largement disparu du débat. Proposition sérieuse et radicale, l'allocation universelle mérite notre intérêt. Je la considérerai dans la version qu'en a donnée Jean-Marc Ferry dans un ouvrage portant ce titre[1].

Jean-Marc Ferry propose une allocation universelle de citoyenneté qu'il définit de la façon suivante : « Revenu social primaire distribué égalitairement de façon inconditionnelle. Il s'agit d'un véritable revenu de citoyenneté. » Et voici l'exposé liminaire des motifs :

> Même si la reprise se confirme, la croissance économique ne créera pas plus d'emplois que de chômage. Elle n'apportera par elle-même aucune solution à l'exclusion sociale.

1. *L'Allocation universelle*, Paris, Cerf, coll. « Humanités », 1995.

> La crise nous appelle à réfléchir sur un nouveau paradigme de la répartition : distribuer un revenu de base à tous les citoyens, quelle que soit leur situation dans la production : riches ou pauvres, actifs ou chômeurs, étudiants ou retraités.
>
> C'est en développant un droit indépendant au revenu, lequel favoriserait aussi l'essor d'un « secteur quaternaire » d'activités personnelles, non mécanisables, que le droit au travail cessera d'être une hypocrisie [1].

Je n'entrerai pas dans la discussion technique des arguments techniques qu'avance Jean-Marc Ferry. Je n'examinerai pas si le projet est réalisable. Ce qui m'intéresse, c'est le sens et la structure de la proposition prise en elle-même. Eh bien, elle combine d'une manière particulièrement audacieuse le trait qui a fait l'objet des deux séances précédentes, et le trait que nous considérons aujourd'hui : elle introduit une nouvelle *séparation*, elle se réclame de l'*égalité*, qu'elle entend même faire progresser. Arrêtons-nous sur ces deux points.

Le trait le plus audacieux de la proposition est incontestablement d'introduire la séparation là où personne n'avait songé à l'introduire, entre la rémunération et le travail. Le lien entre le travail et la rémunération était, il est encore malgré des complications croissantes, le nœud matériel et spirituel de l'économie et de la société modernes : il est à la fois principe d'action et de mouvement – les sociétaires travaillent pour être rémunérés, la société incite au travail en le rémunérant –, et principe de légitimité – ultimement, la légitimité non seulement de la richesse proprement dite, mais de tout l'édifice social, repose sur le travail productif. C'est un point sur lequel socialistes et libéraux sont d'accord, eux qui sont en désaccord sur tout le reste. Locke non moins que Marx, Marx non moins que Locke, fondent la valeur sur le travail. Dans notre régime – que nous l'appelions « capitaliste », ou « libéral », ou « industriel », ou d'un autre nom –, le système économique s'est séparé de l'ensemble social – précisément, il s'est ainsi constitué en système –, mais il est devenu le lieu où s'accomplit la synthèse sociale, je veux dire : où les contributions à la société cher-

1. *Ibid.*, p. 7.

chent leur reconnaissance et leur récompense. Bien entendu, le lieu de la synthèse sociale est en même temps celui de la lutte sociale : les individus et les groupes se font des idées différentes de la justice sociale. En proposant de séparer radicalement la rémunération du travail, du moins en proposant d'instituer une rémunération radicalement séparée de tout travail, les partisans de l'allocation universelle introduisent la séparation au cœur de l'unité sociale moderne.

On peut dire bien sûr que, ce faisant, ils ne font que proposer un retour à l'ordre antérieur, dans lequel le travail rémunéré n'était qu'une partie, et la moins estimée, de la vie sociale, puisque les personnes « honorables », celles qui « donnaient le ton », vivaient sans travailler, par exemple en recueillant les droits seigneuriaux ou la rente foncière. Mais ce retour au passé n'en est pas un puisque dans le projet que nous considérons, la condition « noble », celle qui autorise à vivre sans travailler, est étendue à tous les citoyens également. La condition d'aristocrate est complètement démocratisée.

On le voit, dans le système de l'allocation universelle, le problème de l'exclusion sociale est résolu d'une part par une séparation nouvelle et extrême, d'autre part par une égalisation extrême. Ce qui est frappant dans le livre de Jean-Marc Ferry, c'est le peu de place qu'y tient la réflexion sur la justice, alors que le lien fondamental entre le travail et la rémunération dérivait, aussi bien pour les marxistes que pour les libéraux, des réquisits de la justice. Jean-Marc Ferry affirme simplement : « La répartition du revenu global, dans une collectivité donnée, nationale ou supranationale, ne peut plus et ne doit plus viser à exprimer la contribution respective de chacun à la production de la richesse sociale. » Certes, il invoque deux raisons qui peuvent être dites de justice : l'une selon laquelle la malchance, les aléas du marché, les changements technologiques, etc. ne justifient pas qu'un sociétaire soit privé de revenu ; l'autre selon laquelle, dans l'économie moderne, la contribution individuelle est impossible à mesurer exactement, et donc à rémunérer justement [1]. Ces remarques sont intéressantes.

1. *Ibid.*, p. 60, 61 et 85-86.

Elles contestent les principes de justice de notre société. Mais Jean-Marc Ferry, content d'avoir jeté le doute sur ces principes, ne s'efforce nullement de fonder en justice la société qu'il recommande, d'expliquer pourquoi la société de l'allocation universelle serait plus juste que la nôtre. Puisque le lien entre le travail et la rémunération est problématique, eh bien, supprimons complètement ce lien ! Et pour répondre à l'objection « démocratique » traditionnelle que vivre sans travailler, ou sans avoir travaillé, est injuste, Jean-Marc Ferry décide que, grâce à l'allocation universelle, cette possibilité injuste sera ouverte à tous, et par là même, peut-on supposer, transformée en quelque chose d'essentiellement juste, puisque égale. En vérité, ici je conjecture, car l'auteur ne s'explique nullement. Au problème bien réel de l'exclusion sociale, il répond en appliquant le procédé par lequel le régime moderne a résolu jusqu'ici ses difficultés, le procédé de la séparation. Et la question de la justice du résultat est contournée puisqu'on présuppose que l'égalité contient toute justice. Ainsi, tout en étant « radicale », puisqu'elle atteint la racine de notre vie sociale, cette proposition ne fait que prolonger, en les exagérant peut-être outrancièrement, les deux procédés principaux de notre régime politique et social : la séparation et l'égalisation.

•

Si nous voulons voir un peu plus clair dans cette grande question de l'égalité et de l'inégalité, y compris dans cet aspect que nous nommons aujourd'hui l'« exclusion sociale », il faut prendre les choses de plus loin, car l'égalité, si j'ose dire, est une très longue histoire. Mais l'enquête est très délicate, car dès le départ, nous risquons d'être arrêtés par des incertitudes insurmontables. Dès le départ, je veux dire : dès que nous nous interrogeons sur notre situation présente, sur l'égalité et l'inégalité aujourd'hui. Nous pouvons dire avec plausibilité que les inégalités dans notre société sont énormes, scandaleuses, qu'elles sont en train de croître, qu'un petit nombre, qui s'est d'ailleurs nettement accru ces dernières années, jouit de revenus extravagants, tandis qu'un nombre croissant de sociétaires non seulement sont pauvres ou misérables, comme on disait jadis, mais encore tendent à échapper au lien social : les « exclus » précisément. Nous pouvons dire en sens inverse, avec une égale plausibilité, que notre société est la plus égale qui ait jamais existé : l'inégalité entre hommes et femmes, dans la famille ou sur le marché du travail, a été considérablement atténuée ; dans la famille, la distance entre parents et enfants a été réduite ; dans les institutions d'enseignement, si centrales pour notre société, le prestige de l'instituteur ou du professeur a beaucoup décliné. Plus généralement, le respect pour les diverses « supériorités » a considérablement diminué. Les hiérarchies se mêlent et disparaissent dans un espace public où chacun vaut chacun : sur le plateau de télévision, le prix Nobel de physique propose sa recette de cuisine favorite tandis que le cuisinier distingué par le guide Michelin rend compte du dernier livre de philosophie qu'il a lu. Bref, il semble que les dernières barrières entre les hommes et les activités soient en train de tomber, et que nous vivions désormais dans un seul monde, ou dans un monde un, dans un monde social homogène et unifié : *we are the world.*

Je crois ces deux séries de constatations incontestables. Alors même que l'inégalité économique croît, ou qu'elle a recommencé à croître ces dernières années après une longue période où elle avait beaucoup diminué, l'égalité sociale générale, l'égalité humaine si j'ose dire, ne cesse elle aussi de croître. Tandis que l'inégalité quantitative croît, ou recommence à croître, l'égalité qualitative continue de progresser. Comment expliquer cet étrange phénomène ? L'égalité serait-elle illusoire ? Ou alors l'inégalité ? Si les deux sont réelles, comment une société peut-elle contenir en son sein deux mouvements aussi contraires ? Ce n'est pas la première fois que la société moderne présente cette bizarrerie. Pendant la Dépression, la grande crise des années 1930, c'est Schumpeter qui en fait la remarque dans son livre *Capitalisme, socialisme et démocratie* (1942), le nombre des domestiques n'a cessé de diminuer alors que le chômage de masse aurait plutôt dû entraîner, semble-t-il, un accroissement important de leur nombre. Pendant la crise économique, l'égalisation sociale continue ! Disons donc provisoirement : sur un fond d'égalité sociale croissante, l'inégalité économique tantôt croît tantôt décroît. Mais qu'est-ce que cette égalité sociale qui se développe dans une sorte d'indépendance souveraine par rapport à l'inégalité économique ? Qu'est-ce que cette égalité qui se moque de l'inégalité entre riches et pauvres ? Tournons-nous vers Tocqueville qui découvrit en quelque sorte cette égalité, qui en tout cas la plaça au centre de sa réflexion. Relisons d'abord les premières lignes, fameuses, de l'introduction de *La Démocratie en Amérique* :

> Parmi les objets nouveaux qui, pendant mon séjour aux États-Unis, ont attiré mon attention, aucun n'a plus vivement frappé mes regards que l'égalité des conditions. Je découvris sans peine l'influence prodigieuse qu'exerce ce premier fait sur la marche de la société ; il donne à l'esprit public une certaine direction, un certain tour aux lois ; aux gouvernants des maximes nouvelles, et des habitudes particulières aux gouvernés.
>
> Bientôt je reconnus que ce même fait étend son influence fort au-delà des mœurs politiques et des lois, et qu'il n'obtient pas moins d'empire sur la société civile que sur le gouvernement : il crée des opinions, fait naître des sentiments, suggère des usages et modifie tout ce qu'il ne produit pas.
>
> Ainsi donc, à mesure que j'étudiais la société américaine, je voyais de plus en plus, dans l'égalité des conditions, le fait générateur dont chaque fait particulier semblait descendre, et je le retrouvais sans cesse devant moi comme un point central où toutes mes observations venaient aboutir.

Et un peu plus loin :

> Le développement graduel de l'égalité des conditions est donc un fait providentiel, il en a les principaux caractères : il est universel, il est durable, il échappe chaque jour à la puissance humaine ; tous les événements, comme tous les hommes, servent à son développement[1].

1. Alexis de Tocqueville, *De la démocratie en Amérique*, [1835], dans *Œuvres complètes*, Paris, Gallimard, 1961, t. I, p. 4.

Ainsi, pour Tocqueville, l'égalité est un fait, et un fait générateur, un principe causal et formateur de la société moderne dans *tous* ses aspects. Quelle égalité ? Celle qu'il appelle l'« égalité des conditions », qui ne cesse de progresser irrésistiblement quoi que fassent ou veuillent les hommes. On est tenté de dire qu'il s'agit de l'égalité sociale, qui fait que les citoyens ont des droits égaux dans la société civile, et qui est distincte de l'égalité politique comme de l'égalité économique. Il n'est pas douteux que Tocqueville s'exprime parfois comme s'il en était ainsi, comme s'il s'agissait d'une espèce particulière d'égalité dont le champ serait délimité par deux de ces séparations constitutives du régime moderne : Économie/Société/Politique. En réalité, il s'agit d'une notion englobante. L'égalité dont il parle est plus et autre chose que l'égalité économique, plus et autre chose que l'égalité politique, plus et autre chose que l'égalité sociale. Et ce n'est pas la somme des trois. Qu'est-ce alors ? Quel est ce mystère ? La réponse est simple pourtant. L'égalité dont parle Tocqueville, ce qu'il appelle la démocratie, c'est ultimement une chose morale, une disposition humaine, c'est *le sentiment de la ressemblance humaine*.

On peut faire une histoire de l'égalité en Occident. C'est une histoire que Tocqueville esquisse à plusieurs reprises en partant du Moyen Âge, mais sans jamais la développer. Au début, au Moyen Âge donc, nous rencontrons l'idée de l'égalité des hommes devant Dieu, avec l'institution correspondante, l'Église, aux yeux de laquelle et à l'intérieur de laquelle les inégalités de ce monde sont en principe sans valeur ; mais cette égalité intérieure et invisible n'a que peu d'effet sur les inégalités sociales et politiques, sur les inégalités de condition que d'ailleurs et d'autre part l'Église tend à confirmer et à consolider en les déclarant conformes à l'ordre de la Providence. On distinguera ensuite cette période que Tocqueville appelle « l'âge d'or des princes ». Elle se fonde sur une inégalité nouvelle, ou sur l'accroissement d'une inégalité ancienne. Les princes, en devenant « absolus », s'élèvent décisivement au-dessus de toutes les composantes de la société, qu'elles soient religieuses ou profanes. Ils les soumettent toutes : nobles, bourgeois et prélats doivent obéir, comme le peuple, au souverain absolu. Cette inégalité nouvelle est productrice d'une égalité inédite : sous la main du roi, tous tendent à devenir également sujets, l'extrême hétérogénéité sociale de la « féodalité » est considérablement réduite. Tocqueville écrit, toujours dans l'introduction : « En France, les rois se sont montrés les plus actifs et les plus constants des niveleurs [1]. » Cette égalité nouvelle cependant est contenue et limitée par le fait que le roi, en vertu de sa supériorité même, reste en quelque manière solidaire des supériorités, des inégalités sociales. Au moment décisif, quand le sort de la monarchie est en balance, Louis XVI ne voudra pas sacrifier ni trahir sa « chère noblesse ».

Mais l'égalité et l'homogénéité ainsi produites par l'action royale sont assez avancées pour que les sociétaires quant à eux aient le sentiment que le corps politique, la *nation*, existe, ou est capable d'exister, sans le monarque et sans les ordres privilégiés. L'*opinion* circule dans toutes les parties de la société française comme le sang dans un corps vivant ; elle ne peut plus être contenue, aux deux sens du terme, dans les corps autorisés. Dès lors, la troisième période peut commencer, dans laquelle les Français vont rendre actif leur sentiment d'appartenance à un seul corps homogène, en s'efforçant de devenir, de sujets qu'ils étaient, citoyens. Ce moment, le moment de la Révolution, est décisif bien sûr, et pas seulement parce qu'il signifie l'irruption de l'égalité politique et sociale. Quelque chose qui retentit sur tous les aspects de la vie extérieure comme intérieure se produit. Désormais, la communauté des citoyens ne reconnaît plus rien en dehors, ou en face d'elle-même. Au corps complexe constitué par les trois ordres et le roi, à ce corps composé de *parties*, succède un corps homogène et sans parties, constitué de citoyens égaux, un corps uni qui est la source de toutes ses différences et inégalités internes. Le premier article de la Déclaration de 1789 se poursuit ainsi : « Les distinctions sociales ne peuvent être fondées que sur l'utilité commune. »

Ce corps homogène est voué à devenir toujours plus homogène. Pourquoi ? Parce que les hommes *désirent* l'égalité ? Sans doute, mais ne l'ont-ils pas toujours désirée ? Et puis ne s'en

1. *Ibid.*, p. 2.

font-ils pas des idées différentes et contradictoires ? Certains d'ailleurs ne désirent-ils pas l'inégalité ? Il y a, semble-t-il, quelque chose de plus fort que les idées et les désirs des hommes, et c'est précisément le fait qu'après l'instauration de l'ordre électif, le sentiment et le désir de l'homogénéité sociale exercent une pression irrésistible. Plus la société est homogène, et plus le désir de l'homogénéité est fort. On pourrait dire : le véritable souverain désormais, c'est la démocratie elle-même, c'est l'égalité elle-même, c'est le sentiment de la ressemblance entre les citoyens et, au-delà, entre les hommes.

Dans *De la démocratie en Amérique*, Tocqueville analyse comment ce souverain vraiment absolu exerce son pouvoir. Je considérerai, dans la troisième partie du tome II, deux chapitres particulièrement frappants, à savoir le chapitre premier intitulé : « Comment les mœurs s'adoucissent à mesure que les conditions s'égalisent » et le chapitre V intitulé : « Comment la démocratie modifie les rapports du serviteur et du maître ».

Considérons d'abord le premier exemple. Tocqueville observe que dans les sociétés aristocratiques, les nobles ou les « grands » sont en général insensibles aux souffrances du peuple, non parce qu'ils seraient dépourvus de moralité ou de lumières, mais parce qu'ils ont peine à se faire une idée un peu vive de ces souffrances : au sens strict du terme, ils ne peuvent les imaginer. C'est en quelque sorte un problème d'épistémologie sociale plus que de moralité. Pour illustrer son propos, il cite une lettre de Mme de Sévigné dans laquelle celle-ci, avec une légèreté qui nous semble atroce, évoque plaisamment la répression féroce d'une révolte fiscale en Bretagne, et il commente ainsi :

> On aurait tort de croire que Mme de Sévigné, qui traçait ces lignes, fût une créature égoïste et barbare : elle aimait avec passion ses enfants et se montrait fort sensible aux chagrins de ses amis ; et l'on aperçoit même, en la lisant, qu'elle traitait avec bonté et indulgence ses vassaux et ses serviteurs. Mais Mme de Sévigné ne concevait pas clairement ce que c'était que de souffrir quand on n'était pas gentilhomme.

Tocqueville continue :

> De nos jours, l'homme le plus dur, écrivant à la personne la plus insensible, n'oserait se livrer de sang-froid au badinage cruel que je viens de reproduire, et, lors même que ses mœurs particulières lui permettraient de le faire, les mœurs générales de la nation le lui défendraient.
>
> D'où vient cela ? Avons-nous plus de sensibilité que nos pères ? Je ne sais ; mais, à coup sûr, notre sensibilité se porte sur plus d'objets.
>
> Quand les rangs sont presque égaux chez un peuple, tous les hommes ayant à peu près la même manière de penser et de sentir, chacun d'eux peut juger en un moment des sensations de tous les autres : il jette un coup d'œil rapide sur lui-même ; cela lui suffit. Il n'y a donc pas de misère qu'il ne conçoive sans peine, et dont un instinct secret ne lui découvre l'étendue. En vain s'agira-t-il d'étrangers ou d'ennemis : l'imagination le met aussitôt à leur place. Elle mêle quelque chose de personnel à sa pitié, et le fait souffrir lui-même tandis qu'on déchire le corps de son semblable [1].

Ainsi le citoyen des démocraties est-il naturellement compatissant. Réciproquement, le sentiment de compassion favorise les institutions démocratiques.

Le second exemple est plus complexe. Tocqueville examine le destin en démocratie de la relation sociale et humaine la plus inégalitaire, celle entre maître et serviteur. Il observe qu'elle est radicalement transformée. Entre le maître et le serviteur, il y a désormais un contrat. Leur relation, étant volontaire, n'est plus héréditaire, nécessaire, « naturelle ». En principe, le serviteur peut devenir maître à son tour. Tocqueville écrit :

> À chaque instant, le serviteur peut devenir maître et aspire à le devenir ; le serviteur n'est donc pas un autre homme que le maître.
>
> Pourquoi donc le premier a-t-il le droit de commander et qu'est-ce qui force le second à obéir ? L'accord momentané et libre de leurs deux volontés. Naturellement ils ne sont point inférieurs l'un à l'autre, ils ne le deviennent momentanément que par l'effet

1. *Ibid.*, t. II, [1840], p. 173-174.

du contrat. Dans les limites de ce contrat, l'un est le serviteur et l'autre le maître ; en dehors, ce sont deux citoyens, deux hommes.

Ce que je prie le lecteur de bien considérer, c'est que ceci n'est point seulement la notion que les serviteurs se forment à eux-mêmes de leur état. Les maîtres considèrent la domesticité sous le même jour [...].

Lorsque la plupart des citoyens ont depuis longtemps atteint une condition à peu près semblable, et que l'égalité est un fait ancien et admis, le sens public, que les exceptions n'influencent jamais, assigne, d'une manière générale, à la valeur de l'homme, de certaines limites au-dessus ou au-dessous desquelles il est difficile qu'aucun homme reste longtemps placé.

En vain la richesse et la pauvreté, le commandement et l'obéissance mettent accidentellement de grandes distances entre deux hommes, l'opinion publique, qui se fonde sur l'ordre ordinaire des choses, les rapproche du commun niveau et crée entre eux une sorte d'égalité imaginaire, en dépit de l'inégalité réelle de leurs conditions[1].

On voit que Tocqueville peine à trouver les mots adéquats. Il parle de l'inégalité réelle des conditions de maître et de serviteur alors qu'il définit ordinairement la démocratie par l'égalité des conditions. Il parle d'« une sorte d'égalité imaginaire » alors qu'il vient de faire la liste de ses effets réels. C'est que le phénomène qu'il a en vue échappe aux polarités à l'aide desquelles on s'efforce habituellement de comprendre le monde social, en particulier à la polarité entre le fait et le droit, ou entre le réel et l'imaginaire. L'égalité dont il s'agit n'est pas simplement une égalité juridique ou morale, invisible donc par elle-même ; ce n'est pas non plus une égalité « objective », offrant aux yeux de tous des signes visibles incontestables, de sorte qu'on pourrait dire avec assurance : ils *sont* égaux. Il s'agit d'une égalité qui prend effet dans l'élément de la représentation, dans la conscience de soi des citoyens : ils se regardent comme des semblables, ils ne peuvent s'empêcher de se regarder comme des semblables.

1. *Ibid.*, p. 189.

Nous tenons là la raison pour laquelle les séparations caractéristiques du régime moderne sont beaucoup moins disruptives qu'on ne pourrait le craindre. Séparant des hommes qui se sentent semblables, ou des activités ou fonctions d'hommes qui se sentent semblables, elles baignent dans l'élément liant, le tissu conjonctif, de la ressemblance : de l'autre côté de la barrière de séparation, il y a un citoyen dans lequel je me reconnais quels que soient nos différends et nos différences.

•

Cette analyse de Tocqueville est certainement très convaincante. Je ne connais pas de description plus complète ni plus fine du phénomène et du processus de l'égalité démocratique. Nous aide-t-elle à rendre raison de la contradiction que nous avons relevée en commençant, entre les progrès de l'égalité générale, ou qualitative, et ceux de l'inégalité économique, ou quantitative ? Il est intéressant de noter que Tocqueville aussi observe en son temps une contradiction analogue. Dans le dernier chapitre de la deuxième partie du tome II, intitulé : « Comment l'aristocratie pourrait sortir de l'industrie », il écrit ceci :

> Ainsi, à mesure que la masse de la nation tourne à la démocratie, la classe particulière qui s'occupe d'industrie devient plus aristocratique. Les hommes se montrent de plus en plus semblables dans l'une et de plus en plus différents dans l'autre, et l'inégalité augmente dans la petite société en proportion qu'elle décroît dans la grande [1].

Après avoir ainsi pris la mesure de l'inégalité nouvelle, Tocqueville tend à en atténuer l'importance. Précisément parce qu'elle est atypique dans la société démocratique – c'est « une exception, un monstre, dans l'ensemble de l'état social » –, l'inégalité économique ne pourrait guère se développer jusqu'à mettre en cause l'égalité démocratique. La conclusion de Tocqueville est cependant d'une ambiguïté troublante :

1. *Ibid.*, chap. XX, p. 166.

> Je pense qu'à tout prendre, l'aristocratie manufacturière que nous voyons s'élever sous nos yeux est une des plus dures qui aient paru sur la terre ; mais elle est en même temps une des plus restreintes et des moins dangereuses.
>
> Toutefois, c'est de ce côté que les amis de la démocratie doivent sans cesse tourner avec inquiétude leurs regards ; car, si jamais l'inégalité permanente des conditions et l'aristocratie pénètrent de nouveau dans le monde, on peut prédire qu'elles y entreront par cette porte[1].

On a l'impression que le jugement de Tocqueville vacille, ou du moins oscille. D'une part, il est confiant que l'inégalité industrielle, étant contraire à la logique de l'égalité démocratique, ne saurait constituer une menace très dangereuse. D'autre part, il envisage que son développement puisse conduire à un rétablissement de l'inégalité permanente des conditions, donc de l'aristocratie au sens fort du terme, alors que toute son œuvre est marquée par la conviction que la victoire de la démocratie est irrésistible et sans retour (après tout, nous pouvons comprendre ce moment d'hésitation quand nous nous rappelons comment l'accroissement prodigieux de la capitalisation boursière semblait ces dernières années en voie de reconstituer cette classe des rentiers que les progrès de l'industrie et de la démocratie paraissaient avoir condamnée).

Que dire alors ? Les nouvelles inégalités économiques que nous observons autour de nous sont plus diffuses, plus répandues dans l'ensemble social que celle que Tocqueville considérait et qui était limitée aux enclaves manufacturières. En même temps, elles sont encore plus dépourvues d'effets sociaux de domination que celle qui inquiétait Tocqueville. Un *golden boy* aujourd'hui, un créateur de start-up, est pour ainsi dire un électron libre, alors que le capitaliste du XIXe siècle – un soyeux lyonnais par exemple – exerçait un pouvoir direct sur de nombreux aspects de la vie de ses ouvriers. Le déploiement de l'activité économique est aujourd'hui aussi vif qu'il l'a jamais été ; en même temps, les inégalités qu'il suscite sont plus étroitement

1. *Ibid.*, p. 167.

confinées à la sphère économique qu'elles l'ont jamais été. Peut-être faut-il voir là un effet de cette logique de la séparation qui a été le leitmotiv de notre analyse depuis le commencement. Plus l'économie se détache du reste de la vie sociale, plus elle s'abandonne à sa pente naturelle vers l'inégalité, mais plus en même temps elle s'éloigne de la vie des hommes. Tel est sans doute le fait nouveau qui est au fond des débats sur « la fin du travail ».

Une dernière remarque La recrudescence des inégalités économiques a sans doute de multiples causes. Celle que je viens d'esquisser n'est pas la seule. Une autre cause fondamentale réside dans l'affaiblissement actuel de la nation. Cette forme politique fut le cadre de déploiement de la démocratie, donc du sentiment de la ressemblance et du désir d'égalité étudiés par Tocqueville. On peut penser que lorsque ce cadre s'affaiblit, les inégalités économiques ont plus de latitude pour se déployer. Cette considération revient à mettre en relation le fait démocratique tel que l'analyse Tocqueville, et le fait national sur lequel il a peu à dire dans son grand livre théorique. Tocqueville présuppose le fait national, il ne l'analyse pas. Ce doit être notre prochain domaine d'interrogation.

Chapitre IV

LA QUESTION DES FORMES POLITIQUES

Tout ce que nous avons dit jusqu'ici sur notre régime politique, sur l'organisation des séparations, sur la séparation des pouvoirs, sur l'égalité démocratique, toutes ces réalités institutionnelles, tous ces thèmes de la réflexion politique et de la conversation civique, tout cela présuppose le cadre national. Depuis au moins deux siècles, en vérité depuis beaucoup plus longtemps, notre vie et notre pensée politiques présupposent le cadre national. Or, ce qui est présupposé n'est pas interrogé comme tel. On le suppose acquis, posé à côté de nous ou derrière nous, on ne le regarde pas comme un objet digne d'intérêt, on ne le *considère* pas. Nous ne considérons pas sérieusement la nation, le fait national, la nation comme forme politique.

À cette indifférence résultant d'une longue familiarité s'ajoute un autre affect fort répandu, qui contribue au même résultat ou plutôt l'aggrave : la nation, en tant que forme politique, est déconsidérée, au moins dans cette Europe qui se veut depuis des siècles à l'avant-garde politique du monde. Ce n'est pas notre propos d'examiner avec soin les causes de ce discrédit. Il suffit de mentionner les deux guerres mondiales du XXe siècle. La première est née des rivalités nationales en Europe. La seconde est inintelligible si l'on ne considère pas d'abord les conséquences économiques et politiques du traité de Versailles :

celui-ci devait donner la loi à l'Europe nouvelle en recomposant sa carte politique selon le principe des « nationalités ». Ces grands faits expliquent que, pour beaucoup d'Européens, une sorte d'équivalence soit devenue évidente entre la nation et la guerre. En outre, les développements économiques, techniques, moraux, postérieurs à la Seconde Guerre mondiale ont conféré une sorte d'évidence immédiate à la notion d'humanité, à la conviction ou au sentiment que nous sommes tous maintenant, que nous serons de plus en plus « citoyens du monde », et d'un monde « sans frontières ». Dans une humanité qui semble en voie d'unification, la nation, avec son particularisme, avec sa préférence pour elle-même, semble péniblement archaïque, vaguement ridicule, sans doute immorale, en tout cas destinée à s'effacer de plus en plus. Ainsi la nation appartient-elle pour nous au passé, et il n'y a pas de condamnation plus définitive à nos yeux, puisque depuis les débuts de l'ère moderne, et c'est même ce qui définit la « modernité », nous voyons notre vie située sur le vecteur du progrès et orientée par lui. Comment dans ces conditions nous intéresser sérieusement à la nation ?

À ce point, je dois introduire une réserve, ou une précision. Ce que je viens de dire ne vaut à nos yeux que pour les pays d'Europe occidentale, en tout cas pour les pays d'Europe que nous considérons comme pleinement développés, mûrs précisément pour participer à la construction européenne. En dehors de cette aire bénie, je veux dire « avancée », nous admettons que l'indépendance nationale et même la construction nationale puissent avoir un sens. En Bosnie, certains responsables européens, comme américains, n'hésitent pas à dire qu'ils sont engagés dans une entreprise de *nation-building*. Il n'y a pas contradiction, il y a au contraire complémentarité, entre nos deux appréciations contraires : les nations « périphériques », anciennes ou nouvelles, doivent d'abord parvenir à une vie nationale satisfaisante avant d'être jugées dignes et capables de venir participer à la construction européenne – dignes et capables de disparaître comme nations.

J'ai parlé du discrédit de la nation alors qu'il serait plus juste de parler, penseront beaucoup, du discrédit du nationalisme. Nous touchons là bien sûr à une question capitale, mais fort difficile à éclaircir. Où passe la ligne de partage entre la « bonne » nation et le « mauvais » nationalisme ? Qu'est-ce que le nationalisme ? Un affect ? Une doctrine ? Une pathologie politique ? Un mélange des trois ? En tout cas, une appréciation rationnelle du nationalisme suppose qu'on soit parvenu au préalable à se faire une idée un peu claire de la nation. Quoi que soit le nationalisme, il n'est au plus qu'un aspect du phénomène, et une phase de l'histoire, de la forme-nation. Or, les travaux contemporains sur le sujet sont pour ainsi dire obsédés par le nationalisme, comme si le nationalisme était à la fois la fatalité et la vérité de la nation. Il suffit de mentionner quelques livres récents, d'ailleurs de qualité : *Nationalismes et nation*, de Raoul Girardet[1] ; *Nations et nationalisme*, d'Ernest Gellner[2] ; *Nationalisms : Five Roads to Modernity*, de Liah Greenfeld[3]. Seul le livre de Dominique Schnapper, *La Communauté des citoyens. Sur l'idée moderne de nation*[4], échappe à la fascination du « nationalisme ».

Bien entendu, la question du nationalisme est une question historique et politique très importante. Mais encore une fois, à moins de poser une équivalence entre nation et nationalisme, il faut savoir un peu ce qu'il en est de la nation *avant* le nationalisme ou *indépendamment* de lui pour comprendre ce qu'est le nationalisme. Certains mettent leurs espérances dans une comparaison, une typologie, des nationalismes. Liah Greenfeld, par exemple, distingue trois types de nationalismes : le nationalisme individualiste et civique des Anglo-Saxons ; le nationalisme collectiviste et ethnique des Russes et des Allemands ; enfin, le nationalisme français qui est en quelque sorte intermédiaire entre les deux précédents, étant collectiviste et civique. Ces comparaisons sont fort intéressantes, mais elles conduisent presque irrésistiblement à situer les divers nationalismes sur une échelle de valeurs. Je ne conteste nullement que de tels jugements de valeur puissent être fondés, mais la démarche entraîne

1. Bruxelles, Éd. Complexe, 1996.
2. [1983], trad. fr. Paris, Payot, 1989.
3. Harvard University Press, 1992.
4. Paris, Gallimard, coll. « Essais », 1994.

à majorer les différences et donc à brouiller l'essence commune de la forme-nation. La comparaison entre les nationalismes ne suffit pas. Si nous voulons comprendre ce qu'est la nation, nous devons la comparer aux autres formes politiques, aux formes non nationales. Et même si nous pensons que la forme-nation est destinée à s'effacer irrésistiblement, et que ce développement est heureux, il nous importe encore de savoir en quoi elle consiste : comment dépasser la nation en connaissance de cause, construire quelque chose qui lui soit supérieur, si nous ne savons pas ce qu'elle est ?

On dira que la question est à la fois insoluble et oiseuse dans la mesure où le nombre des formes politiques est indéfini. Chaque groupe humain a sa culture politique propre : autant de groupes, autant de cultures différentes. Au terme savant de culture – savant mais passé dans le domaine courant – s'ajoute maintenant le terme délibérément populaire, le terme très « mode » de « tribu ». Autant de groupes, autant de tribus. À chacun sa tribu ! On peut s'arrêter un instant sur l'emploi qui est fait aujourd'hui de ce dernier terme. D'une manière qu'on veut provocante, on fait de la forme politique la plus archaïque, traditionnellement la plus méprisée, le nom générique de toutes les formes et organisations politiques, de tous les groupements humains. On peut avoir de la compréhension pour les motifs de la provocation – il s'agit précisément de répliquer au mépris –, mais les résultats en sont malheureux. On brouille ainsi en effet la compréhension des formes politiques, et d'abord du fait qu'il y a des formes politiques distinctes, et un nombre fini de ces formes. Et on se rend incapable par-dessus le marché de comprendre la tribu elle-même comme forme politique.

Un mot seulement sur la tribu. Dans son grand livre *Démocraties*[1], Jean Baechler l'étudie de manière très intéressante. Il la comprend dans sa relation avec la forme politique première qui est la *bande*, ce groupe de vingt à vingt-cinq chasseurs-cueilleurs qui constitua l'organisation collective de base des hommes du Paléolithique. La bande fait place à la *tribu* lorsque la pression démo-

1. Paris, Calmann-Lévy, coll. « Liberté de l'esprit », 1985.

graphique devient trop forte, que les occasions de conflit se multiplient, et que les sociétaires ont besoin d'une protection plus large que celle de la bande. La tribu est la forme collective qui assure cette protection. Elle est définie par un double mouvement permanent de fission, ou de division, quand le danger est éloigné, et de fusion, ou de coagulation, quand il se rapproche. Vous me direz : que nous importe ce qui se passait à la fin du Paléolithique ? Quel rapport avec les grands enjeux du débat contemporain ? Le rapport consiste en ceci : l'étude de la tribu établit qu'il n'y a pas de forme politique indéfinie, que même l'organisation politique la plus souple, la plus plastique, la tribu donc, est déjà parfaitement définie. Elle est qualitativement distincte des autres formes, et d'abord de la bande qui la précède et de la cité qui lui succède.

Il y a donc un nombre déterminé de formes politiques. C'est une des propositions « théoriques » les plus importantes de la science politique. Le monde humain, en tant qu'il est politique, ne présente pas une variabilité indéfinie : il est articulé, il est ordonné. Dès lors qu'on vit politiquement, on vit dans une forme politique, ou alors dans la transition d'une forme à une autre. Cette proposition théorique est lourde de conséquences « pratiques ». Soit la construction européenne : si nous quittons décisivement la forme-nation, il nous faudra rejoindre une autre forme, car on ne peut vivre dans l'indéfinition politique. Quelles sont ces formes ? Nous sommes partis de la nation, nous avons évoqué la bande et la tribu, nous avons fait allusion à la cité. Jean Baechler rattache la cité à la bande et à la tribu de la façon suivante : « La cité rappelle la bande et la tribu par l'importance primordiale des relations personnelles et du contact physique entre sociétaires, mais elle s'en sépare radicalement par une cohésion très forte, une distinction tranchée du privé et du public et une institutionnalisation très poussée du politique, que l'on ne retrouve que dans la nation[1]. » Il faut nous arrêter sur la cité.

La cité est le point de départ de toute réflexion politique, un point de départ auquel il faut toujours revenir. C'est le foyer originel de la politique européenne et occidentale, qui en a tiré

1. *Ibid.*, p. 338.

son nom même : *polis* est le nom grec de la cité qui se gouverne elle-même. Dans les grands moments de notre histoire politique, la référence à la cité s'impose naturellement. Les révolutionnaires français rêvèrent de Sparte et de la Rome républicaine. Plus récemment, dans des circonstances moins dramatiques certes, lorsqu'en 1968 les manifestants criaient : « Élections, piège à cons ! », ils réclamaient, au lieu de la démocratie représentative, la démocratie directe, cette démocratie directe qui a trouvé ses réalisations les plus prestigieuses à Athènes et à un moindre degré dans la Rome républicaine. Et même lorsqu'on soutient, comme les auteurs libéraux le firent après la Révolution française, que dans les conditions du monde moderne, la citoyenneté à l'antique n'est plus possible ni désirable, c'est par rapport à l'*expérience* antique du politique qu'ils définissent la liberté moderne. Je souligne le mot *expérience*. La cité antique, ce n'est pas seulement un grand souvenir, une image brillante, un prestige, tout cela est gagé sur une expérience fondatrice, sur la découverte de ce que les hommes peuvent et doivent faire pour parvenir à la *justice* et au *bonheur*. Il faut décrire brièvement la vie de la cité qui est, avec la nation, la plus politique des formes politiques.

Pour les philosophes grecs, la cité est la forme par excellence de la vie politique. La vie du citoyen « en cité » est selon eux le seul mode de vie pleinement « conforme à la nature ». Tel est le sens de la formule fameuse d'Aristote : « l'homme est un animal politique » – politique, c'est-à-dire fait pour vivre en cité. Mais pourquoi, ou en quoi, la cité est-elle spécialement naturelle ? C'est qu'elle correspond au pouvoir humain de connaître et d'aimer. Pouvoir de connaître : les citoyens se connaissent d'abord parce qu'ils se voient – ils se connaissent au moins « de vue » –, la cité étant d'une étendue limitée. Comme les décisions sont prises par l'assemblée du peuple à la suite de délibérations publiques, toutes les articulations politiques de la cité pour ainsi dire sont visibles. La cité est « synoptique » (*eusunoptos*, voir *Politique*, 1326 b). Pouvoir d'aimer : il est lié au pouvoir de connaître puisque le citoyen s'identifie aisément à une communauté qui lui est si immédiatement présente et familière. On peut relever que le caractère naturel de la cité se montre aux yeux dans le fait que les citoyens, et parfois même les citoyennes, se montrent nus à la palestre. Cette nudité distingue les Grecs des Barbares.

Le caractère naturel de la cité se donne à voir de manière dynamique en ceci que le citoyen s'affirme par lui-même, en chair et en os, sans « représentant » ni « fonctionnaire ». Par rapport à l'extérieur, il est lui-même soldat, et la cité fait souvent la guerre. À l'intérieur, il participe lui-même à la délibération souveraine et aux magistratures. La cité en somme ne connaît que le face-à-face : pas d'isoloir ! Pas de filtre non plus, pas de liquide de refroidissement, pas de repos, une sorte d'incandescence permanente. La belle unité de la cité, la « belle totalité » dont parlera Hegel, ces expressions sont trompeuses. Platon écrit : « Chacune d'entre elles est un grand nombre de cités et non une cité [...]. Il y en a d'abord deux, quelle que soit la cité, en guerre l'une contre l'autre : celle des pauvres et celle des riches[1]. » Dans son dynamisme naturel, la cité est animée par une double guerre : la guerre extérieure contre les autres cités, la guerre intérieure entre les riches et les pauvres. Ces deux mouvements ont tendance à entrer en phase l'un avec l'autre, à se multiplier l'un par l'autre, ce qui conduisit à cette *megistè kinèsis* – la crise la plus grave, le plus grand « mouvement » – de l'histoire, selon l'expression de Thucydide, que fut la guerre du Péloponnèse, dans laquelle les cités grecques épuisèrent leurs forces : elles durent se ranger bientôt sous l'hégémonie macédonienne. La vérité de la cité, c'est la liberté et la guerre, inséparablement.

C'est une triste vérité. Et c'est pour cela qu'en dépit du prestige sans pareil d'Athènes, de Sparte et de Rome, en dépit de l'insatisfaction ou même parfois de la révolte suscitée par les contraintes illibérales de l'ordre féodal puis de la monarchie, la cité n'apparaîtra pas comme une possibilité politique sérieusement désirable avant le XVIIIe siècle, mais alors c'est d'une cité fondamentalement transformée qu'il s'agira. Au XVIIIe siècle,

1. *La République*, 422 e, trad. P. Pachet, Paris, Gallimard, coll. « Folio », 1993.

l'ordre hiérarchique traditionnel est définitivement discrédité. Nous l'avons évoqué, il était fondé sur l'obéissance, sur le principe de l'obéissance aux puissances temporelles et spirituelles. On veut maintenant instituer la liberté. Mais les seules formes libres que l'on connaisse, ce sont les cités ; et les cités, c'est le règne des factions et la guerre permanente. Il s'agit donc de transformer la dynamique de la cité, en séparant la liberté des désordres qui l'accompagnaient dans le monde ancien. On y parvint par deux grandes réformes.

La première est l'institution de la *représentation*. À la démocratie directe l'on substitue la république représentative, qui permet de filtrer les volontés et les passions du peuple. C'est le grand mérite de la Constitution anglaise aux yeux de Montesquieu qui remarque : « Il y avait un grand vice dans la plupart des anciennes républiques : c'est que le peuple avait droit d'y prendre des résolutions actives, et qui demandent quelque exécution, chose dont il est entièrement incapable. Il ne doit entrer dans le gouvernement que pour choisir ses représentants, ce qui est très à sa portée[1]. » Bien entendu, à l'instant même surgit un grand débat, peut-être *le* grand débat de la démocratie moderne, celui de la représentation : là où Montesquieu voit un filtre judicieux qui tempère les emportements du peuple, Rousseau voit la trahison de la volonté générale : « À l'instant qu'un peuple se donne des représentants, il n'est plus libre ; il n'est plus[2]. »

La seconde grande réforme – qui est d'abord un grand fait – est la *multiplication des intérêts*, cette multiplication qui désespère Rousseau. Ce dernier voit bien que la grande différence entre la cité antique et les États modernes, ce n'est pas tant que les citoyens grecs ou romains fussent individuellement plus vertueux que les Français ou les Anglais de son temps, c'est plutôt que dans la cité antique, il y avait « beaucoup moins d'affaires privées », comme il le dit dans le même chapitre. Précisément, c'est cette simplicité et cette visibilité des intérêts privés qui rendent si évidente, si frontale et donc si dangereuse pour la

1. *De l'esprit des lois*, XI, 6.
2. *Du contrat social*, III, 15.

cité l'opposition entre les pauvres et les riches. Pour atténuer cette opposition, il faut donc, au contraire des vœux de Rousseau, multiplier les intérêts privés, multiplier les « factions ». Cette idée est exposée avec une parfaite clarté dans un des textes fondamentaux de la politique moderne, celui qui explicite la philosophie politique au fondement du régime des États-Unis d'Amérique. Il s'agit du *Fédéraliste* – des *Federalist Papers* rédigés principalement par Hamilton et Madison en 1788 [1].

On voit que la politique moderne, qui entend rétablir la liberté sans ramener en même temps la guerre, contrarie directement la logique de la politique ancienne. La cité antique réclamait une population peu nombreuse et homogène, afin de rester « synoptique ». L'État moderne, si celui-ci veut être libre, réclame une population nombreuse et variée. Il apparaît alors comme une cité délibérément, artificiellement étendue et diluée. Plus précisément, pour que le dynamisme des citoyens n'entraîne pas la double guerre qui a détruit les cités antiques, on interpose deux artifices : d'une part le filtre de la représentation, d'autre part une législation qui favorise les libertés individuelles, en particulier la liberté commerciale. Dans la nouvelle communauté, le citoyen n'est presque jamais *immédiatement* citoyen : il est d'abord l'agent de ses intérêts privés, « moraux » non moins que « matériels », et dans la mesure où il est citoyen, il a besoin de la médiation de ses représentants. On peut dire comme Rousseau qu'il n'est libre que « durant l'élection des membres du Parlement [2] », mais de cette manière on peut avoir la liberté sans avoir la guerre.

La surprise, c'est que les choses ne se sont pas passées ainsi. L'instauration de la politique moderne dans le cadre national par les révolutions américaine et surtout française a enclenché un nouveau cycle de guerres, non seulement de guerres extérieures avec les guerres de la Révolution et de l'Empire, mais de guerres intérieures avec la cristallisation d'une nouvelle opposition générale entre riches et pauvres, qu'on va désigner d'une expression plus abstraite : lutte de classes ou guerre des classes. Et comme la

1. Voir en particulier le *Fédéraliste* X et LI, trad. fr. Paris, LGDJ, 1957.
2. *Du contrat social*, III, 15.

guerre des cités en Grèce était entrée en phase avec la guerre entre riches et pauvres à l'intérieur de chacune, pour produire la guerre du Péloponnèse et l'affaiblissement irréparable des cités, la guerre des nations en Europe est entrée en phase avec la lutte de classes pour susciter les deux grandes guerres du XXe siècle, qui signifièrent la fin de l'indépendance des nations européennes : comme les cités grecques avaient dû se soumettre à l'hégémonie macédonienne, les nations européennes durent se soumettre à l'hégémonie américaine (pour ne pas parler de celles qui durent se soumettre à la tyrannie soviétique). Ainsi, on est tenté de dire que les nations européennes, construites précisément pour *ne pas* ressembler aux cités antiques, du moins pour être préservées de leurs défauts les plus ruineux, finirent par ressembler aux cités antiques dans ce que celles-ci avaient eu de pire.

Il nous faudra revenir longuement sur ces sujets, sur les guerres et les totalitarismes du XXe siècle. Mais est-il possible d'ores et déjà de tirer de ces grands faits quelques enseignements généraux concernant la forme-nation qui est plus particulièrement notre thème ? On peut dire, de manière rassurante, que les catastrophes du XXe siècle dérivent non pas du fait national en tant que tel, mais de ce que la rivalité a entraîné dans son tourbillon des nations démocratiques et d'autres qui ne l'étaient pas, ou peu, et que ce sont ces dernières, en particulier l'Allemagne, qui sont les principales responsables du désastre. Il y a beaucoup de vrai dans cette proposition courante, comme dans cette remarque, courante aussi, selon laquelle il n'y a jamais eu de guerre entre deux nations pleinement démocratiques. En même temps, la force dangereuse du dynamisme national des nations démocratiques elles-mêmes – un dynamisme qui n'est guère éclairé, s'il est condamné, quand on le qualifie de « nationaliste » – suggère que les artifices de la science politique moderne se sont révélés en certaines circonstances d'une efficacité limitée : la nation moderne fut à la fois la critique et l'imitation de la cité antique, sa négation et son prolongement.

Cette analyse a juxtaposé de manière un peu brutale – mais ce rapprochement est par ailleurs un lieu commun (illustré par Albert Thibaudet et par Arnold Toynbee) – le cycle de la cité grecque et le cycle de la nation européenne, un peu comme si les fondateurs de la politique moderne avaient directement travaillé sur la cité grecque, l'avaient directement réformée. Or, entre les deux cycles, vingt-deux ou vingt-quatre siècles se sont écoulés. Cette très longue période a bien sûr été remplie par d'autres formes politiques.

Je l'ai rappelé, après l'épuisement des cités grecques dans la guerre du Péloponnèse, ce fut l'hégémonie de Philippe de Macédoine, puis l'empire de son fils Alexandre, Alexandre le Grand, empire qui couvrit l'Orient jusqu'à l'Indus. Le monde grec passa ainsi de la cité à l'empire. La transformation fut encore plus étonnante à l'ouest de la Méditerranée, puisque de ce côté du monde, c'est la vieille cité elle-même, c'est Rome, qui devint le cœur ou la tête du nouvel empire (alors que la Macédoine était tout à fait à la périphérie du monde grec). L'empire d'Alexandre, en dépit de son éclat et de sa fécondité extraordinaires, ne survécut pas politiquement à son fondateur. L'empire romain dura cinq siècles en Occident, quinze en Orient. La cité signifiait la guerre et la liberté ; l'empire signifia la paix – la *pax romana* (la guerre étant reportée sur le lointain *limes*) – et la propriété, ou le droit privé. La politique ancienne, grecque ou romaine, se déployait ainsi entre la condensation, l'incandescence de la vie civique dans la cité et son extension et sa dilution dans l'empire. Mais après le cycle grec et le cycle romain, ce rythme fut interrompu. Alors commença la politique moderne.

Pourquoi cette rupture dans le rythme « naturel » de la politique ? Pour un historien de la compétence de Montesquieu, la raison, ou une des raisons, réside dans la perfection même de l'empire romain qui coupa les racines de la liberté dans toute l'étendue de sa domination. Une autre raison, peut-être liée à la première, réside dans l'apparition d'une communauté d'un genre inédit, d'une Rome nouvelle, à savoir l'Église. Comme je l'ai dit dans la séance consacrée au « vecteur théologico-politique », l'Église introduisit une extraordinaire innovation politique en proposant une « communauté universelle réelle », dont tous les hommes absolument sont membres potentiels. Son empire est ainsi plus étendu que l'empire le plus étendu. D'autre part, son principe intérieur, la charité, promet une union plus étroite encore que celle que peut produire l'amitié civique. Dès lors, et c'est un point capital de notre histoire, les deux formes politiques païennes, la cité et l'empire, furent définitivement intimidées par l'Église chrétienne Elles ne disparurent pas, elles resurgirent même – il suffit de mentionner d'un côté les villes de Flandre, d'Allemagne du Nord ou d'Italie du Nord, de l'autre le Saint Empire romain germanique – mais sans jamais dépasser un certain niveau de force et de rayonnement. L'affirmation la plus efficace du politique, plus généralement de la vie profane, contre l'Église fut le fait d'un agent politique inédit, propre à l'Europe chrétienne, à savoir le roi, le « roi chrétien ». J'en parlerai plus longuement la prochaine fois, le « roi chrétien » fut un opérateur historique d'une extraordinaire complexité et fécondité : il fut successivement ou même simultanément le sommet de la pyramide des allégeances féodales et le souverain rationalisateur, modernisateur et nationalisateur. Sa personne pouvait être fort médiocre, par son rôle théologico-politique il joignait le passé à l'avenir, et assurait l'étonnante durée et continuité historique caractéristique des corps politiques européens. C'est par lui que la nation entra dans le monde et devint la forme politique dominante, et presque exclusive, du monde chrétien.

Il me reste à dire un mot de l'empire. Cette forme politique n'a certes jamais retrouvé dans le monde chrétien la place qu'elle occupait dans le monde païen. Mais elle n'a cessé de contribuer à notre histoire. Je fais l'impasse sur l'histoire du Saint Empire romain germanique qui ne décéda officiellement qu'en 1806, et sous le choc d'un autre empire, celui de Napoléon, sur le rôle de l'idée d'empire dans la formation des monarchies nationales – « le roi est empereur en son royaume » –, sur les empires coloniaux des nations européennes, et je me limite à l'époque présente. J'y distinguerai trois empires, ou trois sortes d'empires : un empire réel, un empire possible, un empire virtuel.

L'empire réel, c'est évidemment l'empire américain. Les États-Unis ne remplissent pas seulement une « fonction d'empire », ils ne sont pas seulement l'assureur, le consommateur et l'intervenant de dernier recours comme le fut la Grande-Bretagne au XIXe siècle, ils exercent, bien plus que la Grande-Bretagne ne l'a jamais fait, un véritable gouvernement impérial, non seulement par leurs interventions financières, diplomatiques ou militaires directes, mais plus encore parce qu'ils fixent les règles selon lesquelles la généralité des citoyens de la planète consentent à vivre : les tribunaux américains, les agences américaines de rating, les procédures comptables américaines sont considérés par les Américains *et les autres* comme porteurs de normes universelles. Un des signes du fait impérial, c'est que la limite entre l'intérieur et l'extérieur tend à s'effacer : tout non-Américain est citoyen potentiel des États-Unis, et la juridiction américaine tend implicitement ou même explicitement à s'étendre à l'ensemble de la planète. Il importe d'ajouter que l'empire américain est un empire ordinairement bienveillant et souvent éclairé. En bien des circonstances même, il mérita le qualificatif de généreux, et il est le seul empire, avec celui d'Alexandre, dans ce cas.

De ces faits, que je crois vérifiables, il serait imprudent de tirer la justification d'une politique « impérialiste » ou, selon l'euphémisme en vogue, « unilatéraliste ». Aussi puissant et étendu que soit l'empire américain, il rencontre naturellement ses limites. La limite la plus contraignante est d'ordre « gnoséologique » : les États-Unis ont trop d'intérêts dans le monde et sont trop peu intéressés par le reste du monde pour pouvoir le gouverner sans l'aide de leurs alliés et même de leurs rivaux. On est tenté de dire que les États-Unis sont une sorte d'« instrument commun » dont se sert le monde pour se gouverner. La politique américaine peut certes légitimement poursuivre les intérêts propres des États-Unis, mais elle doit prendre en compte cette nature d'« instrument commun ». C'est pourquoi d'ailleurs, pour le dire en passant, l'idée d'un « bouclier antimissile », proposée par la présente administration américaine, est une si mauvaise idée. Laissant même de côté toute considération de faisabilité et de coût, nous comprenons aisément que tout progrès de ce « bouclier » ne ferait qu'aggraver le « déficit gnoséologique » de la politique étrangère américaine. Il est bon de se sentir fort, peut-être même est-il bon que les Américains se sentent les plus forts – *on top of the world* –, mais le sentiment fondé d'une invulnérabilité quasi absolue leur ôterait toute incitation à traiter avec un minimum de compétence et d'intelligence les crises les plus graves de la planète qu'ils sont les seuls, et resteront longtemps les seuls, à pouvoir traiter. Il est bien sûr trop tôt pour évaluer les conséquences de l'attaque terroriste du 11 septembre 2001 sur les relations entre les États-Unis et le reste du monde.

L'empire possible, c'est celui que constituera un jour l'Europe si la construction de l'Europe aboutit à quelque chose. J'en traiterai plus loin.

L'empire « virtuel », l'expression n'est peut-être pas la meilleure, est d'une tout autre nature. Il s'agirait de l'empire sans pouvoir commun, sinon la chétive ONU, constitué par l'ensemble de l'humanité, l'espèce humaine présente. Mais l'humanité comme ensemble des hommes vivants a-t-elle une existence politique réelle, ou du moins potentielle ? Le théoricien le plus systématique de l'empire, le poète Dante, écrit dans son *De monarchia* qu'« il existe une opération propre de l'humanité universelle – *est (ergo) aliqua propria operatio humanae universitatis*[1] ». Est-ce qu'il existe une telle « opération propre de l'humanité universelle » ? Rousseau le nie : « Il n'y a point de société naturelle et générale entre les hommes[2]. » C'est pour cela que Rousseau fut un partisan si véhément de la cité à l'antique, ou d'une nation ressemblant le plus possible à la cité : les hommes ne peuvent vivre décemment que dans une communauté instituée à l'intérieur de certaines limites. Vous discernez la portée politique pratique de cette grande question théorique. Si vous pensez avec Dante qu'il y a une société générale du genre humain, que celui-ci est virtuellement en ordre dans son tout, vous serez favorable à une version ou l'autre de l'empire, et par exemple vous serez favorable à la construction européenne actuelle, y compris avec le caractère d'extension indéfinie qui la signale. Si vous pensez avec Rousseau qu'une telle société générale, qu'un tel ordre, n'existe pas, vous serez comme lui partisan de la nation, c'est-à-dire d'un ordre politique qui avoue sa particularité.

1. *La Monarchie*, I, 3, Paris, Belin, coll. « Littérature et politique », 1993, p. 84.
2. *Manuscrit de Genève* (il s'agit de la première version du *Contrat social*), I, 2, dans *Œuvres complètes*, Paris, Gallimard, « Bibliothèque de la Pléiade », 1964, t. III, p. 288.

Chapitre V

LA NATION ET LE TRAVAIL DE LA DÉMOCRATIE

J'ai essayé de mettre en place sommairement un tableau des formes politiques. Je me suis efforcé en particulier d'esquisser la relation dynamique déterminante pour l'histoire de l'Europe, à savoir la relation entre la cité, l'empire et l'Église, qui a trouvé sa « solution » dans la nation. Maintenant, je voudrais concentrer l'attention sur la forme-nation, sur la nation prise en elle-même et pour elle-même. Je commencerai par essayer de décrire le fait, ou le phénomène, de la nation ; ensuite, je présenterai et discuterai le livre d'Ernest Gellner qui a le grand mérite de proposer une thèse plausible et même puissante sur le sens social de la nation ; enfin, je m'interrogerai sur la relation entre la nation et la démocratie, qui ne pose pas seulement un problème de sociologie historique, mais encore un problème spirituel. Commençons par le commencement, par la *description* de la nation.

On pourrait intituler cette partie : « la nation, ou les trois autarcies ». En m'inspirant d'un texte de Jean Baechler[1], je distinguerai l'autarcie économique, l'autarcie diplomatique et stratégique, enfin l'autarcie passionnelle. Parce que ces autarcies

1. « Dépérissement de la nation ? », *Contrepoints et commentaires*, Paris, Calmann-Lévy, 1996.

sont aujourd'hui en voie d'érosion, nous voyons plus clairement que jamais qu'elles étaient, qu'elles sont constitutives de la forme-nation, essentielles à l'existence de cette forme. Nous comprenons mieux les choses quand elles ont cessé d'aller de soi, c'est-à-dire, historiquement, quand elles menacent de disparaître, de périr.

Considérons d'abord l'*autarcie économique*. Parler d'autarcie économique est aujourd'hui presque un pléonasme, dans la mesure où le sens premier du substantif pour nous est un sens économique : vivre en autarcie, c'est vivre sur ses propres ressources, celles de son groupe et de son territoire, sans avoir besoin d'importer des biens ou des services, sans avoir besoin de commercer ou d'échanger. Le terme d'autarcie évoque aujourd'hui des idées et des images antipathiques. On pense aux économies de guerre, par exemple celle de l'Allemagne pendant la Première Guerre mondiale, dont l'industrie chimique multipliait les ersatz destinés à se substituer aux produits que le blocus allié l'empêchait d'importer. On pense aux régimes totalitaires, à l'Albanie il y a peu, à la Corée-du-Nord aujourd'hui encore [1], etc. L'idée d'autarcie évoque un passé de fermeture et de repli sur soi, et bien sûr nous choisissons un avenir d'ouverture... En même temps, il faut être conscient que, jusqu'à une date assez récente, une certaine autarcie a été le désir et la loi de tous les corps politiques, à l'exception bien sûr de ceux dont le commerce était l'activité principale, qui étaient pour ainsi dire spécialisés dans le commerce, comme jadis les villes d'Allemagne du Nord, ou aujourd'hui Hong-Kong. Pendant longtemps le commerce s'est développé bien plus à l'intérieur des nations qu'entre les nations. Dans un livre important, Karl Polanyi a souligné que la « grande transformation », c'est-à-dire le déploiement de l'économie de marché moderne, était inséparable de la constitution des marchés *nationaux* : le marché de l'économie de marché, ce fut d'abord, ce fut longtemps principalement le marché *national*[2]. Un seul pays en Europe

1. Son régime « autarcique » l'a ruinée : elle ne survit que grâce à l'aide alimentaire étrangère, principalement américaine.
2. Voir *The Great Transformation*, [1944], trad. fr. *La Grande Transformation*, Paris, Gallimard, 1983.

renonça délibérément à l'autarcie dès le milieu du XIXe siècle, c'est la Grande-Bretagne qui, à partir des *Corn Laws* (1846), consentit à dépendre de l'extérieur pour son alimentation de base : son sentiment de sécurité reposait sur sa supériorité industrielle et financière générale, ainsi que sur sa maîtrise des mers. Bien entendu, la possession d'un empire colonial permit à certaines nations du continent européen de jouir d'une autarcie moins étriquée.

Ce n'est qu'après la Seconde Guerre mondiale, et en réaction au « protectionnisme » qui avait marqué l'entre-deux-guerres et contribué, pensait-on, au développement du nationalisme belliqueux, que les marchés intérieurs, les marchés nationaux, s'ouvrirent réellement et pour ainsi dire systématiquement : « L'ouverture des marchés européens les uns aux autres et encore plus leur ouverture sur le marché atlantique et mondial datent, pour l'essentiel, de la grande et intense phase de croissance qui va de 1950 à 1974[1]. » L'anxiété que suscitent aujourd'hui les « délocalisations » ne découle pas seulement de la conviction, justifiée ou non, que la concurrence des pays à bas salaires contribue fortement au chômage dans les pays développés : la « mondialisation » inquiète d'abord parce qu'elle blesse le sentiment d'autarcie économique qui, jusqu'à une date récente donc, était inséparable de l'appartenance à une nation.

La deuxième autarcie à considérer, c'est l'*autarcie diplomatique et stratégique*. Pour le dire en termes plus usuels, il s'agit de l'indépendance et de la souveraineté nationale. Chaque nation, et c'est ce qui contribue décisivement à la définir comme nation, détermine « souverainement » son action extérieure, choisit ses alliances, « discrimine entre l'ami et l'ennemi », fait la guerre ou fait la paix. On dit souvent – je l'ai fait moi-même – que les nations européennes ont perdu cette indépendance à la suite de la Seconde Guerre mondiale, lorsque le continent européen fut divisé en deux et que le « rideau de fer » se dressa sur la ligne de démarcation définie par les points de rencontre des armées soviétiques et américaines. Cela est vrai assurément, mais on pourrait

1. J. Baechler, *Contrepoints et commentaires*, *op. cit.*, p. 487.

à bon droit faire remonter plus haut la fin de cette autarcie diplomatique et stratégique, très précisément en 1917 quand l'arrivée des premières troupes américaines fit pencher la balance de la Première Guerre mondiale en faveur des Alliés. Ce sont les « quatorze points » du président Wilson qui fixent l'esprit dans lequel sera élaboré le traité de Versailles. Mais comme vous le savez, le Sénat américain ne ratifia pas le traité, et les États-Unis déclinèrent de participer à la Société des nations que le président Wilson avait voulue. En tout cas, à partir de 1917, les États-Unis furent un membre à part entière, et même un membre décisif du concert européen : leur abstention, leur « isolationnisme », à partir de 1919, eut autant de conséquences, le plus souvent malheureuses, que leur participation après 1945 eut de conséquences le plus souvent heureuses. La dernière action extérieure qu'on peut dire « indépendante » des nations européennes, leur dernière tentative pour maintenir ou recouvrer une certaine autarcie diplomatique et stratégique, c'est l'intervention franco-britannique à Suez en 1956, lorsqu'un corps expéditionnaire franco-anglais s'empara de la zone du canal pour répliquer à la nationalisation du canal de Suez par le colonel Nasser. Ce fut un fiasco complet, les opérations étant rapidement arrêtées sous la pression américaine, et le corps expéditionnaire rappelé. Nous reviendrons sur ces questions diplomatiques et stratégiques, mais il fallait d'ores et déjà souligner l'importance de l'autarcie diplomatique et stratégique dans la définition de la nation, souligner aussi que l'érosion de cette autarcie est une longue histoire qui remonte à la phase finale de la Première Guerre mondiale. Lorsqu'on dit aujourd'hui que les nations européennes « abandonnent » leur souveraineté pour construire l'Europe fédérale, qu'elles « transfèrent » leur souveraineté à l'Union européenne, la proposition ne vaut sûrement pas pour la souveraineté diplomatique et militaire : celle-ci a été très largement abandonnée, ou perdue, depuis longtemps. En ce sens, la construction de l'Europe est une consolation à notre impuissance diplomatique et stratégique : à chacune de nos nations elle donne l'impression d'accomplir une « action extérieure ». Une consolation, mais non pas, ou pas encore, un remède. La somme de nos impuissances n'a jusqu'à présent produit qu'une impuissance de plus grand format. Nous en reparlerons bientôt.

La troisième autarcie qui, selon Jean Baechler, entre dans la définition de la nation, c'est celle qu'il appelle *autarcie passionnelle*. La formule n'est pas très musicale, mais elle désigne de manière expressive quelque chose de très important : « L'*autarcie passionnelle* signifie la possibilité de concentrer sur la politie toute identification affective à une communauté et d'adresser aux autres polities tous les sentiments négatifs de haine, de mépris et de crainte. [...] En termes concrets, pour que la France existât, il fallait que les Français se sentissent exister, en tant que Français, contre les Anglais et les Allemands, et réciproquement[1]. » Cette « identification passionnelle » est plus et autre chose que le « sentiment national », même si celui-ci en fait partie : la nation fait fusionner en elle toutes les autres identifications qui lui sont désormais entièrement subordonnées. Dans l'ordre traditionnel, prénational, « le sentiment d'appartenance s'attache d'une part aux entités locales – la paroisse, la seigneurie, le « pays » –, et d'autre part à la personne du roi comme représentant transitoire d'une dynastie. Dans une certaine mesure, les Français existent en tant que sujets respectueux du roi de France, mais la France n'est que l'espace où s'exerce le pouvoir de cette dynastie. Pour que la nation apparût, il a fallu que les Français et la France finissent par se rencontrer. La rencontre s'est faite en deux étapes. La première se situe aux XIVe-XVe siècles et fut dirigée contre les Anglais. La seconde, décisive, se fit contre la dynastie elle-même, sous la Révolution[2] ». Je n'ai bien sûr pas le temps de considérer la première étape, qui fut illustrée par l'action proprement extraordinaire de Jeanne d'Arc. Mais il faut dire un mot de la seconde étape, qui donne tout son sens à la notion d'« autarcie passionnelle ».

Chacun sait que la *Déclaration des droits de l'homme et du citoyen* de 1789 décrète que « le principe de toute souveraineté réside essentiellement dans la nation » (art. 3). Ce qui mérite

1. *Ibid.*, p. 486-487.
2. Voir J. Baechler, *Démocraties*, *op. cit.*, p. 489.

d'être relevé, c'est que l'idée et le sentiment de la nation saturent pour ainsi dire le corps politique France avant même la Déclaration, dès la réunion des députés du tiers état aux États généraux. C'est la décision unilatérale des représentants du tiers d'engager seuls, sans les ordres privilégiés, la vérification commune des mandats qui déclencha le processus de transformation des États généraux en Assemblée nationale. Comment les représentants du tiers vont-ils se nommer eux-mêmes ? Constituent-ils une assemblée des représentants du « peuple », c'est-à-dire d'une *partie*, aussi majoritaire qu'elle soit, du corps politique, l'autre partie étant constituée par les ordres privilégiés, ou une assemblée des représentants de l'ensemble total et sans parties du corps politique, donc de la « nation » ? Mirabeau proposa la première formule, Sieyès la seconde. C'est la motion de Sieyès qui l'emporta : la vérification commune étant un droit de la nation indivisible, les représentants du tiers ne peuvent être seulement les représentants du tiers, ou du peuple, c'est-à-dire toujours d'une partie de la nation, ils sont ceux de la nation tout entière[1]. Avant ce moment, avant cet instant pourrait-on dire, le corps politique appelé France était articulé par la division en trois ordres. Désormais, il n'a plus d'articulation interne, il est unifié et indivisible : le fait national sature l'espace politique. En tout point de la nation, il n'y a que la nation, ou un représentant de la nation.

On le mesure, cette fusion de tous les éléments dans le creuset de la nation une et indivisible, c'est bien plus et autre chose que le sentiment national traditionnel. Mais pourquoi ce moment fusionnel déterminerait-il le sens de la nation européenne moderne ? Le fait national ne se réduit certes pas au fait révolutionnaire, mais ce qui est commun entre la réalité nationale ordinaire et le moment révolutionnaire, c'est l'affirmation de l'unité et de l'homogénéité intérieure. Ce qui distingue la nation de l'ordre politique qui l'a précédée, c'est qu'elle est un corps politique dont le contenu est homogène, ou tend vers l'homogénéité. Qu'est-ce que cela veut dire ?

1. Voir Ladan Boroumand, *La Guerre des principes : les assemblées révolutionnaires face aux droits de l'homme et à la souveraineté de la nation*, Paris, Éd. de l'EHESS, 1999.

•

Pour mieux le saisir, il faut nous tourner vers le travail d'Ernest Gellner qui a fait très brillamment la sociologie de cette homogénéité nationale. Lisons donc *Nations et nationalisme.*

Commençons avec Gellner lui-même par quelques définitions : « Le nationalisme est essentiellement un principe politique, qui affirme que l'unité politique et l'unité nationale doivent être congruentes. [...] le nationalisme est une théorie de la légitimité politique qui exige que les limites ethniques coïncident avec les limites politiques, et, en particulier, que les limites ethniques au sein d'un État donné [...] ne séparent pas les détenteurs du pouvoir du reste du peuple[1]. » On est tenté de dire qu'ainsi formulé, le principe nationaliste n'est qu'une application, ou une version, du principe de la démocratie représentative : si les dirigeants n'appartiennent pas à la même ethnie, ou « nationalité », que la masse du peuple, celle-ci s'estimera opprimée, en tout cas mal représentée. Cela est vrai, mais Gellner a moins en vue le principe démocratique, ou représentatif, ou même nationaliste, de légitimité comme tel, que le type de société correspondant à ce principe, c'est-à-dire une société unifiée et intérieurement homogène. C'est ce fait social inédit qui intéresse le sociologue Gellner. Il en fait ressortir la spécificité en rappelant quelques caractéristiques de l'ordre prénational, soit pour nous de l'Ancien Régime (même si Gellner, qui est très savant, ne limite pas ses références à l'Europe).

Dans l'ordre ancien, la généralité des hommes, le grand nombre, le peuple, vivent à un échelon subnational : dans la paroisse, la seigneurie, le « pays », pour reprendre les termes que j'ai tout à l'heure empruntés à Baechler. Ceux qui les gouvernent, vivent et pensent à un échelon supranational : cela est vrai éminemment pour le clergé lorsque celui-ci appartient à une Église supranationale, et même « universelle » dans le cas de l'Église catholique, mais cela est vrai aussi de l'aristocratie dont les arbres généalogiques dessinent un réseau largement indifférent aux

1. E. Gellner, *Nations et nationalisme, op. cit.*, p. 11-12.

frontières politiques « nationales », et cela est vrai même des chefs de la « nation », des rois ou des reines qui sont souvent étrangers, ou dont l'épouse ou l'époux est souvent d'une autre « nationalité ». Que la reine fût autrichienne, partant « étrangère », le fait en lui-même n'avait rien que de très banal sous l'Ancien Régime. C'est seulement parce que la réalité nationale était déjà intensément présente à la fin du XVIIIe siècle en France que Marie-Antoinette fut désignée avec hostilité comme *l'Autrichienne*, ou *l'étrangère*. Ainsi, dans l'ordre prénational, il n'y avait pour ainsi dire que des subnationaux et des supranationaux ; dans l'ordre national ou « nationaliste », il n'y a, gouvernés ou gouvernants, que des « nationaux ».

Qu'est-ce qui s'est passé ? Gellner répond : ce qui s'est passé, c'est la « société industrielle ». La notion de « société industrielle » – par opposition à la « société militaire et théologique » – appartient originellement à la tradition sociologique inaugurée par Saint-Simon et Auguste Comte. L'originalité de Gellner, c'est de déduire le fait national du fait industriel, du fait « société industrielle ». Ce qu'il entend plus précisément par cette notion, il l'explique dans le chapitre III. Voici les points principaux. Il s'agit d'abord d'une société « rationnelle ». La notion a été mise à l'honneur par Max Weber, mais Gellner lui donne un sens plus radical, suggéré par les philosophies de Descartes, de Hume et de Kant : notre société présuppose, ou se voit comme, un monde cohérent, homogène, compréhensible par le moyen d'un langage en principe accessible à tous. Tous les faits de ce monde, tous les « faits sociaux », sont susceptibles d'être mis en relation les uns avec les autres. Étant ainsi compréhensible en principe de part en part, une telle société est transformable et améliorable : elle est considérée comme devant-être-sans-cesse-améliorée. La société industrielle, ou rationnelle, se pense dans l'horizon du progrès. Donc, à l'ancienne stabilité des rôles sociaux succède ce qu'on appelle suggestivement la « mobilité sociale », nécessaire à l'optimisation du produit social.

Mais qu'arrive-t-il quand de tels changements sont constants et permanents, quand ils deviennent le trait constitutif d'un ordre social ? « Répondre à cette question, écrit Gellner, revient à résoudre l'essentiel du problème du nationalisme. Le nationalisme a ses racines dans une *certaine forme* de la division du travail, qui est complexe et dont les changements sont incessants et cumulatifs[1]. » Cette division du travail exige pour fonctionner un système éducatif central et standardisé qui donne au plus grand nombre possible des enfants et des adolescents une éducation commune et standardisée, éducation qui les rend capables précisément de participer à cette division du travail. Une telle formation ne peut bien sûr être fournie par la famille ou le groupe local, ces petits « segments » qui assuraient l'essentiel de l'éducation aux époques antérieures. Gellner résume ainsi son analyse : « Ce n'est pas la guillotine mais le (bien nommé) *doctorat d'État* qui est l'instrument principal et le symbole essentiel du pouvoir d'État. Le monopole de l'éducation légitime est maintenant plus important et plus décisif que le monopole de la violence légitime[2]. » Aux yeux de Gellner donc, si la forme nationale a été élaborée et l'a emporté, c'est parce qu'elle seule est capable de fournir le cadre politique d'une telle société industrielle et rationnelle. Elle seule fournit un cadre assez vaste et en même temps assez homogène pour le fonctionnement d'une telle société.

Telle est, sommairement esquissée, la thèse de Gellner. C'est une des thèses les plus intéressantes de la sociologie politique sur le fait national. Elle fait le lien de manière convaincante entre un grand nombre de facteurs : c'est bien ce qu'on attend d'une thèse, ou d'une hypothèse scientifique. En même temps, comme à propos de toute thèse ou hypothèse scientifique, deux questions se posent : la première, de savoir si elle ne laisse pas de côté, sans explication satisfaisante, des aspects très importants du phénomène qu'elle prétend expliquer ; la seconde, si une autre thèse ou hypothèse ne rendrait pas compte aussi bien, ou même mieux, des faits dont elle rend compte.

Considérons d'abord brièvement la première question. C'est étrange, mais il semble bien que la thèse de Gellner sur le nationalisme n'ait pas d'explication pour un phénomène majeur

1. *Ibid.*, p. 42.
2. *Ibid.*, p. 56.

tout de même lié au nationalisme, à savoir les rivalités nationales et les conflits entre nations. Pis, il semble qu'elle rende ce phénomène particulièrement inintelligible. Pourquoi ces sociétés industrielles homogènes, ou en voie d'homogénéisation, furent-elles les agents et les sujets des plus grands conflits que l'Europe et même le monde aient connus ? Rien dans le fonctionnement social que Gellner décrit si bien ne rend intelligible le conflit inexpiable entre la « société industrielle » France et la « société industrielle » Allemagne. Dans la société industrielle, ou rationnelle, de Gellner, les sociétaires ne vivent pour ainsi dire qu'*à l'intérieur* de leur société : d'où surgirait alors le conflit entre deux sociétés industrielles, qui suppose au contraire que les membres d'une société aient les yeux fixés sur les membres de l'autre ? Il y a là, je crois, une grande difficulté pour la thèse de Gellner.

Venons-en à la seconde question, celle de savoir si une autre thèse ne rendrait pas compte aussi bien, ou même mieux, des faits. Il ne fait pas de doute qu'à chaque étape de la démonstration de Gellner, nous sommes tentés de subsumer sous un autre terme les phénomènes qu'il décrit si bien, et de parler de société « démocratique » là où il parle de société « industrielle ». Cette société où personne n'est fixé à sa place mais peut parvenir en principe à toutes les places grâce à l'éducation, cette société où aucune séparation publique ne saurait empêcher la communication sociale, cette société où les gouvernants ressemblent essentiellement aux gouvernés, cette société enfin où les hommes sont égaux, n'est-ce pas ce qu'on appelle ordinairement la société démocratique ? On dira : qu'importe ? Vous pouvez appeler « démocratique » le type de société que Gellner appelle « industrielle », cela importe peu, ce n'est qu'une question de vocabulaire : il s'agit de s'accorder sur les phénomènes qu'on désigne par ces mots. Cela est vrai, mais il me semble que la notion de démocratie est plus riche que la notion de société industrielle : tout en rendant compte aussi bien des phénomènes couverts par la notion de société industrielle, elle permet aussi de rendre compte en quelque façon de ces aspects fort importants de la forme-nation que la notion de société industrielle laisse inexpliqués, et d'abord de celui, capital, que je mentionnai tout à l'heure, à savoir les rivalités et les guerres nationales. La démocratie, ce n'est pas seulement l'égalité, c'est aussi la liberté. Et la liberté, pour le groupe comme pour l'individu, c'est le fait de se gouverner soi-même. Le « se gouverner soi-même » pour un corps politique au milieu d'autres corps politiques qui veulent aussi « se gouverner eux-mêmes », cela enveloppe la possibilité, la probabilité, peut-être la nécessité, de frottements, de heurts, de conflits, de guerres. Et puis, se gouverner soi-même, c'est vouloir *être soi*, c'est s'affirmer soi-même, et cela enveloppe nécessairement, semble-t-il, la rivalité avec les autres corps politiques qui veulent aussi s'affirmer eux-mêmes.

Gellner prend vivement à partie un de ses collègues, Elie Kedourie, qui attribue à Kant la paternité du nationalisme. Soit. Il est très difficile de faire de Kant un auteur nationaliste. Kant est « universaliste », peut-être le plus universaliste des philosophes. Sur ce point, je crois que Gellner a raison. Mais, parlant de la notion kantienne d'autodétermination, il écrit ceci : « Quel lien y a-t-il avec l'autodétermination des nations qui préoccupe tant les nationalistes si ce n'est un lien purement verbal ? Aucun. C'est la nature de la personne humaine qui est vraiment souveraine chez Kant [...] ; elle est universelle et identique pour tous les hommes[1]. » Il me semble qu'ici Gellner introduit une séparation intenable entre l'individu et le collectif, une séparation désavouée par Kant lui-même qui était « républicain ». En tout cas, comment ignorer que l'idée d'autodétermination, d'autonomie, une fois dégagée, a sa propre logique, son propre mouvement, son propre emportement ?

Gellner cite d'ailleurs avec approbation un passage de lord Acton, qui est très intéressant dans ce contexte : « Et vint le jour où il fut écrit que les nations ne seraient pas gouvernées par les étrangers. On déclara invalide le pouvoir auquel on accédait légitimement et qui était exercé avec mesure[2]. » Comprenons : à partir d'un certain moment, même le pouvoir légitime exercé

1. *Ibid.*, p. 185.
2. *Ibid.*, p. 189.

avec mesure – par exemple celui du roi de France à la fin du XVIIIe siècle – parut insupportable. On ne se satisfait plus d'*être gouverné* de tolérable façon, on veut *se gouverner* soi-même. Et pour se gouverner soi-même, il faut, dans le corps politique, mettre un terme à la distinction entre parties qui commandent et parties qui obéissent, il faut fondre ensemble toutes les parties du corps politique, il faut produire un corps homogène susceptible d'être animé par une volonté commune. On pourrait dire : seul un individu peut se gouverner lui-même ; donc, pour se gouverner lui-même, un corps politique doit devenir le plus possible semblable à un individu ; et la nation est ce corps politique *individuel*. Comme tout individu qui a la conscience de son individualité, qui se veut cet individu et pas un autre, elle est orgueilleuse, en tout cas vaniteuse, souvent irritable, parfois agressive.

Donc, la nation moderne est pour une part une expression du projet démocratique moderne. Grâce à la forme-nation, le « se gouverner soi-même » qui, dans la forme-cité, ne pouvait concerner que des citoyens peu nombreux, inclut et embrasse désormais des millions, des dizaines de millions de citoyens. Prendre la mesure de ce fait aide à comprendre et, en quelque façon, à légitimer l'extrême fierté des grandes nations européennes au XIXe et dans la première moitié du XXe siècle : en Grande-Bretagne, en Allemagne, en France, le sentiment était répandu qu'on était parvenu à un sommet de l'histoire, peut-être au sommet de l'histoire, que l'avant-garde des Européens avait élaboré la forme politique ultime de la vie civilisée. Il ne suffit pas de dire que la démocratie et la nation sont deux manières d'exprimer le projet de *self-government*. Le dynamisme social induit par le fait national et le dynamisme social induit par le fait démocratique se superposent et se renforcent l'un l'autre : la démocratie comme la nation sont des facteurs d'homogénéisation interne. Les différences sociales, religieuses, la différence entre ville et campagne, toutes ces diversités tendent à se fondre dans la nation-France ou, et c'est en un sens la même chose, dans la république démocratique. Les « paysans » deviennent des « Français » en même temps qu'ils deviennent des « citoyens ».

•

Cependant, car rien n'est simple, la démocratie et la nation ne sont pas seulement des alliées, ce sont aussi des adversaires, et même parfois des ennemies. Alors que le XIXe siècle s'avance, que la démocratie progresse et que la nation s'affirme, se développent aussi des partis que l'on peut dire et qui se disent « nationalistes », par exemple l'Action française en France. Or, ces partis nationalistes étaient le plus souvent des partis antidémocratiques. Assurément, ils déclaraient avoir à cœur le bien du peuple : l'Action française soutenait que la démocratie représentative représentait bien mal les Français, que le « pays légal » était une pauvre expression du « pays réel », et en ce sens elle s'inscrivait dans la logique de la démocratie représentative. Mais c'était malgré elle : l'Action française souhaitait rétablir les différences, les articulations intérieures du corps politique, qui avaient été fondues et confondues par la république démocratique. Elle visait certes à un « bon gouvernement », mais ce « bon gouvernement » avait pour condition préalable la fin du « se gouverner soi-même » de la république démocratique. Plus généralement, à mesure que le XIXe siècle avance vers sa fin, les individus et les groupes qui, pour une raison ou une autre, sont hostiles au mouvement démocratique, viennent grossir les rangs des partis nationalistes. C'est au nom de la nation qu'on cherche à préserver ou à rétablir l'indépendance des institutions de commandement – je veux parler bien sûr de leur indépendance par rapport au contrôle démocratique. Parmi ces institutions de commandement, la première, la plus prestigieuse, est évidemment l'armée. Ainsi la nation est-elle à la fois la condition et l'expression de la démocratie, et aussi la référence et la ressource des ennemis de la démocratie. Elle est à la fois le cadre du *self-government* et le grand fait que l'on oppose au *self-government*. Être-français (ou allemand ou italien) est l'élément même de l'exercice de la liberté, mais c'est aussi le fait nécessaire que l'on peut opposer à la liberté : puisque vous êtes français, vous devez avoir pour premier souci l'honneur de l'armée française, et si vous avez pour premier souci l'honneur de l'armée française, vous ne pouvez douter de la culpabilité du capitaine Dreyfus...

Cette ambivalence de la nation par rapport à la démocratie est très troublante pour le citoyen. Elle contribua grandement aux violents désordres qui marquèrent la vie politique et spirituelle des nations européennes à la fin du XIXe siècle et au début du XXe. Dans une telle situation en effet, les partis opposés ne savent pas ce qu'ils font parce qu'ils ne peuvent pas reconnaître ce qu'ils ont en commun avec l'adversaire – ici, ce qui lie intimement la démocratie et la nation. La logique de la lutte conduit le parti « démocratique » à devenir non seulement l'ennemi proclamé de la nation mais aussi l'ennemi effectif de la démocratie, tandis qu'elle conduit le parti « nationaliste » à devenir non seulement l'ennemi proclamé de la démocratie mais aussi l'ennemi effectif de la nation. Cela se vit dans ces groupements politiques, nationaux ou transeuropéens, qui, après la Première Guerre mondiale, donnèrent naissance aux mouvements totalitaires. En même temps, si l'ambivalence de la nation par rapport à la démocratie est très troublante pour le citoyen, elle perd beaucoup de son mystère dès lors qu'on observe ceci : cette ambivalence, c'est l'ambivalence même de l'individu, ou de l'individualité. L'individu humain, Jacques ou Jean, présente cette même ambivalence. Sa nature d'individu – être celui-ci ou celui-là – est la condition d'exercice de sa liberté. En même temps, l'individualité de l'individu, sa nature individuelle, peut venir s'opposer à sa liberté. On peut dire à l'individu, il peut se dire à lui-même : « Sois libre ! Fais ce que veux ! » Mais on peut lui dire et il peut se dire : « Sois toi-même ! Deviens celui que tu es ! » Dans le contexte politique, « Sois libre ! », c'est l'injonction « démocratique » ; « Sois toi-même ! », c'est l'injonction « nationaliste ».

Ces considérations permettent d'éclairer le texte le plus fameux sur la nation, en France du moins, à savoir la conférence de Renan intitulée précisément : « Qu'est-ce qu'une nation ? » (prononcée à la Sorbonne le 11 mars 1882). Depuis cette conférence, ou même depuis les lettres de Renan à David Strauss pendant la guerre de 1870[1], on oppose couramment la conception française de la nation – celle-ci est un libre choix, « un plébiscite de tous les jours » – à la conception allemande – la nation est une communauté de langue et de race. Cette opposition est bien réelle. Elle est encore sensible aujourd'hui dans la différence des législations concernant la naturalisation des étrangers, même si cette différence s'est réduite avec la nouvelle législation allemande. Mais ce sont deux versions distinctes, opposées si l'on veut, *à l'intérieur* d'une *même* forme. On peut préférer, comme Renan, comme la plupart d'entre nous, la conception française à la conception allemande, mais l'idée française de la nation ne s'oppose pas à l'idée allemande comme la vérité s'oppose à l'erreur. Ce qui définit précisément le problème de la nation, c'est que la nation comporte à la fois l'idée allemande et l'idée française : elle est toujours le difficile amalgame de la naissance et de la liberté.

1. On trouvera ces textes dans Ernest Renan, *Qu'est-ce qu'une nation ? et autres écrits politiques*, présenté par Raoul Girardet, Paris, Imprimerie nationale, coll. « Acteurs de l'Histoire », 1996.

Chapitre VI

L'EUROPE ET L'AVENIR DE LA NATION

J'ai insisté sur l'ambivalence qui caractérise la relation entre la nation et la démocratie. Avec l'aide d'Ernest Gellner, mais aussi en prenant une certaine distance par rapport à ses thèses, j'ai souligné que la nation moderne est pour une part une expression du projet démocratique moderne. Grâce à la nation, à la forme-nation, avons-nous vu, le désir humain naturel de « se gouverner soi-même » qui, jusque-là, n'avait pu trouver de satisfaction que dans la forme-cité – morphologie politique qui ne peut embrasser qu'un petit nombre de citoyens –, ce désir humain naturel peut maintenant s'accomplir dans une forme qui rassemble des millions, des dizaines, voire des centaines de millions de citoyens. C'est seulement grâce au régime représentatif *et à la forme-nation* que la démocratie put être réalisée dans de grands États. À la fin du XIXe siècle en Grande-Bretagne, en France, en Italie, aux États-Unis, l'orgueil national se confond largement avec la fierté démocratique. Ce fait social majeur, l'homogénéisation interne, dérive également, ou dans une proportion impossible à préciser, des progrès de la nation et des progrès de la démocratie, ainsi que l'exemplifie le phénomène de l'instruction publique ou de l'éducation nationale. On participe à une aventure commune qui relie dans une même trame le présent démocratique au passé monarchique, et qui promet un avenir de grandeur nationale et humaine. Le lien entre nation et démocratie fut si étroit que certains aujourd'hui encore entretiennent la conviction qu'il s'agit d'un lien essentiel, que le *régime* démocratique moderne est inséparable de la *forme* nationale. Cette conviction motive les plus éclairés parmi ceux qui sont hostiles à la construction européenne, ou du moins inquiets de la forme qu'elle a prise. Paul Thibaud pose la question : « Le rapport originel entre nation et démocratie peut-il être défait, à quelles conditions [1] ? »

En même temps, et en sens inverse, telle est l'ambivalence, l'idée nationale devient de plus en plus, à mesure que le XIXe siècle va vers sa fin, la référence et la ressource des ennemis de la démocratie. L'objectivité de l'appartenance nationale – objectivité manifestée dans la *naissance* et dans la *langue* – devient un fait opposable à la subjectivité de la volonté démocratique. Ce n'est pas ce que vous voulez qui importe – que vaut votre chétive volonté individuelle ? –, c'est ce que vous êtes, et ce que vous êtes, c'est ce que votre peuple de naissance, votre nation d'origine, vous a fait ! Et les nationalistes – ici le terme s'impose – opposent les institutions salutaires, les institutions de commandement, l'armée en premier lieu, celles qui représentent ou incarnent la nation séculaire, aux institutions qui fomentent le désordre, celles qui représentent la volonté momentanée et superficielle de la population, c'est-à-dire d'abord l'Assemblée nationale, les représentants du peuple. Dans le nationalisme proprement dit, la nation devient l'ennemie de la démocratie. L'Europe ayant été ravagée au XXe siècle par le déchaînement des nationalismes, il est tout naturel que le projet ait pris corps de mettre définitivement le nationalisme derrière nous, d'en couper les racines en abolissant progressivement la forme nationale, en la dépassant, en fondant les nations européennes dans un corps politique nouveau, la Communauté européenne, ou l'Union européenne.

L'ambivalence de la relation entre la démocratie et la nation fait que la « construction de l'Europe » peut apparaître sous des lumières très contrastées. Ceux qui sont d'abord sensibles à

1. Voir *Discussion sur l'Europe* (avec Jean-Marc Ferry), Paris, Calmann-Lévy, coll. « Liberté de l'esprit », 1992, p. 19.

l'étroitesse du lien entre démocratie et nation regarderont la « construction de l'Europe » avec beaucoup de défiance et d'appréhension : ils auront tendance à voir dans les institutions européennes une machine oligarchique étrangère à la vie des peuples européens, et les privant de plus en plus de leur *self-government.* Ceux qui sont d'abord sensibles à la forme antidémocratique et belliqueuse qu'a prise le nationalisme des nations européennes au XXe siècle, auront tendance à voir dans le fait national, en particulier dans la souveraineté nationale, le dernier obstacle, en voie d'être surmonté, à l'épanouissement définitif de la démocratie européenne. Tels sont, je crois, à très gros traits, les termes du débat.

•

Il s'agit d'un débat capital, et les deux côtés doivent être écoutés avec la même attention et le même respect. Or, ce n'est pas le cas en France. L'opinion publique officielle, si je puis dire, y est presque unanimement en faveur de la seconde branche de l'alternative, elle est sans réserve « pour l'Europe » – par opinion publique officielle, j'entends celle des médias et des partis politiques respectables. L'autre branche de l'alternative, la défense de la nation, est laissée aux partis extrêmes, non respectables, en premier lieu le parti communiste (mais celui-ci devient de plus en plus « européen » à mesure qu'il devient plus respectable) et bien sûr le Front national (ou ses membres épars), et à de petits partis ou mouvements indépendants, anticonformistes ou réfractaires, comme on voudra dire. En même temps, le fait que, lors du référendum sur le traité de Maastricht, le oui ne l'a emporté qu'à une très faible majorité suggère que les apparences sont sans doute trompeuses : la population française dans son ensemble est certainement plus perplexe et inquiète que ne le donnerait à penser le discours plein d'assurance de ses gouvernants successifs. En tout cas, le problème est d'une telle importance que nous devons l'examiner sereinement, sans nous laisser intimider par la proclamation du caractère « irrésistible » de la construction de l'Europe (après tout, les communistes aussi, qui d'ailleurs parlaient de la « construction du socialisme », faisaient taire les objections en affirmant que le sens de l'histoire était pour eux : on sait ce qu'il en est advenu).

Si le débat est souvent si confus, c'est parce que les deux partis peuvent se réclamer à bon droit de la démocratie. Ou si l'on veut, la notion de démocratie comporte une ambiguïté, ou une dualité, qu'il est impossible de surmonter : la démocratie, pour nous, c'est la garantie de la protection des droits individuels, donc de l'autonomie personnelle, et c'est aussi l'organisation du *self-government*, donc de l'autonomie collective. Les deux aspects ne sont pas séparables, mais ils sont distincts. Dans le langage de la philosophie politique contemporaine, le premier aspect concerne l'*individu*, le second concerne le *citoyen*. Or, il ne fait pas de doute que la « construction de l'Europe » signifie une extension des droits de l'individu, des possibilités qui lui sont ouvertes, et là réside à coup sûr une grande part de l'attrait de l'Europe pour les habitants des nations européennes, du moins pour ceux qui sont ou se sentent capables de tirer profit de ces nouvelles possibilités. En même temps, et en sens inverse, la « construction de l'Europe » signifie – pour le moment du moins, et assurément pour longtemps – une diminution des pouvoirs du citoyen[1] : la forme de la vie commune est de plus en plus déterminée non par les résultats de la conversation nationale – aussi conflictuelle soit-elle, celle-ci se déroule dans un milieu familier et homogène, dont on connaît les règles du jeu –, mais par les résultats d'un processus européen qui est, et restera longtemps, beaucoup moins compréhensible. Non seulement ce processus fait intervenir des institutions non démocratiques comme la Commission de Bruxelles, mais surtout le gouvernement démocratiquement élu de chaque pays doit de plus en plus tenir compte des volontés et des désirs des gouvernements démocratiquement élus des autres pays, d'ailleurs tou-

1. « Par la mise en concurrence des systèmes sociaux et fiscaux que sont les nations aussi bien que par l'extension de la réglementation supraétatique, on parvient à un résultat semblable : augmenter les chances de l'individu et restreindre les pouvoirs du citoyen », écrit Paul Thibaud dans *Discussion sur l'Europe*, *op. cit.*, p. 40.

jours plus nombreux, et donc les éléments qui contribuent au résultat final sont de plus en plus hétérogènes et étrangers aux citoyens de *tous* les pays concernés. C'est précisément cela, la « construction de l'Europe », dira-t-on ! Oui, bien sûr, mais ce processus implique une diminution continue du sentiment de responsabilité civique qui suppose l'identification civique.

Sur chaque nation européenne pèse aujourd'hui une double pression uniformisatrice, celle inséparable de la mondialisation, et celle inséparable de l'européanisation. Cette uniformisation à marche forcée n'est pas synonyme d'amitié accrue. Le rapprochement même des nations dans le cadre européen tend à multiplier les frictions. Il en est des nations comme des individus : en se rapprochant ils peuvent en effet découvrir avec plaisir leurs ressemblances, ils peuvent aussi ressentir désagréablement ou douloureusement leurs différences. Les citoyens des démocraties s'estiment souvent mal représentés par leurs gouvernants. Je l'ai souligné, le sentiment de l'aliénation est inséparable de l'institution de la représentation. Ce sentiment se renforce inévitablement lorsque chaque gouvernement européen est soumis à la pression croissante d'une « opinion européenne » qui ne correspond à aucune conversation civique européenne mais résulte d'un processus illisible et hasardeux. Il y a peu, une tempête s'est levée contre le gouvernement autrichien. Elle s'est apaisée aussi subitement. Qui a compris ?

•

Le processus qui, selon l'expression de Paul Thibaud, augmente les chances de l'individu et restreint les pouvoirs du citoyen est accueilli avec faveur, je l'ai dit, par beaucoup d'Européens. Essayons de reconstituer leur argumentaire. Si nous sommes nécessairement des individus, pensent-ils, il n'est pas certain que nous soyons nécessairement des citoyens. Il est impératif que nos droits individuels – les « droits de l'homme » – soient garantis, et que les espaces de liberté les plus étendus possibles nous soient ouverts ; mais s'il est bon pour nous que nous soyons partie d'une volonté collective, d'une « volonté générale », qu'une de nos appartenances, l'appartenance civique, politique, l'emporte sur toutes nos autres appartenances, cela, diront-ils, est pour le moins douteux. Pourquoi l'appartenance nationale ne serait-elle pas une appartenance parmi d'autres, comme l'appartenance locale, ou professionnelle ? Chaque individu aurait ainsi un portefeuille d'identités, parmi lesquelles l'identité nationale, comme il a un portefeuille d'actions, ou une palette d'identités comme le peintre a une palette de couleurs. Cette perspective est à coup sûr très séduisante ; elle flatte l'individu contemporain en le rendant, ou en le supposant, maître souverain de ses appartenances. Elle accomplit la démocratie en la simplifiant : au lieu de la dualité, parfois de la tension, entre l'individu et le citoyen, l'affirmation unilatérale des droits et des chances de l'individu. Cependant, cette démocratie de l'individu est si unilatérale précisément qu'il n'est pas certain que le terme de démocratie lui convienne encore. L'« Europe » organisée sur ces bases serait un vaste espace de *civilisation*, soumis à des règles uniformes, offrant d'immenses possibilités aux individus capables d'agir avec avantage selon ces règles, mais non pas un corps *politique* ouvrant à ses citoyens une aventure commune, une « communauté de destin ».

Une telle Europe-civilisation est-elle souhaitable ? Est-elle d'abord possible ? Ces questions font signe vers des questions plus générales : les êtres humains peuvent-ils vivre pleinement sans appartenir à un corps politique qui réclame leur allégeance ? Peuvent-ils vivre seulement comme des agents économiques et moraux, libres et mobiles dans un espace de civilisation ? Nous aurons à considérer ces questions pour elles-mêmes plus tard. Il me semble en tout cas que la « construction de l'Europe » jusqu'à aujourd'hui a reposé sur cette ambiguïté de l'idée démocratique, sur cette hésitation informulée et d'abord incomprise entre l'Europe-civilisation et l'Europe-corps politique. L'« Europe » signifie-t-elle la dépolitisation, par dénationalisation, de la vie des peuples européens, c'est-à-dire la réduction systématique de leur existence collective aux activités de la société civile et aux mécanismes de la civilisation – soit à l'économie et à la culture ? Ou signifie-t-elle la construction d'un corps politique nouveau, d'une grande, d'une énorme nation ? La « construction européenne » n'a progressé qu'à la faveur de cette ambiguïté, qui faisait de l'Europe à la fois une chose prosaïque et utile – disons comme la PAC en son temps – et une chose sublime, cette fédération européenne, ces États-Unis d'Europe qui accompliraient dans la liberté le rêve de Charlemagne. Cette ambiguïté a sans doute été heureuse dans les premières étapes de la construction européenne. Plus elle se prolonge, plus elle risque de devenir ruineuse. Il faudra bien que les Européens qui font l'Europe finissent par dire ce qu'ils veulent faire en la faisant.

•

Si cette ambiguïté a duré si longtemps, si elle dure encore aujourd'hui, ce n'est pas seulement parce que les hommes politiques sont nécessairement calculateurs – certains des partisans les plus réfléchis d'une « Europe politique », d'une Europe « grande nation », ont pensé que celle-ci ne pouvait être proposée telle quelle, ne pouvait être « vendue » aux électeurs européens, qu'on ne pouvait conduire ces derniers vers la terre promise que par la voie plus douce d'une Europe d'abord « économique ». Ce n'est pas seulement parce que les hommes politiques, ou leurs électeurs, peuvent avoir des idées confuses, et que les hommes souvent veulent avec d'autant plus d'ardeur qu'ils ne savent pas ce qu'ils veulent. Si cette ambiguïté a duré si longtemps, si elle dure encore, c'est que beaucoup d'Européens croient que la notion d'« Europe » a un contenu, un sens déterminé ; qu'il s'agit moins alors de « construire » ladite « Europe » que de faire surgir une Europe qui est déjà là sous l'apparence de nations diverses ; que dès lors, peu importe comment l'on procède, au terme du processus, ce sera bien l'Europe que nous tiendrons dans nos mains, politique s'il y a encore de la politique au monde, apolitique et postmoderne si la fin de l'histoire est entre-temps advenue. Bref, l'Europe, c'est la substance qui subsiste sous les accidents nationaux, c'est la chose en soi toujours présente derrière les phénomènes nationaux. Mais l'Europe existe-t-elle ? Ou existe-t-elle de cette façon, c'est-à-dire en-deçà de toute forme politique ?

L'Europe est d'abord bien sûr une notion géographique. Et la loi de son développement jusqu'ici semble répondre à cette caractéristique, puisqu'il s'est agi jusqu'à présent d'une loi d'*extension*. Tout se passe comme si l'Europe, née comme un petit noyau de six nations, agrégeant à ce noyau un nombre toujours croissant de nations européennes, était destinée à embrasser finalement *toutes* les nations appartenant à l'espace géographique considéré. Bien entendu, s'il en était vraiment ainsi, nous serions bientôt confrontés à des résultats pour ainsi dire comiques, puisque l'Europe devrait inclure la Russie, mais jusqu'à l'Oural seulement, et la Turquie, mais jusqu'aux détroits seulement, de sorte que la plus grande partie d'Istanbul serait dans l'Union européenne mais pas l'Anatolie ! Personne assurément n'envisage de telles absurdités. Les évoquer a cependant le mérite d'attirer notre attention sur le problème des frontières, sur lequel je reviendrai, et aussi de prouver – par l'absurde précisément ! – que la définition de l'Europe ne saurait être seulement ni même principalement géographique.

Quelle autre définition alors retenir, ou envisager ? La réponse la plus courante est la suivante : la définition véritable, l'identité véritable, de l'Europe est « culturelle ». La notion de « culture » est une des notions les plus traîtresses du vocabulaire politique contemporain : on croit qu'on dit quelque chose, alors que souvent on ne dit rien. Nous ferons ce triste constat si nous décomposons la notion de « culture européenne » en ses divers éléments constituants. Nous observerons alors en effet qu'ou bien l'élément considéré divise les Européens plutôt qu'il ne les unit, ou bien qu'il unit certes les Européens mais aussi avec eux de nombreux peuples extérieurs à l'Europe. Du premier cas de figure, la religion – placée par les anthropologues au cœur de toute culture – fournit un exemple frappant. Depuis le Xe siècle, pour ne pas remonter plus haut, la religion a beaucoup plus divisé les Européens qu'elle ne les a unis. D'ailleurs les États européens modernes ont été construits aussi, et peut-être d'abord, pour surmonter les divisions religieuses. Et même si nous posons qu'aujourd'hui les confessions chrétiennes sont réconciliées, ce qui me paraît assez éloigné de la vérité, comment la « culture chrétienne » de l'Europe – employons un instant ce langage – pourrait-elle former la base de l'unité de l'Europe quand les musulmans sont de plus en plus nombreux parmi nous, pour ne rien dire des athées et agnostiques ? Un exemple éminent des caractéristiques du second genre, c'est la « culture démocratique », les mœurs démocratiques. Plusieurs pays ont été mis en liste d'attente pour l'entrée dans l'Union européenne, au motif que leur performance démocratique laisse à désirer. Le cas de loin le plus lourd de conséquences est évidemment celui de la Turquie. On peut approuver les motifs de l'exclusion, mais les mœurs démocratiques ne suffisent pas à définir positivement une identité de l'Europe. Si c'était le cas, tous les pays démocratiques seraient membres de droit de l'Union européenne, à commencer par le Japon et l'Australie.

Ces observations semblent suggérer fortement que l'idée d'une « identité culturelle » de l'Europe est une idée pour le moins confuse, peut-être une idée creuse. En même temps, il nous est difficile de renoncer à l'idée que « l'Europe » signifie quelque chose, et de très important, dans l'histoire de l'humanité. Mais quoi ? J'emprunte une remarque éclairante à Jean Baechler. Après avoir rappelé que, jusqu'à la conquête de l'Amérique, tout se passait « comme si l'humanité s'était scindée en plusieurs espèces, qui s'ignorent à peu près complètement, sauf à se rencontrer anecdotiquement ou à se combattre marginalement », il écrit qu'à partir de 1492, « les Européens découvrent le reste du monde et lui imposent leur loi, directement par la colonisation ou indirectement par la diffusion de traits culturels qui avaient valeur universelle, à commencer par les traits techniques et économiques, mais aussi scientifiques, politiques, idéologiques... Par le truchement de l'Europe, les histoires naturelles et les histoires locales ou régionales entrent en contact. Ce contact marque un [...] seuil irréversible, à partir duquel nous avons, non pas une histoire planétaire, mais une histoire *unifiée* par l'Europe[1] ». Ces rappels

1. J. Baechler, « L'Europe peut-elle encore faire l'histoire ? », *Contrepoints et commentaires*, *op. cit.*, p. 494.

très simples sont très judicieux. Sans partager le sentiment de supériorité de civilisation, et parfois de race, qu'éprouvaient les Européens du XIXe siècle, mais aussi sans céder à la réaction « anticolonialiste » qui ne voit plus dans la domination européenne qu'un phénomène d'exploitation et de force, Baechler repère ce qu'il y avait de fondé dans la conscience de soi que formèrent les Européens, dans la conviction qu'ils eurent de constituer la tête du genre humain, l'avant-garde de l'humanité. De fait, par toutes sortes de moyens, dont certains étaient inhumains, ils réunirent toutes les parties du genre humain, les faisant participer à une histoire désormais commune. L'Europe, dans l'histoire de l'esprit, représente bien quelque chose de très spécifique et de très précieux, rien de moins que l'Universel : universel de la philosophie, grecque d'origine et qui ne trouva à se déployer qu'en Europe ; universel de la religion chrétienne qui envoie ses « missions » aux extrémités de la terre ; universel de la science mathématique et des autres sciences « exactes » ; universel de la démocratie fondée sur les « droits de l'homme ». Dès lors, comment ai-je pu dire que l'idée d'une « identité de l'Europe » est une idée confuse, ou creuse ?

Les Européens ont certainement le droit d'être fiers en tant qu'Européens. Ils peuvent placer fort haut leur contribution à l'histoire humaine sans encourir le reproche de complaisance, ou, comme on dit savamment aujourd'hui, d'ethnocentrisme, du moins sans que ce reproche soit fondé. En même temps, ils sont obligés d'admettre que l'universel, précisément parce qu'il est l'universel, ne saurait être leur propriété. Un Chinois peut sans contradiction considérer que l'empire du Milieu ne fait qu'un avec la civilisation chinoise, dont la supériorité sur les autres civilisations est évidente. Un Européen ne peut pas considérer que l'Europe ne fait qu'un avec l'universel – à l'instant même, l'universel cesserait de l'être ! –, ou qu'elle ne fait qu'un avec la religion chrétienne qui s'est maintenant répandue dans les deux Amériques, en Afrique et même en Asie, continents de mission récente où elle est peut-être plus vivante qu'en Europe ; il ne peut pas considérer que l'Europe ne fait qu'un avec la science mathématique et les autres sciences « exactes » quand les

Indiens par exemple se montrent si bons mathématiciens et auteurs de logiciels ; enfin, il ne peut pas considérer que l'Europe ne fait qu'un avec la démocratie quand ce sont les États-Unis d'Amérique qui ont, depuis 1917, préservé ou rétabli la démocratie sur le continent européen. D'ailleurs, on le sait bien, c'est au profit des États-Unis que les Européens ont perdu, et d'abord à leurs propres yeux, le titre enviable d'être à l'avant-garde de l'histoire humaine unifiée, de représenter à la fois l'Universel et le Nouveau. On ne voit donc pas comment l'idée de l'Universel, qu'il s'agisse de la philosophie, de la religion, de la science ou de la démocratie, pourrait définir aujourd'hui ou demain l'identité européenne[1].

Il faut ajouter une autre considération. La découverte par l'Europe de l'universel, ou les découvertes européennes de l'universel, n'ont pas été le fait d'une Europe unie, d'une Europe constituée en unité politique, mais, bien au contraire, d'une Europe divisée en nations rivales. Il y a une sorte de contradiction choquante dans le fait que l'Europe découvre l'unité du genre humain alors même que ses propres divisions s'exacerbent. Mais il faut préciser le caractère de ces divisions. L'Europe se divisa entre des corps politiques relativement peu nombreux, de surcroît assez comparables en puissance, de telle sorte qu'aucun d'eux ne fut capable d'imposer une domination durable, ce qu'on appelait aux XVIIe et XVIIIe siècles une « monarchie universelle ». La loi séculaire de l'Europe, ce fut la loi de l'équilibre européen, un équilibre instable, produit changeant de la concurrence, de la rivalité, de la guerre même souvent, mais un équilibre tout de même. Il semble que cette formule politique – la concurrence d'un nombre limité de corps politiques comparables dans une même aire de civilisation – soit particulièrement propice à la création historique. Il y a quelque temps, je rapprochais, après Thibaudet et bien d'autres, la guerre de 1914-1918 de la guerre du Péloponnèse. Si le rapprochement de ces deux catastrophes est justifié peut-être le rapprochement des

1. Sur la « situation philosophique » de l'Europe, on lira le pénétrant article de Philippe Raynaud, « De l'humanité européenne à l'Europe politique », *Les Études philosophiques*, juillet-septembre 1999, p. 375-381.

succès de l'Europe et des accomplissements de la Grèce l'est-il aussi : c'est la même formule politique qui dans les deux cas déploie sa fécondité. Pourquoi une telle fécondité ? Jean Baechler fait la suggestion suivante : « Toute innovation pouvait se diffuser presque instantanément dans l'aire culturelle, parce qu'elle rencontrait les conditions de toute diffusion : que les récepteurs soient si armés pour la recevoir qu'ils aient l'impression de l'avoir attendue, ou même d'en être les découvreurs[1]. »

On voit que ces considérations historiques, très éclairantes, sont en même temps extrêmement troublantes. Elles suggèrent puissamment que la fécondité de l'Europe trouve sa cause majeure dans les divisions de l'Europe, en particulier dans la division de l'Europe en nations. S'il y a aujourd'hui quelque chose comme l'Europe, c'est à ses divisions que, paradoxalement, nous le devons. Mettre un terme à la rivalité des nations européennes, ce serait alors non pas préparer les conditions d'une nouvelle floraison, mais au contraire détendre décisivement le ressort séculaire de sa vitalité. Jean Baechler, qui, pour autant que je sache, est un partisan de l'unification européenne, a sur ce point des considérations mélancoliques : « L'unification politique de l'Europe détruirait cette dialectique [...]. Ce serait un paradoxe à méditer pour les philosophes de l'avenir, si la décadence du génie européen devait résulter de la solution proposée pour le sauver de la montée de la barbarie[2]. »

•

Quelles conclusions tirer de ce bref parcours ? Nous ne sommes certainement pas en mesure de tirer des conclusions pratiques, par exemple de proposer un « programme pour une Europe politique », mais nous avons gagné une conscience plus aiguë du problème politique de l'Europe. Nous avons pris conscience qu'un corps politique se définit d'abord politiquement, et non pas économiquement ou « culturellement », et que

1. « L'Europe comme réalité et comme projet », *Contrepoints et commentaires*, *op. cit.*, p. 473.
2. *Ibid.*, p. 473-474.

l'Europe souffre d'une maladie de langueur politique : elle souffre d'une indétermination, ou d'une indéfinition politique. Constituer un corps politique, faire vivre un corps politique, c'est mettre des choses en commun. Les hommes sont des animaux politiques parce qu'ils « mettent en commun ». Nous devons mettre des choses en commun pour concrétiser l'universalité humaine, qui autrement resterait indéterminée, pure potentialité.

Que devons-nous mettre en commun ? Aristote emploie une expression frappante. Dans la cité, dit-il, les citoyens « mettent en commun les actions et les raisons[1] ». Autrement dit, ils agissent et délibèrent *ensemble*. Le problème des Européens, c'est qu'ils ne savent pas ce qu'ils veulent mettre en commun. Pour contourner la difficulté, pour éviter de *mettre* en commun tout en faisant droit à la nécessité de la communauté, ils *créent* des institutions communes nouvelles, comme la Commission de Bruxelles ou le parlement de Strasbourg ; mais comme les anciennes institutions, les gouvernements et parlements nationaux subsistent, on se trouve devant une juxtaposition d'institutions anciennes et nouvelles, d'institutions nationales et d'institutions communes, dont le partage des compétences est indéterminé. Le texte du traité de Maastricht est sur ce point d'une opacité impénétrable[2]. Il est vrai qu'un certain nombre de pays de l'Union européenne ont mis en commun leurs monnaies, créant ainsi une monnaie commune, l'euro. C'est assurément une initiative capitale, lourde de conséquences de toutes sortes. À la faveur de l'euro vont se multiplier les acteurs économiques et sociaux transeuropéens. Provoqueront-ils la naissance toujours annoncée mais jamais constatée d'institutions politiques communes, ou au contraire aggraveront-ils la confusion institutionnelle, en soulignant l'inadéquation croissante des moyens de gouvernement, qu'ils soient nationaux ou communautaires ? Et, bien sûr, si un acteur politique aussi important que la Grande-Bretagne devait rester longtemps encore en

1. *Éthique à Nicomaque*, 1126 b, 11-12.
2. Voir P. Thibaud, *Discussion sur l'Europe*, *op. cit.*, p. 28.

dehors de la zone euro, l'espérance d'une fécondité politique de l'union monétaire serait sérieusement atteinte. Ces incertitudes, cette indétermination, seraient beaucoup moins graves si nos régimes politiques n'étaient pas exclusivement démocratiques. L'Union européenne pourrait alors ressembler à l'empire des Habsbourg, agrégat de corps politiques ou quasi politiques très divers, tenus ensemble par leur allégeance à une dynastie qui était leur seule « chose commune ». Cette possibilité ne nous est plus ouverte. Pour appartenir à un même corps politique, des peuples démocratiques doivent « mettre en commun » bien plus de choses que n'y étaient tenus les peuples de la Double Monarchie.

Il faut souligner que l'indétermination de l'Union européenne porte sur un facteur qui doit absolument être déterminé pour qu'une forme politique quelle qu'elle soit, quel que soit son régime, soit viable. Je veux parler du territoire. Nous l'avons vu, l'Europe est en proie à un mouvement d'extension, une extension en fait illimitée. Si elle ne s'étend pas plus loin plus vite, c'est pour des raisons de contrainte budgétaire à l'intérieur et d'immaturité démocratique à la périphérie. Cette loi d'extension indéfinie traduit son incapacité à se définir politiquement. Plus elle s'étend, plus son extension ultérieure est difficile techniquement, et vouée à absorber l'essentiel de l'énergie commune, mais inévitable moralement et politiquement : plus l'Union européenne comporte de nations, plus celles qui attendent à la porte ressentent leur exclusion comme une offense insupportable – c'est le cas en particulier aujourd'hui de la Turquie.

Au fond, les Européens voudraient que le principe démocratique se suffise à lui-même, qu'il suffise à définir l'Europe démocratique comme corps politique. Mais ce n'est pas possible. Le principe démocratique ne suffit pas à définir le cadre politique dans lequel il s'exerce. Le principe démocratique, c'est le principe du consentement : il n'y a d'obéissance légitime, pour l'individu ou le groupe, qu'à une loi, ou une institution, à laquelle l'individu ou le groupe a donné au préalable son consentement, par lui-même ou par ses représentants. Ce principe peut être mis en œuvre dans les communautés les plus diverses : dans la famille, dans le village, dans la cité, dans la nation, etc. À la question : dans laquelle ? le principe par lui-même ne permet pas de répondre. Cela n'est pas inclus dans le principe. Les démocraties européennes se développèrent dans des communautés, les nations précisément, d'abord élaborées par des régimes non démocratiques, par les monarchies. Vous connaissez le slogan monarchiste sur « les quarante rois qui ont fait la France ». Il fallait que la France fût faite, en effet, c'est-à-dire que le peuple français fût *défini*, pour qu'il puisse entreprendre de se gouverner lui-même comme il le fit à la Révolution avec une soudaineté et une radicalité qui firent vaciller l'Europe. L'argument monarchiste est faible contre la république démocratique puisqu'il était facile aux républicains de répondre que l'enfance et la jeunesse de la France se passèrent en effet sous la tutelle, peut-être nécessaire alors et pour autant salutaire, des rois, mais que désormais la nation française est majeure, et peut, et donc doit, se passer de tuteur – et qu'il serait honteux pour elle de vouloir revenir à sa condition infantile. Mais cet argument a le mérite de rappeler que la démocratie, le principe démocratique, a besoin, pour devenir réalité, d'un *corps* – d'une population délimitée par des frontières et d'autres caractéristiques, d'une population *définie*.

La difficulté, pour ainsi dire le drame, de la démocratie, c'est que, par rapport au principe, le corps est arbitraire, je veux dire : il n'y a aucun lien nécessaire entre le principe démocratique et telle configuration du corps politique. On peut certes dire que, dans certains cas au moins, le lien est fourni par le principe lui-même : doivent se gouverner ensemble tous ceux qui veulent appartenir au même corps politique. Mais, d'une part, le principe de l'autodétermination est souvent difficile d'application, comme l'Europe en fit l'expérience après la Première Guerre mondiale, comme elle en fait l'expérience aujourd'hui dans l'ex-Yougoslavie. D'autre part, il n'est pas d'un grand secours pour la construction de l'Europe, dans la mesure où tous les corps politiques contigus à l'Union européenne semblent vouloir lui appartenir. Où s'arrêter ? Il semble que la démocratie, dans la construction européenne, s'efforce d'échapper à la triste nécessité d'avoir un corps. Alors elle se donne un corps sans limites, cette Europe en extension indéfinie, cette Europe contradictoirement définie comme extension indéfinie.

Cela ne pourra pas durer indéfiniment. Elle devra finir par se définir. Trois efforts de définition semblent particulièrement urgents. L'Europe devra vite déterminer sa relation, et d'abord sa frontière – la frontière n'est pas seulement une ligne sur la carte ou sur le terrain, elle est aussi une limite spirituelle qui traduit une décision spirituelle – par rapport à l'Est, c'est-à-dire à l'Ukraine et à la Russie, et par rapport au Sud-Est, c'est-à-dire à la Turquie. Il y a des arguments plausibles pour tous les partis qu'elle peut prendre : accueillir la Russie, exclure la Russie, accueillir la Turquie, exclure la Turquie, mais elle devra finir par prendre des partis, et ces partis la définiront. L'Europe devra aussi, peut-être plus rapidement qu'on ne le croit, déterminer non pas sa frontière, car la nature y a pourvu, mais sa relation avec les États-Unis. Son poids économique et peut-être bientôt monétaire la confronte à un choix politique extrêmement difficile, car aucune des deux grandes possibilités ne paraît acceptable : continuer à être le géant incapable de lacer ses souliers, ou actualiser sa force potentielle. Dans les deux hypothèses, les relations avec les États-Unis seront de plus en plus difficiles, mais dans la seconde, une confrontation d'un type inédit semble inévitable. Bref, le rêve de sortir du politique par l'Europe restera un rêve. Selon qu'elle affrontera bien ou mal la nécessité du choix politique, elle réussira, c'est-à-dire elle deviendra un corps politique nouveau, avec des limites territoriales et une physionomie spirituelle, ou elle échouera. Mais si elle échoue trop souvent, trop longtemps, dans le domaine politique, il n'est pas sûr qu'elle pourra survivre comme communauté économique et monétaire.

Chapitre VII

LES GUERRES DU XXe SIÈCLE

L'indétermination de l'Europe en construction, ou son extension territoriale indéfinie, est pour partie la traduction d'un affect très puissant parmi nous : l'indifférence aux frontières, ou même le mépris des frontières. Or les frontières résultent le plus souvent des guerres, ou des traités de paix qui concluent les guerres, quand il y a des traités de paix. L'indifférence aux frontières traduit donc notre attitude à l'égard de la guerre, non seulement la conviction bien sûr que la guerre est inhumaine ou immorale, mais aussi qu'elle n'a plus de sens, ou de validité, politique. Le territoire et la guerre – la guerre pour le territoire, le territoire défini comme le résultat de la guerre – nous apparaissent comme des aspects de la politique ancienne, qui n'ont de sens politique désormais que dans la mesure où ils sont un non-sens politique, c'est-à-dire un archaïsme, un résidu du passé, quelque chose à surmonter définitivement. Ces sentiments présents depuis longtemps parmi nous ont trouvé une confirmation éclatante dans la chute du Mur en novembre 1989 : le Mur, plus généralement la frontière traversant l'Allemagne et séparant l'Allemagne de l'Ouest de l'Allemagne de l'Est, à la fois symbolisait et matérialisait la ligne de démarcation dessinée par la rencontre entre les troupes américaines et les troupes soviétiques à la fin de la Seconde Guerre mondiale.

L'effondrement pacifique du Mur a rendu visible pour tous le fait suivant : la plus grande guerre de l'histoire a perdu son pouvoir ; son résultat politique le plus visible, le plus important, le plus inhumain aussi, s'est pour ainsi dire évaporé en quelques jours, non seulement sans violence mais dans une fête. Le phénomène est assurément extraordinaire, et il est naturel et légitime d'en être fort impressionné.

Cet événement si frappant est venu confirmer, étendre et accélérer le processus déjà ancien qui avait vu l'Europe de l'Ouest effacer pour ainsi dire ses frontières. Le Rhin avait perdu depuis longtemps sa signification politique et militaire. L'Elbe vient de la perdre, et même l'Oder et la Neisse ! Les termes géographiques dont les syllabes contenaient il y a peu encore le souvenir d'une guerre et la menace d'une autre sont redevenus de simples termes géographiques. Nous pourrions donc nous livrer avec confiance à l'espérance d'une disparition prochaine de la guerre, d'une entrée dans un ordre nouveau du politique – ordre nouveau, enfin humain, dans lequel la guerre ne serait plus le recours du politique.

Cependant, d'autres phénomènes récents ou contemporains nous suggèrent qu'il est prématuré de déclarer que la guerre est finie, imprudent de dire adieu aux armes : en même temps que les traces de la guerre disparaissaient au centre de l'Europe, en même temps que la construction européenne rendait inconcevable une guerre entre les nations membres de l'Union européenne, une sorte d'état de guerre s'étendait au sud-est de l'Europe, dans les Balkans. Presque tous les États successeurs de la Fédération yougoslave se sont trouvés engagés dans des actions militaires et des mesures de violence de plus ou moins grande ampleur. La crise du Kosovo n'a été maîtrisée que par l'intervention massive des moyens militaires les plus perfectionnés de l'Otan. Si la révolution démocratique en Serbie a interrompu le processus de destruction qui, depuis près de dix ans, emportait cette région, et ouvre à ses peuples l'espérance raisonnable d'accéder enfin à la paix et au droit, la situation actuelle reste extrêmement précaire puisque le statut du Monténégro et le sort de la Macédoine sont incertains, et qu'aussi bien la Bosnie que le Kosovo se trouvent en fait sous administration et occupation étrangères : la sorte de paix qui y prévaut repose sur la présence de milliers de soldats américains et européens.

Notre réaction à l'état de guerre dans les Balkans fut dominée par les considérations humanitaires, et de manière bien compréhensible : les violences et cruautés étaient d'autant plus épouvantables qu'elles furent souvent exercées par des gens qui avaient auparavant vécu tranquillement et parfois même amicalement aux côtés de leurs futures victimes. Mais si l'on s'accorde aisément pour voir dans ces événements une catastrophe humaine, on peut diverger sur leur portée politique. Les uns estiment qu'il s'agit de soubresauts périphériques qui ne s'étendront pas ; d'autres que cette plaie ouverte sur le flanc sud de l'Europe risque de s'élargir, et de mettre en cause toutes les hypothèses optimistes sur lesquelles repose la construction européenne actuelle. L'école pessimiste fut évidemment tentée de faire résonner tragiquement le nom de Sarajevo, suggérant que, de même que l'assassinat de l'archiduc alluma le feu qui, de proche en proche, engloutit l'Europe à l'été de 1914, de même les crises balkaniques présentes risquent de s'étendre et d'envelopper l'Europe.

Je ne choisirai pas ici entre l'hypothèse optimiste et l'hypothèse pessimiste. Chacun est partagé entre espoir et crainte. Les événements récents en Serbie, je l'ai dit, invitent plutôt à l'espoir, mais la crise en Macédoine suscite l'inquiétude. Je remarquerai que, si tentant que soit le rapprochement « de Sarajevo à Sarajevo », les circonstances dans les Balkans aujourd'hui sont très différentes de ce qu'elles étaient en 1914, et c'est précisément pour une grande part la conséquence de la guerre de 1914-1918. En particulier, l'Autriche-Hongrie a disparu. Or, c'est la fragilité de cet empire multinational se sentant menacé par l'irrédentisme serbe qui incita le gouvernement de Vienne à une intransigeance qui, enclenchant le système des alliances, déclencha la Grande Guerre. Les conditions de la diffusion, ou de la contagion, de la crise ne sont plus là. En même temps, la crise yougoslave et balkanique aujourd'hui comporte peut-être une menace plus subtile. Telle qu'elle est, telle qu'elle fermente aujourd'hui, cette crise produit des effets politiques qui affectent toute l'Europe, et la validité même de l'idée européenne. Elle pose à tous une question urgente : l'Union européenne est-elle capable d'assurer un ordre décent sur son pourtour, un pourtour qui appartient géographiquement à l'Europe ? Il faudrait même demander, plus généralement : l'Union européenne est-elle créatrice d'ordre, ou seulement consommatrice – consommatrice de l'ordre établi et maintenu par les États-Unis ?

Si elle ne parvient pas à fonder un ordre satisfaisant dans les Balkans, cet échec « extérieur » aura des conséquences graves « à l'intérieur » : toute ambition politique de l'Europe apparaîtra comme une illusion, voire comme une imposture, et ce sentiment d'inauthenticité, se répandant, érodera dangereusement le crédit aujourd'hui considérable de l'idée européenne. Il n'est pas sûr que les États-Unis accepteront indéfiniment d'être les garants de l'ordre européen, alors même que l'Union européenne vante sa richesse et sa puissance, et réclame la parité avec les États-Unis. En tout cas, l'expérience de la récente guerre du Kosovo, ainsi que les troubles actuels dans la région, prouvent que l'instauration ou le maintien d'un ordre politique décent dans les Balkans reposera longtemps encore sur la disponibilité de moyens militaires qui, par leur quantité et leur qualité, appartiennent au registre de la guerre, et non du « maintien de l'ordre » ou de l'« intervention humanitaire ». Bref, l'Europe n'en a pas fini avec la guerre. Les Européens de l'Union européenne, les Européens de l'Europe « avancée », n'ont pas le loisir de décréter unilatéralement que « la guerre est finie ». Aussi désireux soient-ils de renvoyer la guerre à un passé définitivement révolu, ils doivent comprendre que, selon la formule de Péguy, « les réalités militaires ont une importance de premier ordre ».

Je pourrais arrêter là cette introduction à notre réflexion sur les guerres du XXe siècle. Mais l'Europe n'est qu'une partie du monde. Il faut dire un mot de l'Asie car, si de grandes guerres aujourd'hui menacent, c'est en Asie bien plus qu'en Europe. Alors qu'en Europe les conséquences de la Seconde Guerre mondiale et celles de la guerre froide sont pour l'essentiel liquidées, il n'en est pas de même en Asie. La division politique de l'Allemagne n'est plus qu'un souvenir, celle de la Corée reste un fait majeur, cause d'une crise à la fois aiguë et permanente, en raison d'abord du caractère atroce et aberrant du régime nord-coréen. Il faut d'ailleurs remarquer que, à la différence de ce qui s'est passé en Allemagne, une grande guerre s'est livrée en Corée autour de la ligne de démarcation, de 1950 à 1953. D'autre part, à la différence de l'Allemagne, le Japon n'a jamais vraiment reconnu sa responsabilité première dans la guerre du Pacifique, ni surtout l'ampleur des crimes commis par l'armée impériale dans l'Asie occupée. De par la constitution rédigée sous la dictée de MacArthur au lendemain de la guerre, le Japon n'a pas droit à une armée, mais seulement à une force d'autodéfense, dont le budget ne doit pas dépasser 1 % des dépenses totales. Bref, les Japonais sont encore sous protectorat américain. Enfin, si Hong-Kong et Macao ont été réabsorbés par la Chine, le cas de Taiwan reste pendant. La Chine continue d'affirmer, avec une intransigeance inentamée, son « droit sacré » à ramener l'île dans le giron de la mère patrie, y compris par la force. Plus généralement, la Chine pratique assez effrontément la politique du fait accompli, en installant des troupes sur des îles ou îlots contestés de la mer de Chine, malgré les protestations des autres pays riverains qui n'en peuvent mais. Et je n'ai le temps que de mentionner la tension permanente entre l'Inde et le Pakistan, États désormais officiellement nucléaires. Bref, à la différence de l'Europe où les désordres sont limités à la périphérie, l'Asie est aujourd'hui encore essentiellement instable, les armées y sont en alerte, et des scénarios de grandes guerres qui affecteraient toute la terre sont aussi plausibles dans cette partie du monde qu'ils le sont peu en Europe.

Il était utile, je crois, de rappeler tous ces faits dont les journaux sont pleins, de les mettre en lumière de manière synthétique. Toute réflexion sur le politique englobe le fait de la guerre, qui est un aspect, un possible, du politique.

•

Aussi indispensable soit-il de faire sa place à la guerre lorsque nous étudions l'ordre politique, deux motifs fort respectables nous empêchent le plus souvent de considérer la guerre sérieusement. Ces deux motifs sont d'ordre très différent mais ils tendent à se mêler et presque à se confondre dans l'esprit et le cœur du bon citoyen de nos démocraties.

D'abord, bien sûr, il y a le fait moral que la guerre est un mal, un grand mal, aux yeux de certains même le plus grand mal, et que donc l'étudier comme un aspect du phénomène politique, lui faire sa place dans l'ensemble du paysage que l'on décrit, semble trahir une indifférence au mal de la guerre, sinon même une complaisance douteuse, un goût pour la guerre. Après tout, certains écrivains, certains philosophes, et non des moindres, ont fait l'éloge de la guerre. Dès lors, l'étude de la guerre ne peut pas ne pas constituer un encouragement au mal de la guerre. Cette objection est sérieuse, et on n'en dispose pas en recourant à la distinction entre les faits et les valeurs, en disant par exemple : j'étudie scientifiquement la guerre comme un fait, mais bien sûr je porte un jugement de valeur tout à fait négatif sur ce fait. Cette échappatoire n'est pas possible, d'abord parce que les jugements de valeur qu'il convient de porter sur des guerres très différentes sont sans doute des jugements très différents : nous devons considérer certaines guerres comme très criminelles, d'autres comme tout à fait justifiées, par exemple celles entreprises pour arrêter les premières. Or, pour parvenir à un tel jugement, il faut d'abord que nous replacions la guerre dans son contexte, que nous recherchions ses causes, que nous analysions les régimes qui y prennent part, que nous discernions les buts de guerre qu'ils poursuivent. Un tel jugement discriminant suppose donc comme préalable une analyse politique de la guerre considérée. Ainsi, précisément si nous prenons au sérieux la gravité morale de la guerre, nous devons être capables d'en donner une analyse politique, puisque c'est dans le contexte politique qu'elle trouve son sens, ou son non-sens, et sa teneur morale. On pourrait dire : ceux qui se bornent à condamner la guerre ne la condamnent pas réellement puisqu'ils ignorent ce qu'elle est.

Le second motif postule aussi que « la guerre ne devrait pas être là », mais moins parce qu'elle est immorale que parce qu'elle est anachronique. Elle correspond à un état barbare dont l'humanité est en principe sortie depuis longtemps. Les guerres modernes sont donc le fait de peuples encore barbares, ou bien, lorsqu'elles sont menées par des peuples en principe civilisés, elles traduisent une rechute dans la barbarie dont il faut rechercher les causes. Cette idée a régné pendant une grande partie du XVIIIe et du XIXe siècle ; elle a bien sûr été très ébranlée par les grandes guerres du XXe siècle, mais sans jamais disparaître ; et aujourd'hui elle a retrouvé une grande partie de son crédit. Ce sont les saint-simoniens qui lui ont donné la forme la plus marquante, en proposant une philosophie de l'histoire selon laquelle la société industrielle succède nécessairement, irrésistiblement, à la société militaire, l'exploitation de la nature à l'exploitation de l'homme par l'homme. D'où les formules catégoriques que l'on trouve par exemple chez Auguste Comte : « Tous les esprits vraiment philosophiques doivent aisément reconnaître, avec une parfaite satisfaction, à la fois intellectuelle et morale, que l'époque est enfin venue où la guerre sérieuse et durable doit totalement disparaître chez l'élite de l'humanité[1]. » Ou encore : « Tous les divers moyens généraux d'exploration rationnelle, applicables aux recherches politiques, ont déjà spontanément concouru à constater, d'une manière également décisive, l'inévitable tendance primitive de l'humanité à une vie principalement militaire, et sa destination finale, non moins irrésistible, à une existence essentiellement industrielle[2]. »

Si cette idée trouve son expression la plus systématique chez les saint-simoniens, elle est pour ainsi dire un bien commun de la plupart des écoles philosophiques et des partis politiques. Il est intéressant de considérer la forme qu'elle prend chez un grand auteur libéral situé à la charnière du XVIIIe et du XIXe siècle, Benjamin Constant. Formé par l'optimisme commercial du XVIIIe siècle, celui de Montesquieu par exemple diagnostiquant que le com-

1. *Cours de philosophie positive*, Paris, 1892-1894, 5 vol., t. VI, p. 239.
2. *Ibid.*, t. IV, p. 375.

merce adoucissait et pacifiait irrésistiblement les mœurs, Constant fut le témoin des guerres de la Révolution et de l'Empire, qui semblaient prouver indubitablement la vanité des espérances des Lumières, la fausseté de leurs prévisions. Il réconcilia son espérance et son expérience en affirmant que la guerre est un anachronisme dans l'Europe moderne, qu'elle suppose un régime politique lui-même anachronique – elle suppose une « usurpation », en l'occurrence celle de Bonaparte –, et que donc ni l'usurpation ni la guerre ne sauraient être durables dans l'Europe contemporaine. Il développe cette idée dans un très bel essai écrit à la fin de 1813 et publié au début de 1814, *De l'esprit de conquête et de l'usurpation dans leurs rapports avec la civilisation européenne*. Nous n'avons pas le temps d'étudier cet ouvrage, mais je voudrais citer quelques lignes fascinantes que l'on peut lire au chapitre II :

> Nous sommes arrivés à l'époque du commerce, époque qui doit nécessairement remplacer celle de la guerre, comme celle de la guerre a dû nécessairement la précéder.
>
> La guerre et le commerce ne sont que deux moyens différents d'arriver au même but : celui de posséder ce que l'on désire. Le commerce n'est autre chose qu'un hommage rendu à la force du possesseur par l'aspirant à la possession. C'est une tentative pour obtenir de gré à gré ce qu'on n'espère plus conquérir par la violence. Un homme qui serait toujours le plus fort n'aurait jamais l'idée du commerce. C'est l'expérience qui, en lui prouvant que la guerre, c'est-à-dire l'emploi de sa force contre la force d'autrui, est exposée à diverses résistances et à divers échecs, le porte à recourir au commerce, c'est-à-dire à un moyen plus doux et plus sûr d'engager l'intérêt des autres à consentir à ce qui convient à son intérêt.
>
> La guerre est donc antérieure au commerce. L'une est l'impulsion sauvage, l'autre le calcul civilisé[1].

Ce passage est fascinant parce que Constant rend compte en quelques lignes d'un processus séculaire, sinon millénaire. Plus l'histoire est longue, plus il fait court. Commentons brièvement ce texte.

1. Voir *De la liberté chez les Modernes*, éd. M. Gauchet, Paris, Hachette-Pluriel, p. 118.

Constant raconte, ou plutôt résume, une histoire *nécessaire*. Ce libéral est aussi déterministe, ou nécessitarien, quant au mouvement général de l'histoire humaine, que le seront les saint-simoniens et les marxistes. Pourquoi l'histoire obéit-elle à la nécessité ? Parce que les hommes ont tous et toujours le même but : « celui de posséder ce que l'on désire ». L'histoire est donc la succession des moyens élaborés par les hommes pour obtenir ce qu'ils désirent, des moyens toujours plus adéquats car l'expérience instruit les hommes. Ils commencent par la guerre, moyen brutal à effet immédiat mais incertain ; ils finissent par recourir au commerce, moyen plus lent mais plus doux et plus sûr. La guerre est l'« impulsion sauvage », le commerce est le « calcul civilisé ».

Est-ce que cette analyse de Constant est absolument convaincante ? On peut remarquer que, pour rendre la transition plus plausible, plus naturelle, et finalement nécessaire, Constant rapproche la guerre et le commerce, il les fait se ressembler plus peut-être qu'ils ne se ressemblent effectivement. Ont-ils vraiment « le même but » ? On pourrait dire que Constant « commercialise » la guerre en même temps qu'il « bellicise » le commerce. Plus précisément, il « commercialise » la guerre plus qu'il ne « bellicise » le commerce. « Obtenir ce que l'on désire », ce peut être en effet la formule générale résumant le but du commerce. Mais de la guerre ? La guerre ne consiste pas seulement en razzias ou en conquêtes matérielles. Ou plutôt, même la razzia et la conquête matérielle comportent un élément moral largement étranger au commerce proprement dit : le désir de vaincre l'ennemi, de l'emporter sur lui. Constant enveloppe le désir de vaincre dans le désir d'acquérir. Il adopte comme une évidence la psychologie de l'individualisme acquisitif, la psychologie « bourgeoise ».

En même temps, nous devons admettre que son présupposé est aussi le nôtre, que sa psychologie est la nôtre. Nous pensons que le désir du bien-être et du confort est plus raisonnable, plus naturel, plus humain, que le souci de l'honneur ou le désir de vaincre. De fait, les sociétés démocratiques montrent un goût passionné pour le confort, tandis que l'honneur au sens traditionnel, guerrier, du terme y est en voie de disparition – même si on le retrouve, sous une forme édulcorée et pacifique, dans les compétitions sportives et la concurrence économique. De sorte que, depuis l'époque de Constant, les Européens se sont souvent trouvés dans la situation politique et morale de Constant, dénonçant des guerres qui ne devraient pas avoir lieu, non seulement parce que la guerre est un mal, mais plus décisivement parce qu'elle ne correspond plus à l'état présent des sociétés et aux dispositions des citoyens des démocraties. Pendant deux siècles, les Européens n'ont cessé de mener, ou de subir, des guerres qui « n'auraient pas dû » avoir lieu. C'est une situation étrange qui mérite une réflexion approfondie. Comment nos sociétés, organisées de plus en plus complètement autour du commerce et de l'industrie, et donc pour la paix, font-elles, ou laissent-elles, périodiquement flamber la guerre en leur sein ? Pourquoi leur espérance raisonnable est-elle toujours finalement démentie ? Est-ce que l'annonce récente d'une « fin de l'histoire » sera aussi implacablement démentie que les prévisions analogues des saint-simoniens, des libéraux et des marxistes l'ont été jusqu'à présent ? Bien entendu, je n'en sais rien. Puisque l'avenir est inconnu, la seule chose que nous puissions faire, c'est essayer de prendre la mesure du rôle de la guerre en notre siècle, non parce que les guerres passées annonceraient nécessairement des guerres futures, mais parce que les guerres du XXe siècle ont largement déterminé le monde dans lequel nous vivons, et aussi pour garder conscience de l'ampleur des possibles dans la politique et dans l'histoire.

•

Avant de considérer le XXe siècle, celui des « guerres en chaîne » selon l'expression de Raymond Aron, quelques brèves remarques sur la période précédente peuvent être utiles. Cette période qui va, disons, du règne de Louis XV à la veille de la Première Guerre mondiale est marquée par une oscillation de grande ampleur entre des phases d'homogénéisation largement pacifiques et des phases de séparation où la guerre se déchaîne.

Il y a essentiellement deux grandes périodes d'homogénéisation commerciale ou industrielle, la période des Lumières homogénéisée à l'enseigne de la civilisation et de la langue françaises, et le XIXᵉ siècle après Waterloo homogénéisé à l'enseigne de l'industrie et du commerce anglais, et deux grandes périodes de séparation et de guerre, les guerres de la Révolution et de l'Empire d'abord, puis donc les « guerres en chaîne » du XXᵉ siècle, ou la « guerre de Trente Ans », qui va de 1914 à 1945.

Qu'est-ce que j'entends par ce terme très laid d'homogénéisation ? Il s'agit d'un phénomène très élémentaire, mais riche d'effets multiples, et que Rousseau le premier a décrit d'une manière inoubliable :

> Il n'y a plus aujourd'hui de Français, d'Allemands, d'Espagnols, d'Anglais même, quoi qu'on en dise ; il n'y a que des Européens. Tous ont les mêmes goûts, les mêmes passions, les mêmes mœurs, parce que aucun n'a reçu de forme nationale par une institution particulière. Tous dans les mêmes circonstances feront les mêmes choses ; tous se diront désintéressés et seront fripons ; tous parleront du bien public et ne penseront qu'à eux-mêmes ; tous vanteront la médiocrité et voudront être des Crésus ; ils n'ont d'ambition que pour le luxe, ils n'ont de passion que celle de l'or. Sûrs d'avoir avec lui tout ce qui les tente, tous se vendront au premier qui voudra les payer. Que leur importe à quel maître ils obéissent, de quel État ils suivent les lois ? Pourvu qu'ils trouvent de l'argent à voler et des femmes à corrompre, ils sont partout dans leur pays[1].

« Il n'y a que des Européens » : Rousseau écrit cela en 1770 ou 1771. Moins d'une génération plus tard, Français, Allemands, Espagnols, Anglais allaient connaître une cristallisation nationale d'une intensité extraordinaire, démentant ainsi le diagnostic de Rousseau mais comblant peut-être ses vœux. Je ne reviens pas sur le phénomène national que nous avons déjà examiné, sinon pour relever ici la contribution de la guerre à la cristallisation de la nation. La guerre révolutionnaire des Fran-

1. *Considérations sur le gouvernement de Pologne*, dans *Œuvres complètes*, *op. cit.*, t. III, p. 960.

çais ou la guerre de libération des Allemands contribuèrent décisivement à l'homogénéisation « par le haut » de la communauté des citoyens : le peuple, le grand nombre, la généralité des citoyens, s'élèvent au niveau de la noblesse, acquièrent la noblesse, en se chargeant de la mission jusque-là réservée aux nobles : faire la guerre. Par là même ils s'élèvent au-dessus de la noblesse : le privilège particulier d'une caste devient un droit et un devoir général et commun. Par la vertu de la guerre, être homme devient plus noble qu'être noble. Victor Hugo est en France le poète de l'enthousiasme inséparablement guerrier et républicain :

> Ô soldats de l'an deux ! ô guerres ! épopées !
> Contre les rois tirant ensemble leurs épées,
> [...]
> La liberté sublime emplissait leurs pensées.
> Flottes prises d'assaut, frontières effacées
> Sous leur pas souverain
> [...]
> Et les trônes, roulant comme des feuilles mortes,
> Se dispersaient au vent !
> Oh ! que vous étiez grands au milieu des mêlées,
> Soldats ! L'œil plein d'éclairs, faces échevelées
> Dans le noir tourbillon,
> Ils rayonnaient, debout, ardents, dressant la tête [1] [...].

Les rois roulent dans la poussière, et les peuples ont la tête dans les cieux : telle est la vertu à la fois égalisatrice et ennoblissante de la guerre révolutionnaire.

Dans l'Europe des Lumières, dans « l'Europe française », les hommes situés au-dessus du peuple sont distribués en couches horizontales transnationales : le clergé, la noblesse, les lettrés, et homogénéisés par une langue et des mœurs communes. Homogénéisés en outre, c'est le diagnostic de Rousseau, nous venons de le voir, par une psychologie commune : sous la haute et brillante apparence aristocratique ou ecclésiastique, le confort

1. « À l'obéissance passive », *Les Châtiments*, II, 7.

bourgeois et ses cupidités. Lorsque Rousseau dit : « Il n'y a que des Européens », cela veut dire : il n'y a que des bourgeois, il n'y a plus de citoyens[1]. Les guerres de la Révolution et de l'Empire vont produire une nouvelle homogénéité et une nouvelle hétérogénéité : les Européens maintenant se rassemblent et se ressemblent dans le cadre national, ils se différencient, ils veulent se différencier entre nations. Rousseau disait, nous l'avons vu : « Tous ont les mêmes goûts, les mêmes passions, les mêmes mœurs, parce que aucun n'a reçu de forme nationale par une institution particulière. » Eh bien ! ils vont tous s'efforcer de se donner une forme nationale par une institution particulière, et d'abord les Allemands, qui s'insurgent non seulement contre les armées napoléoniennes mais plus profondément contre la langue et la civilisation françaises. Ils se réfugient et se ressourcent dans la langue allemande, une langue qu'ils veulent souvent désormais purgée des gallicismes, ou des romanismes.

Le grand document qui formule le projet de germanisation des Allemands, ce sont bien sûr les *Discours à la nation allemande* prononcés par Fichte pendant l'hiver de 1807-1808, donc peu après l'effondrement de la Prusse à Iéna en 1806. Fichte reprend le diagnostic de Rousseau et transforme ses vœux en projet. Plus précisément, le projet de réforme adressé par Rousseau aux Polonais – un Rousseau mû par une bienveillance humaine générale –, Fichte l'embrasse passionnément et veut l'appliquer à son peuple : « Je parle simplement pour des Allemands, et c'est uniquement d'Allemands que je parle[2]... » Nous n'avons pas le temps d'étudier cette œuvre retentissante, mais il est utile de résumer l'argument du premier *Discours*. Le diagnostic de Fichte sur la situation contemporaine est plus radical, s'il est possible, que celui de Rousseau : aujourd'hui règne l'égoïsme, tous les liens ont été dissous par l'entendement calculateur. Le Tout a perdu son pouvoir. Il s'agit donc de reconstituer le lien social au-delà du calcul des plaisirs et des peines. Le remède au mal présent, c'est la constitution d'un Moi général et national par

1. *Du contrat social*, I, 6, note.
2. *Discours à la nation allemande*, trad. fr. A. Renaut, Paris, Imprimerie nationale, 1992, p. 53.

l'éducation nationale. L'éducation antérieure était partielle en deux sens : elle ne s'adressait qu'à une partie de l'individu *et* à une partie de la société. Il faut maintenant une éducation qui éduque tout ce qui est allemand, qui efface les différences naturelles et sociales. Le projet de Fichte est, d'un même mouvement, radicalement démocratique et radicalement nationaliste. Il est essentiellement séparateur. Il n'est pas explicitement guerrier (la Prusse vient d'être écrasée à Iéna), mais l'aptitude et la disposition résolue à la guerre réalisent et achèvent le projet séparateur.

Ainsi l'Europe est-elle passée en peu de temps de l'homogénéité « horizontale » de la civilisation des Lumières à l'homogénéisation par séparations verticales, entre nations désormais passionnément désireuses d'être elles-mêmes. En ce sens, l'Europe est passée de l'homogénéité à l'hétérogénéité. Mais le phénomène est complexe et présente des aspects contradictoires. L'Europe du XIXe siècle, l'Europe des séparations nationales, est aussi une Europe qui s'homogénéise sur de nouvelles bases. Le principe des nationalités est évidemment séparateur, mais dans la mesure où il tend à prévaloir dans toute l'Europe, ce principe séparateur est en même temps un principe d'unité morale. Et les peuples européens, engagés dans ce processus de démocratisation et de nationalisation, tendent certes à se distinguer mais aussi à se ressembler, à produire des différences nouvelles mais aussi de nouvelles ressemblances : les petits paysans scolarisés dans les écoles françaises deviennent français, les petits paysans scolarisés dans les écoles allemandes deviennent allemands, et donc là où il y avait des paysans qui se ressemblaient fort en tant que paysans, il y a des Français et des Allemands qui sont et veulent être différents. En même temps, ils en viennent à se ressembler d'une nouvelle façon, comme citoyens instruits et actifs, comme électeurs dans un État représentatif moderne.

C'est pourquoi le XIXe siècle né dans une longue et terrible guerre fut en Europe un siècle remarquablement pacifique. Et, bien sûr, cette paix de l'Europe bourgeoise nourrit la certitude saint-simonienne que nous sommes sortis de l'époque de la guerre. Chaque peuple est tourné vers lui-même, soit pour faire son unité politique s'il est dispersé en États divers comme le peuple italien ou le peuple allemand, soit pour faire son unité sociale comme le peuple français. Les nations d'Europe ne sont donc pas particulièrement expansionnistes et guerrières, en Europe du moins (hors d'Europe plusieurs sont fort occupées à se tailler des empires), mais bien entendu les processus d'unification nationale bouleversent le statu quo et suscitent des occasions de guerre. Ainsi, après 1815, à l'exception de la guerre de Crimée (1854-1855), les conflits en Europe naissent de l'unité italienne (guerre franco-autrichienne en 1859) ou allemande (guerre entre la Prusse et l'Autriche en 1866, guerre franco-prussienne en 1870). Ces guerres furent brèves et donc assez peu destructrices. Dans la mesure où elles étaient liées à la réalisation du principe des nationalités, principe commun des Européens, elles pouvaient même être considérées comme stabilisatrices. Si donc nous les replaçons dans le cadre de l'Europe du XIXe siècle, nous voyons un ordre assez cohérent et pacifique s'instaurer, et nous pouvons comprendre l'optimisme des Européens, si étrange, si impardonnable même pour nous qui connaissons la suite de l'histoire.

Il faut bien sûr ajouter que ce principe commun des nationalités prit des formes différentes selon les pays, en particulier entre la France et l'Allemagne, les deux pays de loin les plus puissants de l'Europe continentale, et que cette différence d'interprétation, actualisée à propos de l'Alsace-Lorraine, figea à partir de 1870 la France et l'Allemagne dans une posture d'hostilité réciproque. Je ne veux pas suggérer qu'il y avait une différence de nature entre le nationalisme français et le nationalisme allemand. Ils étaient également légitimes en principe, ils pouvaient être également odieux, ou absurdes, en pratique. J'ai déjà eu l'occasion de dire que la nation comporte toujours à la fois l'idée française et l'idée allemande. En même temps, un danger particulier était attaché à certaines justifications idéologiques du nationalisme allemand : l'argument de la langue et de la race, fort naturel en un sens pour un peuple, ou du moins des populations germanophones à ce point dispersées entre le Rhin et la Volga, tendait à détacher le principe national du principe démocratique, alors que l'alliance de ces deux principes, nous l'avons vu, contenait seule la promesse d'un nouvel ordre européen tolérablement pacifique. Finalement, cet argument tendait à transformer le principe national en autre chose que lui-même, en idéologie impérialiste et au moins implicitement raciste. Mais à la fin du XIXe siècle et au début du XXe, cette dérive n'était que possible ; les idées potentiellement dangereuses ne produisent pas nécessairement toutes les calamités dont elles sont lourdes. Du reste, les Allemands n'étaient pas les seuls à parler de la « race », c'était l'idiome commun de l'époque. C'est la guerre elle-même qui va actualiser ce potentiel pervers, actualiser un fléau qui aurait pu rester à jamais dans le royaume des possibles, empêcher que nations et nationalismes européens ne trouvent un accommodement durable. Le conflit politique et idéologique entre la France et l'Allemagne, leur conflit existentiel même si l'on veut, cristallisait bien sûr autour de la question de l'Alsace-Lorraine. Pourtant, aussi douloureuse que fût la perte des provinces de l'Est, la France n'était pas prête à déclencher la guerre pour les reconquérir, ou plutôt pour les recouvrer. La Première Guerre mondiale n'est pas née sur les rives du Rhin, mais à la périphérie de l'Europe, dans cette zone instable des Balkans où le nouveau principe des nationalités travaillait les vieux empires multinationaux. En ce sens, c'est l'ineptie des empires plus que la passion nationale qui est la cause immédiate de la Grande Guerre.

Il faut en tout cas savoir gré à Renan d'avoir perçu clairement le danger inclus dans la version linguistique et raciale du nationalisme. Dans une de ses lettres à David Strauss, historien et critique du christianisme comme Renan lui-même, il s'exprime d'une manière particulièrement éloquente et tranchante :

> Notre politique, c'est la politique du droit des nations ; la vôtre, c'est la politique des races : nous croyons que la nôtre vaut mieux. La division trop accusée de l'humanité en races, outre qu'elle repose sur une erreur scientifique, très peu de pays possédant une race vraiment pure, ne peut mener qu'à des guerres d'extermination, à des guerres « zoologiques », permettez-moi de le dire, analogues à celles que les diverses espèces de rongeurs ou de carnassiers se livrent

pour la vie. Ce serait la fin de ce mélange fécond, composé d'éléments nombreux et tous nécessaires, qui s'appelle l'humanité. Vous avez levé dans le monde le drapeau de la politique ethnographique et archéologique en place de la politique libérale ; cette politique vous sera fatale[1].

•

Donc le XIXᵉ siècle pacifique, commencé en 1815, va s'achever en 1914. Et vont s'enclencher les « guerres en chaîne » qui caractérisent, et pour ainsi dire définissent le XXᵉ siècle. Ce sera la dernière partie de notre étude aujourd'hui. Il ne s'agit pas bien sûr d'un cours d'histoire. Je suis obligé de supposer connus les principaux faits, ainsi que la trame historique. Il s'agit plutôt d'une étude sur le rôle causal de la guerre dans le développement politique, moral et même économique de ce siècle. Une telle enquête est nécessaire si nous voulons nous connaître nous-mêmes : les guerres du XXᵉ siècle ont largement contribué à nous faire ce que nous sommes. Une telle recherche est aussi l'occasion de réflexions plus générales que j'anticiperai ainsi : si la guerre joua un rôle si décisif, produisit des effets si considérables, dans un siècle et sur un continent voués en principe à l'exploitation pacifique de la nature, cela tend à prouver que la psychologie utilitaire, bourgeoise, la psychologie de l'*Homo oeconomicus* – celui qui calcule, maximise son intérêt –, cette psychologie ne suffit pas à rendre compte de ce qu'il y a dans l'homme. Et, bien sûr, cette vérité, si c'en est une, a des conséquences sur la manière dont nous envisageons l'avenir.

Pour cette enquête, je m'aiderai des travaux de Raymond Aron sur l'histoire du XXᵉ siècle, travaux qui viennent d'être commodément rassemblés sous le titre précisément de : *Une histoire du XXᵉ siècle. Anthologie*[2].

Lisons d'abord quelques considérations générales d'Aron formulées dans un texte paru originellement en 1957 sous le titre « Nations et empires ». Au moment où Aron écrit, les deux faits

1. Lettre du 15 septembre 1871, dans *Qu'est-ce qu'une nation ?*, *op. cit.*, p. 212.
2. Paris, Plon, 1996.

majeurs sont le condominium américano-soviétique d'une part, le processus de décolonisation de l'autre. Il fait la remarque suivante : « Il n'en fallut pas moins, par deux fois, la menace de l'hégémonie allemande pour que les États-Unis prissent conscience de leur gigantisme. Il fallut l'épuisement des nations européennes pour que l'Union soviétique apparût, à elle-même et aux autres, irrésistible. À supposer qu'elles ne les aient pas créées, les guerres ont révélé les forces qui dominent la conjoncture. » Et encore : « Les guerres firent éclater la contradiction entre le principe sur lequel était fondé l'ordre en Europe et celui sur lequel reposaient les empires européens hors d'Europe[1]. »

Partons de ces phrases simples. Nous répugnons à attribuer à la guerre un rôle causal, pour une raison que j'ai déjà indiquée : il nous semble que c'est lui attribuer un mérite. Ici, Aron, sans affirmer un rôle causal de la guerre, constate son pouvoir révélateur. L'épreuve de la guerre fait ressortir les éléments principaux d'une situation que la confusion sans urgence de la paix autorisait à méconnaître indéfiniment. L'intervention américaine en 1917 dans la guerre européenne révèle un nouveau rapport des forces mondiales ; en le révélant, elle le cristallise, elle le rend réel alors qu'il n'était que potentiel.

Bien sûr, la guerre ne révèle pas seulement les faits ; elle est elle aussi un fait, parfois un fait majeur. Parlant de la guerre de 1914, Aron écrit un peu plus loin : « Celle-ci, par son ampleur, par ses conséquences, dépassa les événements qui lui avaient donné naissance. Elle devint, en elle-même, le fait majeur, dont les conflits de nationalités n'étaient plus que l'occasion[2]. » À partir d'une certaine ampleur et durée, la guerre se rend indépendante de ses causes. Dès lors, elle devient la cause de nouveaux effets, d'effets qui ont leur origine dans la guerre, et dans la guerre uniquement. La communisation de l'Europe de l'Est par exemple – phénomène d'une certaine ampleur historique tout de même – fut le résultat direct de l'avance de l'armée Rouge : « En notre siècle, régimes et idéologies accompagnent

1. *Ibid.*, p. 16 et 17.
2. *Ibid.*, p. 22.

les armées[1]. » Aron dira dans le texte suivant : « Les guerres sont par essence imprévisibles. Mais les guerres du XXe siècle l'ont été bien plus encore que celles du passé. Par leur déroulement, elles bouleversent les situations qui leur avaient donné naissance. C'est la bataille elle-même, et non l'origine du conflit ou le traité de paix, qui constitue le fait majeur et développe les conséquences les plus lointaines[2]. »

Le texte suivant est intitulé « De Sarajevo à Hiroshima[3] ». Il va nous aider à approfondir les thèmes déjà abordés. Une des caractéristiques du siècle, c'est la démesure : démesure des guerres, démesure des crimes liés aux guerres, démesure des crimes voulus pour eux-mêmes et qui reçurent à la fin de la Seconde Guerre la qualification de « crimes contre l'humanité ». D'où provient cette démesure ? La question est une des plus difficiles qui soient, et il est impossible de parvenir à la certitude. Nous la retrouverons lorsque nous étudierons les régimes totalitaires. Aron la considère dans son rapport avec un épisode décisif – en un sens, nous l'avons vu, l'épisode décisif du siècle –, à savoir l'entrée en guerre des États-Unis en 1917. Voici ce qu'il écrit :

> Seule l'intervention américaine représente un fait sans précédent et marque une date historique, dont la signification apparaît rétrospectivement en toute clarté. Or, cette intervention eut pour cause essentielle l'amplification technique de la guerre.
>
> Le motif en fut, on le sait, la déclaration par le gouvernement allemand de la guerre sous-marine à outrance, en violation d'un engagement pris, à l'égard de Washington, plusieurs mois auparavant. C'est la technique nouvelle de guerre navale, contraire au droit des gens tel qu'il était compris à l'époque (mais le blocus britannique à distance l'était également) qui précipita la décision des États-Unis, décision qui elle-même rendait inévitable la défaite du IIe Reich.
>
> On a cherché, depuis lors, à réduire la portée du motif invoqué. [...] Mais les Américains auraient-ils pris conscience de leur solidarité avec la Grande-Bretagne, si la technique de la guerre sous-

1. *Ibid.*, p. 59.
2. *Ibid.*, p. 73.
3. Il est paru d'abord en 1951 dans *Les Guerres en chaîne.*

> marine n'avait ébranlé l'empire de la Home Fleet, rendu visible le potentiel allemand sur mer et fait redouter à tous une paix à la mesure des combats, c'est-à-dire une paix carthaginoise ?
>
> Il serait absurde de méconnaître la part des sentiments ou des idéologies. Aux instants de crise, la parenté entre Britanniques et Américains dissipe les malentendus, les ressentiments, les irritations réciproques. En inscrivant sur ses drapeaux les mots sacrés de démocratie et de liberté, l'Entente éveillait des sympathies dans toutes les classes de la société américaine. Parce qu'il était d'inspiration universelle, le langage que parlaient les représentants alliés était entendu à travers les continents. Une croisade en vue de rendre le monde *safe for democracy* avait un sens partout (ou semblait en avoir un). Quel sens, en dehors de l'Allemagne, avait la défense de la culture allemande ?
>
> L'idéologie a suscité le consentement de l'opinion américaine à la guerre, elle a allumé et entretenu l'enthousiasme d'un peuple jeune. Malgré tout, le fait fondamental a été d'abord d'ordre matériel[1].

Aron n'est pas doctrinaire. En même temps que les arguments favorables à sa thèse, il présente les arguments opposés. Vous voyez l'état de la question : est-ce que l'attaque des sous-marins allemands contre les bateaux de commerce américains n'a fait que révéler et cristalliser une solidarité fondamentale entre les Américains d'un côté, les Anglais et les Français de l'autre, précipitant seulement une intervention qui était de toute façon inévitable ? Ou a-t-elle effectivement *causé* une intervention qui sans elle ne se serait pas produite ? Aron choisit nettement la seconde hypothèse tout en étant vivement conscient des arguments en faveur de la première. Et si c'est la seconde hypothèse qui est la bonne, alors c'est un moyen technique nouveau – le sous-marin – qui est cause de l'extension décisive de la guerre, et de sa démesure.

On peut noter que cet épisode, qui intéresse tellement Aron, a beaucoup intéressé aussi un autre analyste compétent de la scène politique et militaire, Charles de Gaulle. Dans un livre

1. *Ibid.*, p. 78-79.

fascinant publié en 1924, *La Discorde chez l'ennemi*, de Gaulle étudie pour quelles raisons les Allemands, en dépit de leur supériorité militaire, laissèrent échapper la victoire dans la Première Guerre mondiale. Il attribue lui aussi une importance décisive au déclenchement de la guerre sous-marine, imposée au chancelier Bethmann-Hollweg par la pression des militaires, et d'abord du grand-amiral Tirpitz. Il pense comme Aron que cette action a changé le cours de la politique américaine, alors que le président Wilson venait de se dire prêt à la médiation. Mais, à la différence d'Aron, de Gaulle ne met pas l'accent sur l'aspect technique mais sur l'aspect moral : à ses yeux, le déclenchement de la guerre sous-marine à outrance traduit les défauts spirituels des chefs allemands, dont elle est l'effet direct. De Gaulle écrit :

> Les chefs militaires allemands, qui eurent pour tâche d'orienter et de coordonner tant d'efforts, ont fait preuve d'une audace, d'un esprit d'entreprise, d'une volonté de réussir, d'une vigueur dans le maniement des moyens dont leur échec final n'a pas diminué le retentissement. Peut-être cette étude, ou plus exactement l'exposé même des faits qui en sont l'objet, feront-ils apparaître les défauts communs à ces hommes éminents : le goût caractéristique des entreprises démesurées, la passion d'étendre, coûte que coûte, leur puissance personnelle, le mépris des limites tracées par l'expérience humaine, le bon sens et la loi [1].

Et de Gaulle dénonce plus spécifiquement la philosophie nietzschéenne qui a motivé, ou encouragé, la démesure des chefs allemands.

Les arguments d'Aron et de de Gaulle sont compatibles et même, en un sens, complémentaires. En même temps, ils placent les accents de manière très différente. Plus précisément, ils expliquent très différemment ce que l'un et l'autre qualifient également de démesure. Juste après le passage déjà cité, Aron pose cette question générale :

1. *Le Fil de l'épée et autres écrits*, Paris, Plon, 1990, p. 12.

> On n'a cessé de s'interroger sur l'origine de la guerre. On ne s'est guère demandé pourquoi celle-ci était devenue hyperbolique. [...] Les belligérants se proposaient-ils, dès le premier jour, des objectifs illimités, ou se sont-ils proposé de tels objectifs au fur et à mesure que la violence s'amplifiait ? Est-ce la passion qui a suscité la démesure technique ou la démesure technique qui a suscité la passion ? Non sans réserves ni atténuation, tout en reconnaissant l'interaction des deux phénomènes, je dirai que le « moteur » de l'évolution, à cette époque, a été la technique [1].

Les questions que pose ici Aron présentent un intérêt qui va au-delà de la guerre considérée, au-delà même de la guerre en général. La technique entraîne-t-elle nécessairement les hommes ? Font-ils nécessairement tout ce que la technique leur permet de faire ? Finissent-ils toujours nécessairement par vouloir ce qu'ils peuvent ? La question concerne aussi bien les manipulations génétiques que les armements. S'agissant des armements, l'expérience ne permet pas de trancher sans équivoque dans un sens ou dans l'autre. L'arme atomique a en effet été utilisée dès que disponible, mais elle ne l'a plus été depuis. L'arme atomique a-t-elle apporté la démesure technique qui triomphe, par la dissuasion, de la démesure des passions et de la démesure de la technique même ?

En tout cas, quelles que soient ses causes, quelle que soit la multiplicité de ses aspects, la démesure devint au XXe siècle un fait agissant par lui-même. La démesure de la guerre entraîna la démesure des entreprises politiques issues de la guerre, à commencer par le communisme. Il semble que, passés par l'épreuve de la Grande Guerre, les Européens ne surent plus très bien ce qui est faisable, au double sens du mot. Ils ne reconnurent plus l'impossible, ils ne reconnurent plus l'interdit. Ce sont leurs idéologies bien sûr qui leur assurèrent que tout est possible et que rien n'est interdit, bref, que l'on peut refaire l'homme, ou faire un « homme nouveau ». Mais le sens de l'idéologie, aussi divers par ailleurs que puissent en être les contenus, ne se ramène-t-il pas précisément à ceci : que nous

1. *Une histoire du XXe siècle, op. cit.*, p. 79.

pouvons tout faire et que nous avons le droit de tout faire ? Alors on voit le lien entre l'emprise de l'idéologie et l'expérience de la guerre hyperbolique : c'est la guerre qui nous a d'abord enseigné que tout est possible et que tout est permis. Aron écrit : « C'est la démesure technique qui a mis peu à peu les idéologies à la place des buts de guerre. » Et les idéologies engendrent un phénomène qui est propre à notre époque, ce qu'Aron appelle les « haines abstraites » qui, dit-il, « ravagent notre siècle[1] ».

Bien entendu, la conséquence la plus massive de la Première Guerre mondiale hyperbolique fut la Seconde Guerre mondiale, plus hyperbolique encore. Aron écrit :

> Il est évidemment impossible de savoir ce qui se serait passé si une paix de compromis avait été conclue à la fin de 1916 ou au début de 1917. On perdrait son temps à spéculer sur le passé (irréel) qui aurait été l'avenir d'une autre politique. Il reste que les faits majeurs qui sont à l'origine de la Deuxième Guerre mondiale, ont découlé de la prolongation hyperbolique de la Première et, avant tout, de la révolution russe et des fascismes qui en ont été la réplique en Italie et en Allemagne. [...]
>
> Tout se passe comme si, à partir d'un certain degré, la violence s'entretenait elle-même. Pour la guerre, comme pour les matières fissibles, il y a un volume critique. Depuis 1914, l'Europe est livrée à une réaction guerrière « en chaîne »[2].

Aron mentionne l'interprétation que certains Allemands donnèrent de l'expérience qu'ils venaient de faire. L'absurdité de la guerre de 1914-1918 tenait à la contradiction entre la lutte à mort et le maintien d'États souverains. Un système d'États indépendants est compatible avec des guerres limitées, non avec la guerre totale. Donc le coût élevé de la bataille ne serait pas excessif si les profits de la victoire devenaient définitifs et pour ainsi dire illimités, donc si l'on parvenait à l'empire. Le caractère illimité de l'entreprise hitlérienne a certes sa cause première dans la nature et les idées du Führer et de son équipe, mais il est vrai

1. *Ibid.*, p. 80.
2. *Ibid.*, p. 84.

que l'agression nazie prolongea et réalisa une possibilité entraperçue durant la Première Guerre. Au printemps de 1918, les armées allemandes s'avancèrent avec facilité en territoire russe au-delà de la frontière définie au traité de Brest-Litovsk, ce qui contribue à expliquer la légèreté avec laquelle Hitler attaqua la Russie en juin 1941[1].

Ces remarques d'Aron nous invitent à des réflexions plus générales. Il évoque une contradiction entre la lutte à mort de la guerre hyperbolique et le maintien d'États souverains, puisque seule l'acquisition de l'empire serait pour le vainqueur un gain à la mesure des sacrifices consentis. Dans un contexte qui annonce celui que nous considérons, réfléchissant sur la Terreur et sur les dangers d'une certaine interprétation de la souveraineté du peuple, Benjamin Constant écrivit : « Il y a des masses trop pesantes pour la main des hommes. » Il semble que les sacrifices et les massacres des guerres hyperboliques du XXe siècle soient le dernier exercice de la souveraineté dans lequel celle-ci s'est discréditée et pour ainsi dire épuisée. On pourrait dire : après les guerres du XXe siècle, plus rien ne peut subsister, garder sa validité dans l'ordre politique, que l'universel.

•

De fait, c'est après la Seconde Guerre mondiale que l'idée d'humanité vient au premier plan avec une force inédite : élaboration de la notion de « crime contre l'humanité », organisation des Nations unies, Déclaration universelle des droits de l'homme, etc. Ce qui est vrai dans l'ordre intellectuel et moral ne l'est pas moins dans l'ordre politique et militaire. Certes, après la guerre, l'humanité fut principalement divisée en deux blocs, mais elle était divisée au nom de l'unité, si je peux dire. Le « bloc occidental » comme le « bloc communiste » se réclamaient également de l'universel : la démocratie comme le communisme étaient des finalités qui étaient proposées à tous les

1. Voir Sebastian Haffner, « Eine ganz neue Idee, die 1914 noch weit entfernt gewesen war, begann in der deutschen Politik eine Rolle zu spielen », *Von Bismarck zu Hitler*, [1987], rééd. Munich, Knaur, 1989, p. 141.

hommes également. De plus, à la tête de chaque « bloc », le pays leader était plus un empire qu'une nation.

Cela est vrai évidemment pour l'Union soviétique qui rassemblait des populations très diverses sous un même pouvoir et qui prétendait incarner une vérité universelle destinée à s'étendre à la planète entière. Le cas des États-Unis est assurément plus complexe. Les États-Unis sont évidemment une nation, mais, j'ai déjà souligné ce point, avec des traits d'empire fort marqués : leurs dimensions, la rapidité de leur expansion d'une côte à l'autre, l'immigration massive, durable et diverse, traduisant le principe fondateur que tout homme opprimé ou malheureux, ou même seulement impatient, est citoyen potentiel des États-Unis, pour ne rien dire de leur rôle décisif dans le gouvernement de la planète à partir de 1917. De sorte que la division de l'humanité en deux blocs après la Seconde Guerre mondiale représentait une sorte de saut qualitatif vers l'unité politique de la planète. Adoptant la même perspective, nous dirons que l'humanité vient de faire un nouveau, et ultime, saut qualitatif en direction de son unité : avec l'effondrement du communisme, avec son « évaporation », est-on tenté de dire, les États-Unis restent la seule « super- » ou « hyper-puissance », selon les expressions journalistiques, et l'unité impériale du monde semble en voie de réalisation. Ainsi le processus enclenché en 1917 par l'intervention américaine dans la Première Guerre mondiale est-il parvenu à son terme naturel. En 1918 déjà, Max Weber écrivait à un correspondant que l'hégémonie mondiale de l'Amérique était aussi inexorable que fut celle de Rome après la deuxième guerre punique.

Bien entendu, pas plus dans le cas de l'empire américain que dans celui de l'Empire romain, l'unité impériale du monde n'est en fait réalisée. De grands pans de la planète se refusent à l'unité, en particulier le monde musulman et le monde chinois. Personne ne peut prévoir la direction que prendront ces ensembles demain ou dans vingt ans. L'islam, en particulier, suscite interrogations et inquiétudes. Il semble glisser de plus en plus vers une sorte de sécession générale, comme si l'absence d'*habitus* adaptés à la vie démocratique, une certaine difficulté à traiter rationnellement avec le monde non musulman l'incitaient à se crisper dans une sorte de « grand refus ». L'incapacité actuelle de l'islam à ramener à la raison ses membres engagés dans la démesure d'une violence terroriste inédite ne sera surmontée que lorsque cette grande civilisation saura trouver elle-même le chemin de l'autocritique.

Il semble, en tout cas, que les guerres européennes de plus en plus démesurées du XXe siècle aient conduit à une reconnaissance toujours plus nette de l'unité de l'espèce humaine : leur violence hyperbolique, planant au-dessus de tous les États, et souvent les dévastant, a obligé les hommes à oublier leur particularité, à y renoncer, au moins en principe, pour reconnaître et mettre en œuvre leur ressemblance. S'il en est ainsi, il serait possible sinon de donner un sens positif à ces guerres, du moins de les placer dans une trame intelligible, dans un mouvement significatif pour l'ensemble de l'humanité. Et l'observateur aujourd'hui pourrait discerner, dans les « guerres en chaîne », ce que Hegel appelait la « ruse de la raison » : à travers le déchaînement des passions aveugles, un résultat rationnel se fait progressivement jour.

Cette thèse, optimiste et rationaliste, ne nous convainc pas. Beaucoup seraient portés à la renverser et à dire que l'expérience du siècle a au contraire révélé la désespérante fragilité de l'humain en l'homme. En tout cas, « optimistes » ou « pessimistes », dans la tranquillité et le confort d'une paix maintenant cinquantenaire, nous ne cessons pourtant d'errer et d'hésiter entre d'une part ces corps politiques particuliers que sont les nations et dont les guerres du siècle ont rendu la particularité pour ainsi dire indigne d'être habitée, et d'autre part une idée universelle de l'humanité que nous ne savons comment concrétiser. Ainsi les effets des guerres européennes se font-ils encore sentir au plus intime de la vie individuelle et sociale. Seule la construction effective d'une Europe politique, dont nous avons vu la difficulté, prouverait que les Européens ont surmonté spirituellement l'intimidation de la guerre : cet « universel concret » manifesterait aux yeux de tous que la guerre, du moins la longue guerre du XXe siècle, est vraiment finie.

Chapitre VIII

LES PUISSANCES DE L'ÉCHANGE

Dans la séance précédente, inhabituellement longue, consacrée aux « guerres du XXe siècle », j'ai souligné l'importance de ces philosophies de l'histoire, ou simplement de ces représentations de l'histoire au XIXe siècle, qui, saint-simoniennes, libérales ou marxistes, décrivent l'humanité progressant nécessairement de l'âge de la guerre à celui du commerce et de l'industrie. Vous savez d'ailleurs que pour Montesquieu, dès la première moitié du XVIIIe siècle donc, le fait du développement du commerce, de son extension et de son intensification croissantes, revêt un sens politique et moral de première importance : le commerce ne fait qu'un avec la modernité – avec ce que « nous voyons tous les jours [1] » – dans la mesure où il est la mise en œuvre d'une logique de l'action collective radicalement différente de celle qui prévalait dans les cités antiques ou les monarchies modernes. Pour le dire d'un mot, le commerce substitue la logique de l'échange égal et pacifique à la logique du commandement inégal et potentiellement guerrier. Les guerres hyperboliques du XXe siècle n'ont pas détruit cette confiance dans les effets pacificateurs du commerce ; elles ont au contraire suscité des efforts renouvelés pour garantir la liberté et accroître le rôle des échanges commerciaux. La fon-

1. *De l'esprit des lois*, XX, 2.

dation du GATT à Genève en 1947 représente l'institutionnalisation – le symbole efficace – de cette volonté.

Durant la période de confrontation avec le communisme, l'Occident s'est de plus en plus défini lui-même par la « libre circulation des biens, des personnes et des idées ». Cela était naturel, et politiquement expédient, puisque, après la fin de la Grande Terreur – ou des Grandes Terreurs – staliniennes, le caractère oppressif du communisme se donnait à voir principalement dans les entraves, souvent les interdictions, qu'il opposait à cette libre circulation. En construisant le mur de Berlin en 1961, le communisme avait mis sous les yeux de tous le symbole le plus simple et le plus éloquent de son inhumanité. Mais en insistant à ce point sur l'importance, sur le caractère sacré de la libre circulation des biens, des personnes et des idées, les pays de l'Otan n'agissaient pas seulement en fonction de la morale politique démocratique, ni des seules commodités de la propagande. Après tout, la critique du communisme aurait pu mettre l'accent sur d'autres aspects peu aimables de celui-ci. Non, l'accent mis de façon croissante sur la liberté de circulation traduisait un infléchissement de la conception que les démocraties occidentales se faisaient d'elles-mêmes, conception de plus en plus libérale et « commerciale », en donnant donc au mot « commerce » le sens très large qu'il avait au XVIIIe siècle, et que les termes d'« échange », de « circulation », mieux encore, peut-être, de « communication », traduiraient plus adéquatement aujourd'hui. Les dix dernières années ont vu croître encore le prestige de l'échange et de la communication, non seulement parce que la fin du communisme a entraîné la chute des obstacles qui s'opposaient à la libre circulation en Europe, mais par suite des innovations techniques que résume le mot Internet, ce réseau international qui met en relation tous avec tous et tout avec tout. Grâce à Internet, chaque individu membre de l'espèce peut entrer en communication avec tous les autres individus membres de l'espèce, et avec tous les aspects de la vie du monde. Beaucoup d'entre nous, y compris et d'abord parmi les « décideurs », ont le sentiment que ces derniers développements représentent un saut qualitatif du commerce : désormais, l'unification de l'humanité par la communication est un fait, et un fait irréversible. Ces développements sont à coup sûr très impressionnants. En même temps, on se souvient que les espoirs mis par les générations antérieures dans le commerce ont été régulièrement fracassés. Il faut donc tenter d'évaluer le plus exactement possible ce que peut et ce que ne peut pas le commerce.

Je commencerai par essayer de décrire la logique du commerce en tant qu'elle s'oppose à la logique de la politique traditionnelle, d'analyser le commerce, ou l'échange, en tant qu'il constitue une alternative à la politique, et même pour ainsi dire une « critique de la politique ». Puis, nous considérerons la réponse de la politique – ce qu'elle reproche au commerce – en analysant quelques arguments de Carl Schmitt dans son ouvrage classique sur « le concept du politique ». Enfin, j'essaierai de cerner quelques ambiguïtés de l'échange, qui font comprendre pourquoi celui-ci peut susciter aussi bien une hostilité aveugle qu'un engouement fanatique. Je conclurai par une remarque sur ce qui me semble un risque sérieux du processus actuel.

Commençons donc par la description des changements que le développement du commerce a introduits dans la logique de l'action collective. Ces changements sont devenus visibles au début du XVIIIe siècle. Aux alentours de 1720, les observateurs les plus pénétrants acquièrent la conviction que les ressorts de l'ordre humain sont en train de changer de manière radicale. Jusque-là, l'ordre entre les hommes reposait sur le commandement. Le commandement, plus précisément la relation entre le commandement et l'obéissance était considérée comme le fait principal, le fait pivot, de l'ordre humain. Et donc le politique, en tant qu'organisation visible, variable selon les régimes, de la relation commandement-obéissance, était au centre du monde humain. Cela était vrai pour la cité grecque comme pour Rome, pour le désordre féodal comme pour l'ordre monarchique de l'Ancien Régime européen, aussi différents que soient ces régimes et formes politiques. Or, au XVIIIe siècle, un nouvel ordre, un nouveau type d'ordre se fait jour, un ordre qui ne repose pas sur le commandement.

Sur quoi repose cet ordre inédit ? Il repose sur ce qu'on appelle, avec un enthousiasme croissant depuis le XVIIe siècle, l'*intérêt.* Dans l'ordre ancien, les citoyens, les sociétaires, vivaient tolérablement bien ensemble parce que, ou lorsque, ceux dont le devoir était d'obéir obéissaient passablement à ceux dont le devoir était de commander. Dans le nouvel ordre, les citoyens, les sociétaires, vivent tolérablement bien ensemble – en fait, ils *vivent mieux* que dans l'ordre ancien, ils vivent *de mieux en mieux* – parce que, ou lorsque, tous tendent à obéir à la même règle, une règle qui n'est pas une loi-commandement à l'ancienne, une loi venant d'en haut, verticalement, mais une loi qui est plutôt un conseil, un motif naissant au sein même de l'agent, la règle de « l'intérêt bien compris ». Dans l'ordre ancien, les motifs d'agir tendent à venir toujours à l'agent de l'extérieur et d'en haut – des ordres de ses « supérieurs », des finalités de la nature, de la loi de Dieu. Dans l'ordre nouveau, les motifs d'agir prennent naissance dans l'individu lui-même qui fait usage de sa raison pour découvrir ce qui est bon pour lui et de sa liberté pour aller à la recherche des moyens les plus économiques pour parvenir à ses fins.

Avant de préciser les conséquences de ce changement fondamental dans les motifs de l'action humaine, une remarque s'impose. Ce changement n'est que tendanciel, il ne parvient jamais à son terme, il n'est jamais achevé. Autrement dit, le commandement « vertical » ne disparaît pas de la vie des hommes, mais il est de plus en plus circonscrit (puisque les sociétaires sont de plus en plus « indépendants ») et il est aussi de plus en plus rationnel, ou en tout cas de moins en moins autoritaire, puisque ceux qui commandent, et d'abord les chefs politiques, se rendent compte de plus en plus que leur intérêt bien compris est de respecter le plus possible, et en montrant qu'ils le respectent, l'intérêt bien compris de leurs concitoyens ou même de leurs sujets. Montesquieu écrit :

> Il a fallu, depuis ce temps, que les princes se gouvernassent avec plus de sagesse qu'ils n'auraient eux-mêmes pensé : car, par l'événement, les grands coups d'autorité se sont trouvés si maladroits,

que c'est une expérience reconnue, qu'il n'y a plus que la bonté du gouvernement qui donne de la prospérité.

On a commencé à se guérir du machiavélisme, et on s'en guérira tous les jours. Il faut plus de modération dans les conseils. Ce qu'on appelait autrefois des coups d'État, ne serait aujourd'hui, indépendamment de l'horreur, que des imprudences.

Et il est heureux pour les hommes d'être dans une situation où, pendant que leurs passions leur inspirent la pensée d'être méchants, ils ont pourtant intérêt de ne pas l'être[1].

Dans le système commercial, les sociétaires se conduisent de moins en moins passionnellement, de plus en plus rationnellement, non parce qu'ils seraient devenus intrinsèquement plus sages, mais parce qu'ils prennent de plus en plus conscience de leur intérêt et que le système précisément est conçu pour la satisfaction des intérêts. Chateaubriand, au début du XIXe siècle, forgera une expression caractéristique et destinée à durer lorsqu'il parlera des « intérêts matériels et moraux » des sociétaires. Certes, les passions ne disparaissent jamais complètement. Elles subsistent bien sûr dans les sociétés traditionnelles, celles qui ne sont pas encore nettement engagées dans l'activité commerciale, qui obéissent encore à la logique ancienne, et donc dans les relations entre ces sociétés et celles où le commerce est développé. Mais elles subsistent aussi à l'intérieur des sociétés développées, où les hommes continuent d'être mus à quelque degré par le sentiment de l'honneur, par le patriotisme, par la colère, etc. De sorte que le commandement vertical ne disparaît pas complètement des sociétés politiques modernes, même les plus adonnées au commerce.

Les États-Unis fournissent un bon exemple. Les compagnies pétrolières américaines sont désireuses – intérêt bien compris – de conclure des contrats commerciaux avantageux chaque fois que cela est possible ; elles sont donc désireuses de traiter avec la Libye, l'Irak ou l'Iran, pays producteurs de pétrole. Le gou-

1. *Ibid.*, XXI, 20. Montesquieu entendait par « coup d'État » une mesure inhabituelle et violente du gouvernement même légitime. La révocation de l'édit de Nantes avait été un tel « coup d'État ».

vernement américain juge de telles relations aussi immorales qu'inopportunes : elles accroîtraient les ressources, et donc la capacité de nuire, de régimes qu'il estime dangereux – il les désigne comme des *rogue States*. Le président des États-Unis signe donc un *executive order* qui interdit purement et simplement aux entreprises américaines de conclure des contrats ou autrement commercer avec ces pays. Nous avons là un bel exemple de la contradiction éventuelle entre la logique « horizontale » de l'intérêt commercial et la logique « verticale » du commandement politique.

Je reviens au sujet principal de cette première partie, qui est la logique de l'action collective, et ses effets, dans le système commercial. Une des considérations les plus importantes est évidemment que la logique commerciale est radicalement égalitaire. Le commerce *suppose* l'égalité : « Le commerce est la profession des gens égaux[1]. » Montesquieu écrit cela dans le cadre d'une analyse de l'aristocratie, soulignant que, dans un tel régime, les nobles ne doivent pas être autorisés à faire le commerce puisque leur supériorité sociale leur donnerait trop d'avantages sur leurs concurrents et leur rendrait facile l'établissement de monopoles. Les contractants doivent être de même condition, sinon la logique sociale inégalitaire viendra irrésistiblement fausser la logique commerciale. En même temps, dans certaines circonstances, lorsque la logique commerciale est forte et bien comprise, la participation des nobles à la vie commerciale, au lieu d'aristocratiser le commerce, commercialisera et donc démocratisera la société. Les historiens attribuent volontiers l'« avance » politique de l'Angleterre par rapport à la France au fait que les nobles anglais s'appliquèrent vigoureusement au commerce tandis que les nobles français étaient retenus par la crainte de « déroger ». Bien entendu, la logique du commerce, qui suppose l'égalité, *produit* de l'inégalité puisque certains réussissent beaucoup mieux que les autres dans cette activité. Cette dernière inégalité, puisqu'elle résulte de la logique des contrats, ne contredit pas en principe l'égalité de base. À condition du

1. *Ibid.*, V, 8.

moins que la concurrence ne soit pas éliminée, puisque le monopole rétablirait une sorte d'aristocratie d'un nouveau genre. Nous retrouvons ainsi les problèmes examinés par Tocqueville lorsqu'il essayait d'évaluer les risques de développement d'une « aristocratie industrielle » dans la société démocratique.

Une autre remarque sur ce thème de l'égalité. Si on laisse de côté les espérances mises dans les effets transformateurs pour l'homme tout entier de la propriété collective des instruments de production, le projet économique communiste a consisté à substituer le commandement vertical – sous le nom mieux sonnant de « planification » – au contrat horizontal entre agents économiques (les Anglo-Saxons parlent de *command economies* là où nous parlons d'*économies administrées*). Le communisme a réintroduit la logique politique sous sa forme la plus sommaire, la plus militaire, à l'intérieur d'un système économique – l'économie moderne – qui ne prospère que si les acteurs sont en position d'agir selon leur intérêt, et donc d'abord d'avoir un intérêt et de pouvoir le mesurer. Selon certains historiens, je le note en passant, la conception léniniste de l'économie socialiste fut inspirée moins par les suggestions imprécises de Marx que par l'expérience récente de l'économie de guerre allemande sous la direction de Rathenau.

Après la tendance à l'égalité, l'autre aspect de la nouvelle logique sur laquelle il convient d'attirer l'attention, c'est ce qu'on pourrait appeler la tendance à la « déterritorialisation », ou à la « globalisation ». Je l'ai déjà noté, la politique, avec sa continuation guerrière toujours possible, est territoriale et « territorialisante » : elle comporte un territoire avec des frontières, un territoire qu'elle suppose et qu'elle produit. Par exemple, la souveraineté du roi de France, ou de la République française, s'exerce en Alsace jusqu'à la rive gauche du Rhin ; sur la rive droite, c'est la souveraineté de l'empereur, ou de l'État fédéral allemand. Ce qui est une condition et une expression du politique – le territoire avec ses frontières – est une gêne pour le commerce, une entrave. À la frontière, les biens, comme les personnes, sont arrêtés ; les personnes sont identifiées, parfois fouillées ; les biens sont comptés et évalués ; leurs propriétaires doivent acquitter des droits de douane, etc. Bien entendu, dans les périodes où le libre-échange a la faveur de l'opinion, en tout cas des gouvernements, on s'efforce de diminuer ou même de supprimer les droits de douane, de faciliter la circulation des biens et des services à travers les frontières politiques, de faire le plus possible comme s'il n'y avait pas de frontières politiques. Ainsi est soulignée la contradiction des deux logiques. L'horizon ultime du libre-échange, c'est de parvenir, pour tous les biens et services, à un « marché unique » qui se confonde avec le globe. Dans la logique commerciale, « le monde entier ne compose qu'un seul État, dont toutes les sociétés sont les membres [1] ».

Cette indépendance tendancielle et essentielle du commerce par rapport à l'ordre politique peut apparaître selon les époques, les régimes, les circonstances, les opinions, comme destructrice ou au contraire comme salutaire. La logique de l'ordre politique est autarcique, nous l'avons souligné en étudiant la nation. Or, commercer, c'est se rendre dépendant de ses partenaires, c'est perdre pour autant l'autarcie, c'est s'exposer. Ils peuvent par exemple quadrupler du jour au lendemain le prix du pétrole qu'ils nous vendent ! Bien entendu, la corrélation n'est pas si simple. Un commerce actif accroît les ressources générales du corps politique, et le rend donc davantage capable de faire face aux circonstances difficiles en préservant son indépendance. Le commerce, contraire à l'autarcie au sens étroit de ce mot, peut souvent renforcer l'autarcie si nous définissons celle-ci de manière moins mécanique. Il reste que le souci de l'indépendance politique ne cesse de se heurter à la logique du commerce, et que même si la thèse que je viens de rappeler a été souvent vérifiée *rétrospectivement*, sa vérité n'est pas si nécessaire ni si évidente que l'homme politique responsable soit tenu de contrarier toujours la tendance à l'autarcie propre à l'ordre politique. J'en ai déjà fait la remarque, pour la plupart des nations, jusqu'à aujourd'hui ou jusqu'à une date récente, le commerce international n'a représenté qu'une portion relativement faible de leur activité économique générale. C'est une question de savoir si le

1. *Ibid.*, XX, 23.

mouvement actuel de globalisation est ou non en train de changer radicalement cet état de fait.

Par ailleurs, on peut se réjouir que la logique du commerce entrave la logique de l'indépendance politique, dans la mesure où celle-ci suscite et légitime l'indépendance des chefs politiques par rapport à certains intérêts élémentaires de la société dont ils ont la charge. On peut donc se réjouir, ainsi que le fait Montesquieu dans le passage que j'ai cité, que les responsables politiques soient contraints par leur intérêt même, tel que la logique du commerce les amène à le concevoir, de s'abstenir des mesures violentes ou partisanes que leurs passions ou leur idéologie leur suggéreraient. La crainte d'une catastrophe affectant la balance des paiements, ou le taux de change, a détourné plus d'un homme politique de prendre telle mesure qui aurait gravement nui à la société. Il est clair en même temps que lorsque la logique politique s'intensifie, lorsque les circonstances et les passions politiques cristallisent, alors la logique du commerce passe irrésistiblement au second plan.

Montesquieu donne un exemple fascinant du rôle salvateur du commerce lorsque la politique est déraisonnable ou même meurtrière. Dans le chapitre XXI, 20 de l'*Esprit des lois* intitulé « Comment le commerce se fit jour en Europe à travers la barbarie », il évoque la triste condition des juifs au Moyen Âge en Europe. Le prêt à intérêt était interdit aux chrétiens ; il était cependant indispensable à la vie sociale ; les juifs s'en chargent et donc s'enrichissent. Leurs richesses tentent la cupidité des princes qui les pillent et les maltraitent. Montesquieu écrit alors :

> Cependant on vit le commerce sortir du sein de la vexation et du désespoir. Les Juifs, proscrits tour à tour de chaque pays, trouvèrent le moyen de sauver leurs effets. Par là ils rendirent pour jamais leurs retraites fixes ; car tel prince qui voudrait bien se défaire d'eux, ne serait pas pour cela d'humeur à se défaire de leur argent.
>
> Ils inventèrent les lettres de change ; et, par ce moyen, le commerce put éluder la violence, et se maintenir partout ; le négociant le plus riche n'ayant que des biens invisibles, qui pouvaient être envoyés partout, et ne laissaient de trace nulle part.

Peu importe ici que Montesquieu se trompe sur les circonstances de l'invention de la lettre de change. Ce qui nous intéresse, c'est sa thèse générale portant sur la signification historique, politique et morale du commerce. Le commerce, plus précisément les moyens de commerce symbolisés par la lettre de change, ont permis, en rendant les biens « invisibles », d'« éluder la violence ». Ainsi les princes, les politiques, ceux qui exercent la force matérielle et visible, ont-ils découvert les limites de cette force. Ainsi le commerce a-t-il joué un puissant rôle civilisateur.

Cet exemple est encore plus riche de sens pour nous, mais d'un sens plus ambigu, qu'il ne pouvait l'être pour Montesquieu. L'histoire moderne du peuple juif nous oblige, sinon à rejeter l'analyse de Montesquieu, du moins à tempérer les espoirs que nous pouvons mettre dans le mécanisme qu'il a admirablement dégagé. En effet, ce qui sauva les juifs aux époques dont parle Montesquieu, les perdit au XXe siècle. Ces « biens invisibles » dont certains d'entre eux étaient détenteurs, cette absence de territoire propre, de patrie propre, devint le motif, ou le prétexte, d'une nouvelle et plus terrible persécution. On reprocha aux juifs d'être *heimatlos*. Et comme le territoire du commerce est « tout l'univers », et que les juifs, pour les raisons que Montesquieu avait données, jouaient, ou paraissaient jouer, un grand rôle dans les échanges, on imagina une domination mondiale et invisible des juifs, idée qui devint un des éléments principaux de l'antisémitisme moderne. L'antisémite retourne la vision de Montesquieu : là où celui-ci voyait un domaine d'activité échappant à la logique politique, l'antisémite découvre une politique cachée qui gouverne à leur insu les nations. Il s'agit bien sûr d'un « fantasme », comme nous disons aujourd'hui, mais qui nous oblige à reconnaître les limites de l'échange : en dessinant la possibilité d'une vie sans territoire et sans gouvernement politique, le commerce suscite la réaction de ceux qui veulent *voir* qui commande et qui obéit. Ces remarques ne suffisent certes pas à expliquer comment ce fantasme s'est transformé en désir et en projet d'extermination dans le nazisme, mais elles dégagent, je crois, un aspect fondamental de la situation générale dans laquelle le nazisme s'est développé. En tout cas, après la

Shoah, les juifs éprouvèrent la nécessité et le devoir de créer, ou recréer, un corps politique qui serait le leur propre, doté d'un territoire visible avec des frontières « fixes et reconnues ». Chaque parcelle de ce territoire, ils durent la défendre, ou l'acquérir, par les voies ordinaires de la politique et de la guerre. L'histoire du peuple juif, qui témoignait pour Montesquieu des pouvoirs de l'échange quand il s'agit d'échapper à la violence, témoigne plutôt pour nous de la nécessité et de l'irréductibilité du politique lorsqu'un peuple veut défendre sa sécurité et sa dignité.

•

J'ai parlé jusqu'ici comme si la logique du commerce et la logique du politique étaient extérieures l'une à l'autre, et même contraires l'une de l'autre. Or, c'est un fait caractéristique de l'histoire moderne, et qui l'oppose à l'ancienne, romaine en particulier, que ce sont les nations les plus adonnées au commerce qui ont été en même temps les nations politiquement les plus puissantes et les plus influentes, les nations dominantes, la Grande-Bretagne d'abord, puis les États-Unis. De sorte que le commerce pourrait plausiblement apparaître comme une expression et un instrument de la puissance politique. La logique du commerce ne serait alors nullement contraire à la logique politique ; ce serait plutôt la logique de certains corps politiques, ceux dont le domaine et le moyen d'action, ceux dont l'élément est la mer. Dès lors, l'opposition que nous avons décrite entre le commerce et le politique s'enracinerait dans une opposition immédiatement et pleinement politique, celle entre puissances maritimes et puissances terrestres.

L'auteur qui a défendu cette thèse avec les arguments les plus aigus, c'est Carl Schmitt. Pour Carl Schmitt, le politique est irréductible et indépassable. La condition de l'homme est nécessairement politique. Pourquoi ? Parce que l'homme est un animal *vulnérable* et *dangereux*. Il peut mourir et il peut tuer. Il cherche donc la sécurité dans le groupe, mais la même dialectique de la vulnérabilité et de la menace affecte le groupe comme l'individu : les groupes sont en guerre virtuelle les uns avec les autres. Tel est le fait majeur de notre condition. Le fait majeur n'est pas la guerre (Schmitt n'est pas « belliciste » au sens ordinaire du terme), mais le *risque* de guerre. Schmitt reprend explicitement la conception de Hobbes concernant la *natural condition of mankind.* Mais là où Hobbes insistait surtout sur la nécessité d'un État souverain, absolu, pour tenir en respect des sociétaires toujours prêts à en découdre, et sur la capacité de cet État à maîtriser l'état de nature, Schmitt insiste davantage sur la permanence et l'ubiquité du risque, sur son caractère polymorphe et donc insurmontable, sur le fait que nous ne cessons d'être déterminés par lui, c'est-à-dire par la présence ou la menace de notre ennemi. Le politique repose alors sur la discrimination de l'ami et de l'ennemi. Voilà l'idée mère de la doctrine de Schmitt, que nous retrouverons lorsque nous nous interrogerons sur la possibilité de « sortir du politique ». Elle ne doit nous servir ici que de toile de fond.

Telle étant pour Schmitt la nature du politique, on comprend que pour lui la pensée libérale, parce qu'elle fait confiance au commerce, se caractérise par l'incompréhension du politique, par le rejet ou l'ignorance du politique, un rejet ou une ignorance de principe :

> Très systématiquement, la pensée libérale élude ou ignore l'État et la politique pour se mouvoir dans la polarité caractéristique et toujours renouvelée de deux sphères hétérogènes : la morale et l'économie, l'esprit et les affaires, la culture et la richesse. Cette défiance critique à l'égard de l'État et de la politique s'explique aisément par les principes d'un système qui exige que l'individu demeure *terminus a quo* et *terminus ad quem.* L'unité politique doit exiger, le cas échéant, que l'on sacrifie sa vie. Or, l'individualisme de la pensée libérale ne saurait en aucune manière rejoindre ou justifier cette exigence[1].

Comme le politique existe nécessairement, qu'il ne peut pas ne pas être, qu'il ne peut pas disparaître, le libéralisme le transforme et le déguise :

1. *La Notion de politique,* [1932], Paris, Calmann-Lévy, coll. « Liberté de l'esprit », 1972, p. 117.

Ainsi, dans la pensée libérale, le concept politique de lutte se mue en concurrence du côté de l'économie, en débat du côté de l'esprit ; la claire distinction de ces deux états différents que sont la guerre et la paix est remplacée par la dynamique d'une concurrence perpétuelle et de débats sans fin. L'État devient Société et celle-ci, vue sous l'angle de l'éthique et de l'esprit, sera une image de l'Humanité inspirée d'une idéologie humanitaire ; vue sous l'autre angle, elle constituera l'unité économique et technique d'un système uniforme de production et de communications[1].

La concurrence économique et l'idéologie humanitaire – celle des « droits de l'homme » –, principes apparemment apolitiques ou suprapolitiques, sont en fait, aux yeux de Schmitt, des instruments politiques. De même que, à d'autres époques, la religion a été « politisée », employée comme moyen de puissance et d'influence, par exemple le catholicisme par la monarchie espagnole, de même aujourd'hui le principe de la libre concurrence économique et l'idéologie humanitaire sont employés par certains pays, en premier lieu les nations anglo-saxonnes, pour accroître leur puissance et leur influence. Carl Schmitt dénonce cela comme une imposture :

> C'est précisément quand elle demeure apolitique qu'une domination des hommes reposant sur une base économique, en évitant toute apparence et toute responsabilité politique, se révèle être une terrible imposture. Le concept d'échange n'exclut pas au niveau de sa définition que l'une des parties subisse un préjudice et qu'un système de contrats bilatéraux finisse par se transformer en un système d'exploitation et d'oppression de la pire espèce. Quand, dans cette situation, les exploités et les opprimés entreprennent de se défendre, ils ne peuvent naturellement pas le faire à l'aide de moyens économiques. Il est tout aussi naturel que les détenteurs du pouvoir économique nomment alors violence et crime toute tentative extra-économique de modifier leur position de puissance, et qu'ils cherchent à l'empêcher. Or, ce fait rejette au néant notre

1. *Ibid.*, p. 119.

construction idéale d'une société fondée sur l'échange et sur des contrats bilatéraux, pacifique et juste *eo ipso*[1].

Et Schmitt conclut ce mouvement de pensée de la façon suivante. Après avoir rappelé le mot fameux de Rathenau que notre destin, aujourd'hui, c'est l'économie et non la politique, il précise : « Il serait plus juste de dire que ce destin demeure politique comme devant et qu'il s'est simplement produit ceci que l'économie est devenue un phénomène politique, et partant, destin[2]. »

Il était important de faire quelque place au contrepoint qu'apporte Carl Schmitt. Celui-ci critique l'idéologie de l'échange, l'illusion et même l'imposture de l'apolitisme de l'échange, au nom de l'irréductibilité du politique, au nom de la vérité, de la dure vérité, de la condition humaine, donc selon un point de vue « de droite ». Des critiques parallèles, parfois même identiques quant au contenu, sont faites au nom de l'égalité, au motif que l'égalité formelle de la relation d'échange est le masque et l'instrument d'une domination, d'un échange en vérité inégal, et on verra là un point de vue « de gauche ». Le point de vue « de droite » et le point de vue « de gauche » se mêlent souvent dans l'opinion des nations qui se sentent dominées parce qu'elles sont radicalement désavantagées par le système des échanges. De fait, quand par exemple toute la récolte de bananes d'un petit pays d'Amérique centrale est commercialisée par une seule grande compagnie nord-américaine, certes il est permis de parler d'échange inégal ! En même temps, il faut maintenir ce contrepoint critique dans de justes limites. On s'est rendu compte depuis vingt ou trente ans que le rejet violent du système des échanges, la révolution qui prétendait produire le développement économique et humain en rompant radicalement avec la logique du marché, eh bien cette démarche n'a pas obtenu de résultats bien convaincants, pour dire le moins. De sorte que la tendance récente a été,

1. *Ibid.*, p. 126.
2. *Ibid.*, p. 127.

même pour les pays qui se considéraient traditionnellement comme des pays « dominés », en particulier ceux d'Amérique latine, d'essayer de tirer parti du système des échanges, d'employer à leur profit la logique du marché selon la loi des avantages comparatifs. Les résultats ont été impressionnants dans certains cas, décevants dans d'autres. La crise récente des pays dits « émergents » a ravivé le scepticisme, ou l'hostilité, à l'égard du marché.

Montesquieu lui-même, l'un des auteurs, nous l'avons vu, qui a mis le plus d'espoir dans les effets du commerce, remarqua que le commerce n'a pas toujours des effets positifs, en particulier que, dans certaines circonstances, une nation s'appauvrit en commerçant[1]. Donc, si les effets du commerce sont normalement très positifs, encore faut-il qu'une nation se mette en état d'en profiter, se rende capable d'en profiter. C'est ce que savent faire les nations commerçantes. Montesquieu écrit à propos de l'Angleterre : « C'est le peuple du monde qui a le mieux su se prévaloir à la fois de ces trois grandes choses : la religion, le commerce et la liberté[2]. »

•

Partisans du commerce comme critiques du commerce emploient bien sûr le langage de l'économie : ils célèbrent l'augmentation du PIB ou dénoncent la détérioration des termes de l'échange. Mais l'argumentaire des uns comme des autres n'est pas exclusivement ni même principalement économique : il est moral et spirituel. Pour ses partisans, le commerce est le moyen de rapprocher les hommes, de leur faire prendre conscience de leur ressemblance :

> Le commerce guérit des préjugés destructeurs ; et c'est presque une règle générale, que partout où il y a des mœurs douces, il y a du commerce ; et que partout où il y a du commerce, il y a des mœurs douces.

1. *De l'esprit des lois*, XX, 23.
2. *Ibid.*, XX, 7.

> Qu'on ne s'étonne donc point si nos mœurs sont moins féroces qu'elles ne l'étaient autrefois. Le commerce a fait que la connaissance des mœurs de toutes les nations a pénétré partout : on les a comparées entre elles, et il en a résulté de grands biens[1].

En ce sens, le développement du commerce implique un progrès de l'universalité humaine ; et ce n'est pas un hasard si aujourd'hui c'est la plus grande démocratie du monde qui est le centre et le pivot des échanges mondiaux, l'assureur et l'acheteur en dernier ressort ainsi que les Américains s'en vantent, ou s'en plaignent parfois.

Or, il faut observer comment les adversaires du commerce retournent et renversent l'argument démocratique, comment Rousseau déjà retourne et renverse l'argument de Montesquieu :

> Tout ce qui facilite la communication entre les diverses nations porte aux unes, non les vertus des autres, mais leurs crimes, et altère chez toutes les mœurs qui sont propres à leur climat et à la constitution de leur gouvernement[2].

Ne nous laissons pas arrêter par le langage moral, ou moralisateur, qui est si antipathique à la sensibilité contemporaine. Nous dirions aujourd'hui : le commerce détruit les cultures, il substitue à la diversité vivante des cultures une homogénéité artificielle et fade, par exemple, à la diversité des cuisines du monde l'homogénéité des fast-foods, à la diversité des langues l'homogénéité de l'anglais international qui n'est plus l'anglais des Anglais ni même des Américains, mais une langue d'usage sommaire et presque brutale. La démocratisation qu'induit le commerce, pourrions-nous dire encore, est une homogénéisation superficielle des idées, des mœurs et des goûts, contraire à la véritable démocratie qui suppose la lente et longue élaboration d'une vie commune, donc distincte. Elle rend impossible cette vraie démocratie parce que l'attrait du commerce – des moyens de la communication et des échanges, des signes de la nouvelle

1. *Ibid.*, XX, 1.
2. *Narcisse*, dans *Œuvres complètes*, *op. cit.*, t. II, préface p. 964 n.

universalité, des logos du nouveau *logos* –, cet attrait est tel, en particulier parmi les jeunes du monde entier, que ceux-ci en viennent à mépriser leur propre société et ne sont guère disposés à contribuer à son développement spécifique. Les progrès de la communication mondiale suscitent, si j'ose dire, une sorte de bovarysme universel. Par exemple, comment prendre au sérieux désormais la langue française, comment lui faire dire tout ce qu'elle pourrait dire de notre vie présente, comment être un écrivain français – ou italien, ou allemand d'ailleurs – quand tout autour de nous signale que la langue vraiment vivante, vraiment en prise sur le monde, la langue dans laquelle la vie contemporaine se dit, c'est l'anglais international ?

Il y a là un problème très sérieux, peut-être en un sens le plus important et le plus difficile à résoudre de tous ceux qui se posent à nous. Si on ne peut pas le résoudre, on peut au moins essayer de bien le poser. Il est facile de prendre une position partisane, soit en faveur des échanges, de la communication, de l'avenir, de l'universel..., soit inversement en faveur des racines, du droit à la différence, de l'exception culturelle... Il est facile de se renvoyer les arguments, comme la balle à Roland-Garros. Il est plus utile d'essayer de les replacer dans une même problématique, de voir comment ils s'enracinent dans le problème humain en tant que problème politique. La question politique, en son cœur, est celle-ci : comment les hommes actualisent-ils leur commune humanité ? On pourrait dire qu'il y a deux réponses, qui se mêlent toujours nécessairement en pratique, mais qui tendent néanmoins dans deux directions différentes, divergentes même et ultimement peut-être opposées. Une réponse en extension, et une réponse en compréhension, pour employer le langage des logiciens.

La réponse en extension, c'est la réponse du commerce, de l'échange et de la communication : il faut donner aux hommes les moyens de satisfaire le plus commodément et le plus complètement possible leurs besoins généraux. Poussée à son terme, mais on n'est pas obligé de la pousser à son terme, la logique de cette réponse conduit à la recherche du plus petit dénominateur commun entre les hommes. Par exemple, on fournira aux êtres humains de la manière la plus rapide et la moins coûteuse possible la nourriture la plus générale – la nourriture la plus générale, c'est-à-dire celle dont l'apparence, la texture et le goût ne peuvent positivement déplaire à aucun être humain sur la surface de la planète quelle qu'ait été l'éducation première de son goût, la nourriture par conséquent la plus implacablement fade que l'on puisse imaginer, bref le McDo, le Quick, etc.

L'autre réponse, la réponse en compréhension, c'est la réponse de la communauté politique, qui met le plus possible de choses en commun entre ses citoyens – le plus possible d'actions et de raisons selon la formule d'Aristote –, et bien sûr ce que les citoyens de cette communauté politique ont en commun les distingue et même les sépare des autres communautés politiques qui mettent d'autres choses en commun. Poussée à son terme, mais on n'est pas obligé de la pousser à son terme, la logique de cette réponse conduit à la célébration des racines et de la particularité, de la manière de vivre des « gens d'ici », à la fermeture et finalement à la xénophobie. Et, bien sûr, ce que nous visons en pratique, ou ce dont nous rêvons, c'est d'une vie publique qui donne accès à un universel qui ne soit pas superficiel, tout en exprimant une communauté humaine particulière qui ne soit pas particulariste. Une forme politique peut être dite accomplie lorsqu'elle donne accès à une telle synthèse. Voilà en tout cas, je crois, comment on pourrait poser impartialement le problème.

La première réponse considère plutôt l'homme en général, et les droits de l'homme en général ; la seconde réponse considère plutôt le citoyen et les nécessités de la vie civique. Les difficultés que nous cherchons à cerner sont enracinées dans cette dualité constitutive de l'humanité : l'homme est homme et il est citoyen. Cette tension a surgi aux yeux de tous à la fin du XVIIIe siècle : en déclarant ensemble les droits de l'homme et du citoyen, on manifestait qu'ils étaient solidaires mais ne se confondaient pas. Nous en reparlerons.

Une dernière remarque qui n'est pas directement politique. Le développement des échanges et de la communication fait apparaître une tension entre la communication, l'échange des choses d'un côté, et leur production ou les conditions de leur production de l'autre. Quand je parle des « choses », cela couvre les biens et services que fait circuler le commerce proprement dit, ainsi que les pensées et les œuvres qui circulent aussi mais selon un mode différent. Plus le marché est étendu, plus les règles qui le gouvernent sont générales ; et donc plus la circulation des choses est abondante et rapide, et pour autant satisfaisante. Mais ce qui facilite la circulation des choses n'est pas nécessairement favorable à leur production, et cela est d'autant plus vrai que le produit est plus raffiné. Un travail approfondi suppose une grande concentration, non pas seulement au sens ordinaire d'un effort intense et unifié, mais au sens où l'auteur doit exclure et oublier beaucoup de choses, où il doit circonscrire son horizon. C'est une idée chère à Nietzsche que l'homme ne peut être créateur que dans un horizon limité. Dans un monde absolument ouvert, la création serait simplement impossible. Pour reprendre un exemple que j'ai déjà utilisé, un écrivain français, ou italien, ou allemand..., s'il veut produire l'œuvre la meilleure possible, doit pour ainsi dire s'enfermer dans les particularités de sa langue, non pour être obscur mais au contraire parce que c'est dans les particularités de la langue que se trouvent les moyens d'expression de la langue. Racine, dont les vers sont si limpides, emploie pour obtenir ses effets les ressources les plus spécifiques du français. Un tel effort d'approfondissement est difficile, presque impossible, quand l'espace de l'expression est déjà occupé non seulement par une langue quasi universelle comme l'est aujourd'hui l'anglais international, mais encore par des genres littéraires qui plaisent universellement et immédiatement parce que leurs ressorts sont très simples comme le roman policier. Bref, on pourrait dire que l'échange, en se généralisant et en s'intensifiant, tend à effacer les horizons limités dont les hommes ont besoin pour produire les choses qu'ils veulent échanger.

Chapitre IX

DÉCLARER LES DROITS DE L'HOMME

La notion des droits de l'homme est aujourd'hui la référence politique et morale commune en Occident. Tous les partis, toutes les écoles, toutes les « sensibilités » s'en réclament. Une telle unanimité sur un principe ultime de moralité et de légitimité est extrêmement rare sous nos climats. Peut-être faut-il remonter jusqu'à la période qui précède le Grand Schisme en Occident, peut-être faut-il remonter jusqu'aux alentours de l'an 1300 pour retrouver une homogénéité comparable des croyances. Ce fait d'opinion est important à relever. Il nous oblige à corriger un lieu commun selon lequel notre monde serait le cadre d'une explosion de diversité, d'une bigarrure et d'un métissage croissants. Cela peut être vrai pour certains aspects superficiels de la vie contemporaine. Mais c'est certainement faux en ce qui concerne le principe des évaluations morales, qui est plus homogène que jamais. La preuve ? Elle est facile à donner. Ceux qui célèbrent la diversité qui leur semble le trait à la fois le plus plaisant et le plus noble de la société actuelle invoquent toujours ce qu'ils appellent le « droit à la différence ». Au moment même où ils croient favoriser la différence, ils font tout le contraire, ils contribuent à l'homogénéisation de la société puisqu'ils traitent de la différence dans le langage des droits de l'homme. Si la « différence », laissons le terme sans définition puisque ses partisans le laissent en général indéterminé, est la matière, ou l'objet, d'un droit de l'homme, alors on contribue à définir l'homme comme l'être qui a des droits, on enveloppe l'idée de la différence dans l'idée des droits, on travaille à accroître l'empire déjà sans rival de l'idée des droits de l'homme. Or, pour le dire en passant, la différence – gardons le mot – peut être appuyée d'une tout autre notion que celle de droit, et même d'une notion, en un sens, contraire, celle de devoir : un musulman dira qu'il a évidemment le devoir d'être un bon musulman même s'il vit au milieu d'une population qui n'est pas musulmane. Certainement, la « différence » musulmane est mieux garantie par la conviction qu'on a le devoir d'être musulman que par celle qu'on a le droit de l'être.

En tout cas, cette unanimité est récente. Certes, la notion des droits de l'homme fut élaborée aux XVIIe et XVIIIe siècles, et elle remporta une victoire pour ainsi dire définitive à la fin du XVIIIe siècle avec les révolutions américaine et française, il y a donc plus de deux siècles. Mais elle sera longtemps contestée de divers côtés. Ce n'est que dans les années 70, et au début des années 80 du siècle qui vient de s'achever qu'elle obtient d'être absolument incontestée en Occident. Et c'est dans le cadre de la lutte contre le communisme que la notion a retrouvé sa pertinence et son lustre. Elle fut en particulier l'arme intellectuelle et la ressource spirituelle de ceux que l'on appelait alors les dissidents : face à la puissance écrasante, apparemment invincible, du régime communiste, ils n'invoquent pas l'idée d'un autre régime, ils n'élaborent pas un projet politique d'opposition, ils demandent au régime communiste de respecter un certain nombre de principes élémentaires, principes du reste que ledit régime a souvent inscrits dans sa Constitution. De son côté, le régime, tout en emprisonnant ou déportant les dissidents, ne peut guère se déclarer officiellement hostile aux droits de l'homme. De sorte que pays démocratiques et pays communistes signeront les accords d'Helsinki dont le troisième volet comporte l'affirmation d'un certain nombre de droits fondamentaux comme celui de la libre circulation des personnes. On est tenté de dire, rétrospectivement, que cette concession intellectuelle de l'Union soviétique annonçait son effondrement politique une quinzaine d'années plus tard.

Avant donc ce développement récent, la notion des droits de l'homme était relativement peu présente comme telle dans la conversation civique. Plus précisément, puisque la Déclaration de 1789 était Déclaration des droits de l'homme *et du citoyen*, on pourrait dire que les droits du citoyen l'avaient emporté sur ceux de l'homme, qu'au XIXᵉ siècle et dans la première moitié du XXᵉ, on s'intéressa davantage à l'inscription *politique* des droits humains dans le cadre d'un État national qu'à l'affirmation générale des droits en tant que tels. Les droits de l'homme étaient politiquement ou socialement spécifiés : droit de vote, droit au travail, droit des nationalités, etc. Inversement, l'insistance mise sur les droits de l'homme aujourd'hui a incontestablement un accent *antipolitique*, une saveur an-archiste au sens étymologique du terme : on préfère l'homme au citoyen, on tend à rejeter les contraintes collectives liées à la citoyenneté. Par exemple, le service militaire obligatoire, considéré longtemps comme l'expression la plus nécessaire et en même temps la plus noble du dévouement civique, n'apparaît plus que comme une nuisance dépourvue de sens. Lorsque tout récemment le président de la République a décidé de le supprimer purement et simplement, personne pour ainsi dire n'a protesté contre ce qui à d'autres époques serait apparu comme un démantèlement de la République. Donc, pour le redire, jusqu'à une date récente, les droits de l'homme étaient saisis dans leur relation avec des obligations civiques et nationales. Le sentiment de cette relation semble s'affaiblir de jour en jour.

Cette esquisse de l'histoire de notre attitude par rapport aux droits de l'homme serait très incomplète si nous omettions de dire que d'importants segments de l'opinion ont longtemps contesté le principe même des droits de l'homme. On peut distinguer trois grands groupes d'opposants, qui se rattachent à trois grands motifs d'opposition : un motif religieux, un motif politique, un motif social. Considérons-les successivement et brièvement.

Le motif religieux d'abord. En Occident, l'opposition la plus résolue et la plus argumentée au principe des droits de l'homme est longtemps venue de l'Église catholique. Ce n'est qu'en 1965, lors du concile Vatican II, avec la Déclaration sur la liberté religieuse, que l'Église reconnut le caractère principiel, et non pas seulement prudentiel, de la notion de liberté religieuse, qu'elle reconnut le principe d'une liberté humaine fondamentale, d'un droit humain fondamental. Dans les années récentes, elle est allée encore plus loin, sous l'impulsion en particulier de Jean-Paul II, qui a affirmé à plusieurs reprises que l'idée des droits de l'homme était au fond une idée chrétienne, que le principe des droits de l'homme était dans l'Évangile et que l'Église, en s'appropriant aujourd'hui ce principe, ne faisait en somme que reprendre son bien. Le ralliement de l'Église catholique à l'idée des droits de l'homme a beaucoup contribué bien sûr à la formation de l'unanimité dont je parlais en commençant. Mais ce ralliement récent nous intéresse moins que sa longue dissidence. Quelle en était la justification ?

Je suis obligé de résumer très grossièrement une question très compliquée. Si l'Église catholique a rejeté si longtemps le principe des droits de l'homme, c'est que ce principe subordonne la vérité à la liberté, tandis que pour l'Église, c'est l'inverse qui doit prévaloir : le sens de la liberté étant de parvenir à la vérité, il faut que l'ordre humain reconnaisse d'abord l'objectivité de la vérité. Les êtres humains ont pour premier devoir de reconnaître la vérité dont l'Église est le dépositaire et le véhicule. Dans ce contexte, les auteurs catholiques ont souvent opposé aux droits de l'homme les droits de la vérité, voire les « droits de Dieu ». En même temps, et c'est ce qui complique singulièrement les choses, l'Église a toujours affirmé sans équivoque que l'adhésion à la vérité n'avait de validité, n'était « méritoire » que si elle était conclue librement. Elle a affirmé cela même dans ses périodes les plus autoritaires et par la plume de ses théologiens les plus sévères. Cette seconde considération, toujours présente donc, préparait et peut-être autorisait d'avance le ralliement ultérieur à la liberté religieuse et aux droits de l'homme. Si l'on voulait résumer la doctrine de l'Église d'une formule qui vaille pour les deux périodes, on dirait quelque chose comme ceci : les hommes sont appelés à parvenir librement à la vérité dont l'Église est le dépositaire et l'instrument. Selon que l'on met l'accent sur « librement » ou sur « vérité », on s'engage dans deux directions politiques divergentes et même opposées, l'une « libérale » et l'autre « autoritaire ».

Il est important de noter que ces considérations n'ont pas seulement un « intérêt historique », comme l'on dit. La tension que je viens d'évoquer est toujours présente aujourd'hui. Je l'ai déjà relevé, l'Église n'a pas embrassé sans réserve la logique libérale. Sur plusieurs grands sujets de la vie personnelle et sociale, en particulier ceux qui concernent la relation entre les sexes dans ses divers aspects – le mariage, la contraception, l'interruption de grossesse, etc. –, elle prend des positions directement contraires à l'opinion dominante et à la tendance des mœurs et des lois, au nom précisément de l'existence d'une vérité morale objective que les hommes sont dans l'impossibilité de changer puisqu'elle les définit. Bien entendu, l'idée qu'il y a une vérité morale objective n'est pas propre exclusivement à l'Église catholique, mais celle-ci est le corps collectif qui soutient cette idée publiquement avec le plus d'insistance et de cohérence. Nous retrouverons bientôt cette tension entre la liberté et la vérité : elle est constitutive de l'humanité.

Le deuxième motif d'opposition aux droits de l'homme que j'ai annoncé, c'est le motif politique, en prenant l'adjectif dans son sens le plus large, qui enveloppe ce qui est « social ». Il se manifeste dès la proclamation des droits de l'homme à la fin du XVIIIe siècle. En se manifestant, il fonde le conservatisme politique européen. Le plus grand auteur peut-être dans cette tradition, c'est le premier, celui qui l'a fondée, à savoir Edmund Burke qui publia ses *Réflexions sur la Révolution de France* dès novembre 1790 [1]. Pour résumer sa critique d'un mot, Burke pense que l'idée des « droits de l'homme » est une idée « métaphysique », c'est-à-dire détachée des conditions de l'expérience humaine, et qui devient donc ruineuse quand on tente de la mettre en pratique. Que signifie de dire que « les hommes naissent et demeurent libres et égaux en droits », quand en fait chaque être humain naît

1. Voir l'édition récente, Paris, Hachette-Pluriel, 1989, avec une riche préface de Philippe Raynaud.

lié, *obligé*, moralement mais déjà physiquement, à prendre sa part dans une série ordonnée de plusieurs « touts », série qui va de la famille à la Création entière en passant par le corps politique ? Poser les hommes à part de la nature comme « souverains », et chaque homme à part de chaque autre comme « égal », c'est transformer la société, de cosmos harmonieux, en chaos de « corpuscules élémentaires ». C'est ce qu'est en train d'accomplir à ses yeux l'« anarchie » révolutionnaire française. Et dans une fusée rhétorique qui brille encore, Burke oppose aux « droits de l'homme » les « droits des Anglais », aux *Rights of Men* les *Rights of Englishmen* : nos droits n'ont d'existence et de sens que dans un corps politique déjà constitué. Nos droits ne se détachent pas des habitudes sociales et morales, des lois politiques, qui donnent au corps politique dont nous sommes membres sa forme et sa vie.

Je considérerai plus longuement, dans une partie ultérieure, le troisième motif d'opposition aux droits de l'homme que j'ai annoncé, le motif qu'on peut dire « social », mais en un autre sens que chez Burke, et qui trouve son expression la plus tranchante et la plus influente dans l'œuvre du jeune Marx. J'analyserai alors la discussion critique qu'en propose Claude Lefort.

Ces indications, nécessairement très succinctes, sur l'histoire et la configuration des opinions concernant les droits de l'homme ont au moins le mérite de nous mettre en garde contre une certaine évidence des droits de l'homme aujourd'hui, contre le préjugé selon lequel cette idée bonne et vraie n'aurait jamais eu contre elle que les préjugés particularistes et les fanatismes oppressifs : c'est une idée puissante et convaincante, qui s'est imposée, je l'ai dit, dès la fin du XVIIIe siècle, mais aussi une idée problématique, qui présente des difficultés, qui a suscité de grands débats, et à laquelle on a opposé des objections sérieuses.

•

J'ai parlé jusqu'ici comme si nous savions clairement en quoi consistent les droits de l'homme, ce qu'ils *sont*. De fait, que nous ayons ou non lu avec attention les diverses déclarations des droits de l'homme, ou au moins l'une d'entre elles, nous avons en tout cas une certaine connaissance de ce dont il s'agit, puisque nous participons à la vie d'une société démocratique dont les institutions ont pour but de garantir les droits de l'homme. Le fonctionnement quotidien de ces institutions ne cesse de poser des questions de principe, qui ne cessent de nous ramener à la question des droits de l'homme. Par exemple, nous nous interrogeons chaque jour sur le fonctionnement de la justice. Eh bien, sur les dix-sept articles de la Déclaration de 1789, trois concernent directement celle-ci [1], et la plupart des autres la concernent indirectement. Il serait évidemment très intéressant de suivre la mise en œuvre des principes de la Déclaration en suivant l'histoire de nos institutions. Mais nous risquerions alors de perdre de vue la signification fondamentale, la signification spirituelle, des droits de l'homme.

La signification spirituelle des droits de l'homme s'exprime dans les modalités de leur apparition, de leur publication. Ils apparaissent sous la forme d'une déclaration, par exemple, en France, d'une déclaration de l'Assemblée nationale représentant le peuple français. Ainsi le texte le plus haut réglant la vie des hommes est-il rédigé et promulgué par eux. Cela nous semble aller de soi, mais jusqu'alors, les règles principales de leur vie étaient censées leur venir de Dieu même révélant sa volonté par ses commandements, ou alors des profondeurs du passé, de la coutume reçue des ancêtres, comme par exemple les « lois fondamentales » de la monarchie française. Dans l'ordre humain antérieur à la proclamation des droits, l'homme se considérait comme un être libre certes – l'idée que l'homme est libre n'est pas une découverte moderne ! –, mais sa liberté s'exerçait dans un cadre dont il n'était pas l'auteur, dont il ne pouvait pas et ne devait pas être l'auteur, dans un cadre *reçu* de Dieu ou de ces hommes mystérieusement proches des dieux, les ancêtres. Il était un être libre, mais *sub lege Dei*, sous la loi de Dieu ; il était un sujet libre, mais *sub rege*, sous le roi, ou sous le prince ou le

1. Voir *Les Déclarations des droits de l'homme (du débat 1789-1793 au préambul- de 1946)*, textes présentés par L. Jaume, Paris, Garnier-Flammarion, 1989.

magistrat légitime. La révolution des droits de l'homme consiste en ceci que cette liberté *sub lege Dei* et *sub rege*, cette liberté *conditionnée*, est maintenant éprouvée et définie comme soumission, voire comme servitude, et elle est rejetée au profit d'une liberté *inconditionnée*, que l'homme se donne à lui-même en la déclarant, une liberté dont il est l'auteur en même temps que le bénéficiaire. On pourrait dire, avec une emphase convenable aux circonstances : à la Révélation de la Loi de Dieu succède la Déclaration des Droits de l'Homme.

C'est le philosophe Emmanuel Kant qui a donné de cette idée l'expression la plus simple et la plus naturelle, la plus frappante. Dans les toutes premières lignes d'un court texte rédigé en décembre 1784 et intitulé *Réponse à la question : qu'est-ce que « les Lumières » ?*, il écrit ceci :

> Qu'est-ce que les Lumières ? *La sortie de l'homme de sa Minorité, dont il est lui-même responsable. Minorité*, c'est-à-dire incapacité de se servir de son entendement sans la direction d'autrui, minorité *dont il est lui-même responsable*, puisque la cause en réside non dans un défaut de l'entendement, mais dans un manque de décision et de courage de s'en servir sans la direction d'autrui. *Sapere aude !* Aie le courage de te servir de ton propre entendement. Voilà la devise des Lumières [1].

Si nous recevons la suggestion de Kant, nous dirons alors simplement : en déclarant les droits de l'homme, l'homme déclare sa propre majorité.

Devenir majeur, c'est devenir responsable de ses propres actes, c'est devenir capable d'accomplir de soi-même, sans l'autorisation des parents ou du tuteur, les actes qu'accomplissent librement les adultes. Dans le langage de la philosophie de Kant, qui sur ce point est largement devenu le nôtre, c'est passer de l'hétéronomie à l'autonomie. En observant le mouvement des esprits et des mœurs dans les pays européens, Kant voit les hommes passer de plus en plus, et de plus en plus nombreux,

1. Emmanuel Kant, *La Philosophie de l'histoire*, trad. S. Piobetta, Paris, Gonthier-Médiations, 1947, p. 46.

de l'hétéronomie à l'autonomie : ils s'émancipent de toutes les tutelles, ils deviennent libres.

Mais les hommes ne peuvent devenir libres que s'ils le sont déjà – dans le langage du XVIIe et du XVIIIe siècle, s'ils sont *naturellement* libres, s'ils sont libres *par nature.* Cette idée de liberté naturelle est contenue dans le verbe « naître » tel qu'il est employé dans l'article premier de la Déclaration : « Les hommes *naissent* et demeurent libres et égaux en droits. » Qu'est-ce que cela veut dire précisément, que les hommes naissent libres et égaux en droits ? N'est-ce pas une proposition tout à fait contraire à l'expérience, à l'évidence presque ? L'enfant qui naît n'est-il pas le moins libre des êtres ? C'est ce que ne manqueront pas de souligner les critiques conservateurs ou réactionnaires de la démocratie. Écoutons par exemple Charles Maurras, qui n'est certes pas le plus profond de ces critiques, mais qui, sur le sujet qui nous occupe, a le mérite d'offrir une réfutation très claire et presque amusante de l'idée de « naître libre ». Au début d'un texte de synthèse intitulé *Mes idées politiques*, il écrit ceci :

> Le petit poussin brise sa coquille et se met à courir.
>
> Peu de chose lui manque pour crier : « Je suis libre... » Mais le petit homme ?
>
> Au petit homme, il manque tout. Bien avant de courir, il a besoin d'être tiré de sa mère, lavé, couvert, nourri. Avant que d'être instruit des premiers pas, des premiers mots, il doit être gardé de risques mortels. Le peu qu'il a d'instinct est impuissant à lui procurer les soins nécessaires, il faut qu'il les reçoive, tout ordonnés, d'autrui. [...]
>
> Le petit homme presque inerte, qui périrait s'il affrontait la nature brute, est reçu dans l'enceinte d'une autre nature empressée, clémente et humaine : il ne vit que parce qu'il en est le petit citoyen.
>
> Son existence a commencé par cet afflux de services extérieurs gratuits. [...]
>
> La nature de ce début est si lumineusement définie qu'il en résulte tout de suite cette grave conséquence, irrésistible, que personne ne s'est trompé autant que la philosophie des « immortels principes », quand elle a décrit les commencements de la société

> humaine comme le fruit de conventions entre des gaillards tout formés, pleins de vie consciente et libre, agissant sur le pied d'une espèce d'égalité, [...] pour conclure tel ou tel abandon d'une partie de leurs « droits » dans le dessein exprès de garantir le respect des autres.
>
> Les faits mettent en pièces et en poudre ces rêveries. La Liberté en est imaginaire, l'Égalité, postiche. Les choses ne se passent pas ainsi, elles n'amorcent même rien qui y ressemble [...]. Tout joue et va jouer [...], procède et procédera par des actions d'autorité et d'inégalité, contredisant, à angle droit, la falote hypothèse libérale et démocratique[1].

Maurras ici a évidemment raison dans ce qu'il affirme ; mais a-t-il raison dans ce qu'il nie, lorsqu'il congédie avec mépris « la falote hypothèse libérale et démocratique » ? Aurait-il échappé aux philosophes de la démocratie que les nouveau-nés n'allaient pas faire leurs courses ? La « naissance » dont il s'agit n'est pas la naissance réelle, biologique : la Déclaration renvoie à cette condition de l'humanité que les philosophes du XVIIe et du XVIIIe siècle appelaient l'« état de nature », un état « antérieur » à l'état social si l'on veut, mais cela veut dire un état sous-jacent, immanent à l'état social, un état dans lequel tous les hommes sont libres, c'est-à-dire sont vraiment les auteurs responsables de tous leurs actes, les auteurs autonomes et souverains de tous leurs actes. En proclamant les droits de l'homme, en déclarant que « les hommes naissent et demeurent libres et égaux en droits », la démocratie fait surgir, parallèle à la société réelle pleine d'inégalités et de dépendances, la promesse d'une autre société où les semences de liberté se déploieraient sans entraves. Le projet démocratique prétend réaliser cette promesse. Maurras, et en général les critiques conservateurs, ont un œil aigu pour repérer les dépendances qui entravent nécessairement l'effort de liberté, mais ils n'ont pas le sens spirituel pour reconnaître la portée de ce désir d'une liberté inconditionnée, qu'ils réduisent avec autant d'imprudence que d'injustice à une « falote hypothèse ».

1. *Mes idées politiques*, Paris, Fayard, 1937, rééd. 1968, p. 17-19.

Une fois que nous avons reconnu les limites de la critique conservatrice, nous ne sommes pas au bout de nos peines. Nous ne pouvons nous contenter de dire que le projet démocratique est un projet de liberté dressé contre les dépendances et les inégalités des sociétés réelles. Quel est cet homme qui a de tels droits ? Quel homme se déclare dans la Déclaration des droits de l'homme ? Pour venir aux prises avec cette question, il faut nous tourner vers Marx, qui l'a profondément examinée dans sa jeunesse. Ce que le jeune Marx a à dire à propos des droits de l'homme, et qui est très critique aussi, est plus intéressant que ce que j'ai cité tout à l'heure de Maurras, d'abord parce que Marx partage le projet démocratique d'une liberté inconditionnée, le projet démocratique d'émancipation : sa critique des droits de l'homme met donc au jour des difficultés intrinsèques de la notion, au lieu que la critique de Maurras oppose à celle-ci les objections du bon sens, ce bon sens qui a toujours, et si inutilement, raison.

L'essentiel de la critique de Marx est contenu dans un opuscule publié en 1844 et intitulé *À propos de la question juive* (*Zur Judenfrage*), dans lequel Marx répond à Bruno Bauer. Ce dernier, dans un texte intitulé précisément *La Question juive*, avait analysé la situation des juifs dans les États chrétiens modernes, et cherché la solution à leur exclusion et à leur infériorité instituées dans le développement d'un État laïque. Mais ce n'est pas cela qui nous intéresse ici. Ce qui nous intéresse, c'est qu'à l'occasion de sa réponse à Bauer, Marx propose une brève mais puissante esquisse de sa conception de la société moderne, telle qu'elle se déploie sous ses yeux. Lisons quelques passages essentiels :

> Avant tout nous constatons que les *droits* dits *de l'homme*, les *droits de l'homme*, par opposition aux *droits du citoyen*, ne sont rien d'autre que les droits du *membre de la société bourgeoise*, c'est-à-dire de l'homme égoïste, de l'homme séparé de l'homme et de la collectivité. [...]
>
> La liberté est donc le droit de faire et d'entreprendre tout ce qui ne nuit à aucun autre. La frontière à l'intérieur de laquelle

chacun peut se mouvoir sans être *nuisible* à autrui est définie par la loi, de même que la limite de deux champs est déterminée par le palis. Il s'agit de la liberté de l'homme en tant que monade isolée, repliée sur elle-même. [...]

[...] le droit de l'homme à la liberté n'est pas fondé sur la relation de l'homme à l'homme, mais au contraire sur la séparation de l'homme d'avec l'homme. Il est le *droit* à cette séparation, le droit de l'individu *limité*, limité à lui-même.

L'application pratique du droit à la liberté est le droit de l'homme à la *propriété privée*. [...]

Le droit de l'homme à la propriété privée est donc le droit de jouir et de disposer de sa fortune arbitrairement (*à son gré*), sans se rapporter à d'autres hommes, indépendamment de la société, c'est le droit à l'égoïsme. Cette liberté individuelle-là, de même que son application, constituent le fondement de la société bourgeoise. À chaque homme elle fait trouver en l'autre homme, non la réalisation, mais au contraire la *limite* de sa liberté. [...]

La *sûreté* est le concept social suprême de la société bourgeoise, le concept de la *police*, selon lequel toute la société n'est là que pour garantir à chacun de ses membres la conservation de sa personne, de ses droits et de sa propriété. [...]

Aucun des droits dits de l'homme ne dépasse donc l'homme égoïste, l'homme tel qu'il est comme membre de la société bourgeoise, c'est-à-dire un individu replié sur lui-même, sur son intérêt privé et son bon plaisir privé, et séparé de la communauté[1].

Le propos de Marx est très condensé, mais je vais essayer de le résumer encore : les droits de l'homme et du citoyen sont en fait les droits de l'homme en tant que celui-ci est différent du citoyen ; ce sont les droits de l'homme privé, du bourgeois, de l'individu. Le propos de Marx est bien sûr de critique et de dénonciation : il s'en prend à une société qui, parce qu'elle est fondée sur l'égoïsme, sépare les hommes qu'elle devrait réunir. Cette dénonciation est banale aujourd'hui, mais elle l'était déjà au moment où Marx écrit, non seulement chez les socialistes, mais chez les catholiques, et même chez beaucoup de libéraux, bref, chez à peu près tout le monde. Cette dénonciation de

1. Karl Marx, *La Question juive*, trad. M. Simon, Paris, Aubier, 1971, p. 103-109.

l'égoïsme de notre société n'est pas très intéressante en elle-même. Nos ministres et nos hommes d'affaires sont-ils plus égoïstes que les ministres et les traitants sous le règne de Louis XIV ? Sommes-nous plus égoïstes que nos aïeux (vous remarquerez que ceux qui dénoncent l'égoïsme de notre société s'exemptent eux-mêmes de la condamnation, ce qui tend à suggérer que l'égoïsme n'y est pas universel) ? En tout cas, ce n'est pas par cette condamnation que Marx nous intéresse ici. Ou plutôt, ce qui nous intéresse, c'est la manière dont il lie l'égoïsme – donc quelque chose que nous rejetons tous en principe – aux droits de l'homme – soit quelque chose que nous embrassons tous en principe.

Ce que Marx observe d'étrange dans la démocratie moderne, c'est que ce projet politique se fonde en quelque sorte sur la négation de la condition politique de l'homme. Les droits de l'homme inspirent ou accompagnent un projet politique extrêmement vaste et ambitieux. En tant que projet politique, il s'agit sans doute de relier les hommes, de les réunir, eh bien non ! c'est le contraire, il s'agit plutôt de les séparer, d'installer chacun dans sa propriété, et d'abord dans la propriété de lui-même, et de protéger cette propriété. Bref, il y a, semble-t-il, quelque chose d'intrinsèquement *contradictoire* dans le projet démocratique moderne.

Il faut admettre que l'analyse que Marx donne de plusieurs articles des Déclarations des droits est plutôt convaincante. De plus, elle s'applique parfaitement aux auteurs qui sont les inspirateurs des Déclarations des droits de l'homme, ces philosophes politiques du XVIIe et du XVIIIe siècle tels que Hobbes, Locke et Rousseau, qui en effet font naître le corps politique de la nécessité de la conservation individuelle. Il est bien vrai que pour eux, comme le dit Marx, « la société n'est là que pour garantir à chacun de ses membres la conservation de sa personne, de ses droits et de sa propriété ». Mais peut-on en rester là ? Comment une société politique pourrait-elle durablement se maintenir sur la base d'un principe apolitique, et même antipolitique ? Marx, bien sûr, croyait que cette contradiction de la démocratie bourgeoise allait susciter une transformation révolutionnaire qui réunirait bientôt à nouveau l'individu et le citoyen, qui, dépassant l'émancipation politique des Lumières, fondée sur la séparation de la société civile et de l'État, produirait la vraie émancipation humaine, et réconcilierait l'individu avec son « être générique » – traduisons : avec sa vocation humaine universelle. Nous savons qu'il n'en a rien été. La contradiction, si c'en était une, a disparu, ou on s'est réconcilié avec elle. Où est l'erreur de Marx ?

Dans l'essai « Droits de l'homme et politique[1] », Claude Lefort critique sévèrement la critique marxienne des droits de l'homme. La première critique de Lefort consiste à relever que Marx, dans la *Question juive*, s'en tient au *texte* des Déclarations. On ne saurait certes nier leur logique individualiste, bourgeoise, séparatrice, mais pourquoi Marx ne s'intéresse-t-il pas aux effets sociaux réels de ces textes fondateurs ? Cela est d'autant plus étrange que Marx oppose constamment dans son œuvre la réalité à l'idéologie, en prétendant déchirer les voiles dont celle-ci couvre celle-là. Lefort écrit : « Marx tombe et nous attire dans un piège, qu'il a été dans d'autres occasions, mais aussi à d'autres fins, fort habile à démonter : celui de l'idéologie. Il se laisse faire prisonnier de la version idéologique des droits, sans examiner ce qu'ils signifient dans la pratique, quel bouleversement ils apportent dans la vie sociale. » Lefort reprend donc le commentaire que Marx proposait de l'article 4 de la Déclaration de 1789 : « La liberté consiste à pouvoir faire tout ce qui ne nuit pas à autrui [...] », commentaire que nous avons lu, et où Marx, vous vous en souvenez, déclare qu'une telle liberté est celle de la « monade isolée, repliée sur elle-même ». Pour Lefort, Marx subordonne la liberté positive « pouvoir faire tout ce qui... » à la liberté négative « ne pas nuire... », « sans prendre en considération que toute action humaine, dans l'espace public, quelle que soit la constitution de la société, lie nécessairement le sujet à d'autres sujets[2] ». Marx est ainsi aveugle aux effets libérateurs réels de la liberté dite bourgeoise : « Marx ignore étrangement

1. Voir Claude Lefort, *L'Invention démocratique*, Paris, Fayard, 1981.
2. *Ibid.*, p. 56.

la levée des multiples interdits qui pesaient sur l'action humaine avant la révolution démocratique, sous l'Ancien Régime, il ignore la portée pratique de la Déclaration des droits, capté qu'il est par l'image d'un pouvoir ancré dans l'individu et ne pouvant s'exercer que jusqu'à ce qu'il rencontre le pouvoir d'autrui [1]. »

Ensuite, Lefort considère ce que Marx a à dire de la liberté d'opinion. Marx fait de celle-ci une modalité de la propriété, il fait du droit à entretenir librement son opinion une modalité du droit de propriété, ce droit qui, nous l'avons vu, est pour lui « le fondement de la société bourgeoise ». Lefort note que Marx ici passe sous silence le texte même des articles de la Déclaration concernant la liberté de conscience et d'opinion. Il les cite alors. Article 10 : « Nul ne doit être inquiété pour ses opinions, même religieuses, pourvu que leur manifestation ne trouble pas l'ordre public établi par la loi. » Article 11 : « La libre communication des pensées et des opinions est un des droits les plus précieux de l'homme ; tout citoyen peut donc parler, écrire, imprimer librement, sauf à répondre de l'abus de cette liberté dans les cas déterminés par la loi. » Et Lefort commente : « Faut-il que Marx soit obsédé par son schéma de la révolution bourgeoise pour ne pas voir que la liberté d'opinion est une liberté de rapports, ou, comme il est dit en l'occurrence, une liberté de communication ? [...] À supposer que le premier des deux articles mentionnés n'excède pas la métaphore de la propriété, le second fait [...] entendre que c'est le droit de l'homme, l'un de ses droits les plus précieux, de sortir de lui-même et de se lier aux autres, par la parole, l'écriture, la pensée. [...] l'article fait entendre qu'il y a une communication, une circulation des pensées et des opinions, des paroles et des écrits, qui échappent par principe, sauf dans des cas spécifiés par la loi, à l'autorité du pouvoir [2]. » On voit comment Lefort et Marx font des lectures opposées de la Déclaration des droits de l'homme, et de la société démocratique qu'elle fonde : là où Marx voit principalement le droit de se séparer, Lefort voit principalement le droit de se lier.

1. *Ibid.* p. 57.
2. *Ibid.*, p. 58-59.

Il faut mentionner un second aspect de l'analyse de Lefort, qui ouvre des perspectives inédites sur la signification politique et humaine des droits de l'homme. Lefort commence par rappeler que la révolution des droits de l'homme rattache les droits à l'homme, ce qui semble aller de soi, mais en fait suppose et signifie un renversement de la relation au droit, puisque celui-ci était jusque-là enraciné en Dieu ou en la coutume ancestrale. En première approximation, donc, il faut dire que le droit est détaché de Dieu pour être rattaché à l'homme. Mais cette proposition est en fait trompeuse. L'être humain ne peut être vraiment considéré comme le sujet d'inhérence des droits, puisque cette inhérence n'est pas représentable. Le droit particulier d'un individu particulier est aisément représentable : « la fille du boulanger a hérité de la boutique de son père », une telle proposition n'offre pas de difficulté vertigineuse à l'intelligence. Mais comment *rapporter* à l'être humain *en général* des droits définis en termes *généraux* ? Dans la mesure où les droits de l'homme sont reconnus, dit Lefort, « se trouvent reconnus des modes d'existence, des modes d'activité, des modes de communication dont les effets sont *indéterminés* ». Et encore : « Les droits de l'homme sont énoncés ; ils le sont comme des droits qui appartiennent à l'homme ; mais, simultanément, l'homme apparaît à travers ses mandataires comme celui dont l'essence est d'énoncer ses droits. Impossible de détacher l'énoncé de l'énonciation, dès lors que nul ne saurait occuper la place, à distance de tous, d'où il aurait autorité pour octroyer ou ratifier des droits. Ainsi, les droits ne font pas simplement l'objet d'une déclaration, il est de leur essence de se déclarer [1]. »

Le texte de Lefort ici est difficile. Il essaie de transmettre une idée profonde. Le principe générateur de notre société, qui est le droit, n'y est pas visible de manière déterminée et incontestable comme il l'était antérieurement dans la loi de Dieu ou la personne du monarque – dans le corps du roi –, mais il n'y est pas non plus représentable dans les hommes, ou dans l'homme en général quoiqu'il s'agisse des droits de l'homme : ces droits

1. *Ibid.*, p. 65-66.

déclarés ne sont en somme déclarés par personne, ou alors ils sont déclarés par tous et personne, chacun étant à la fois sujet et objet, auteur et bénéficiaire des droits, de tous les droits. Bref, il y a dans notre société une indétermination et une circulation du droit qui suscitent sans cesse de nouvelles revendications de droits. Quoi que fassent l'État, l'administration, les puissances sociales, toutes ces instances de commandement ou de domination sont exposées à ce que Lefort appelle très bien une « opposition de droit ». Je cite encore Lefort : « [...] l'État démocratique excède les limites traditionnellement assignées à l'État de droit. Il fait l'épreuve de droits qui ne lui sont pas déjà incorporés, il est le théâtre d'une contestation, dont l'objet ne se réduit pas à la conservation d'un pacte tacitement établi, mais qui se forme depuis des foyers que le pouvoir ne peut entièrement maîtriser[1]. » Et enfin : « [...] c'est du sein de la société civile, sous le signe de l'exigence indéfinie d'une reconnaissance mutuelle des libertés, d'une protection mutuelle de leur exercice, que peut s'affirmer un mouvement antagoniste de celui qui précipite le pouvoir étatique vers son but[2]. »

Certainement, les critiques que Lefort adresse à Marx sont pertinentes. Sont-elles complètement convaincantes ? Le jeune Marx dénonciateur des « droits de l'homme égoïste » est-il complètement réfuté ? Si Marx est aveugle aux effets liants des droits de l'homme dans la société nouvelle, sans doute Lefort est-il trop peu sensible aux effets séparateurs de ces droits, et en particulier de ceux qu'il appelle avec approbation les « nouveaux droits ». Il est très favorable à ces nouveaux droits parce qu'il y voit avec raison de nouvelles libertés, une indépendance accrue à l'égard des puissances sociales et des dominations instituées. Mais comment nier que ces nouvelles libertés soient séparatrices ? Considérons par exemple le nouveau droit de la famille qui s'est développé ces vingt ou trente dernières années. Il n'est pas douteux qu'on peut l'inscrire sous la rubrique des « nouveaux droits » de l'homme, en l'occurrence de la femme (je pense

1. *Ibid.*, p. 67.
2. *Ibid.*, p. 76.

par exemple à la disparition de la notion de « chef de famille », au divorce par consentement mutuel, à l'accès à la contraception et à l'interruption de grossesse). Grâce à ces nouveaux droits, la plupart des femmes – en principe toutes – disposent d'une indépendance qui auparavant n'était ouverte qu'à un tout petit nombre d'audacieuses ou alors d'« effrontées ». Mais le fait même qu'elles n'aient plus besoin de nouer le « lien conjugal » pour avoir une place et un rôle dans la société, le fait même qu'elles puissent vivre « déliées » sans rencontrer la désapprobation de l'opinion, confirme que la logique des droits de l'homme est bien une logique séparatrice et « individualisante ». Dès lors, il reste quelque chose de profondément vrai dans l'analyse de Marx lorsque celui-ci définit la liberté de l'homme moderne comme la liberté d'une « monade isolée, repliée sur elle-même ».

Le dialogue pourrait continuer. Lefort pourrait répliquer que ces nouvelles libertés ne sont pas contraires à la liaison sociale, aux liens humains. Elles ont pour seul but de garantir que ces liens soient librement noués, librement entretenus ; et cela suppose qu'ils puissent être librement dénoués dès qu'ils sont estimés asservissants.

Le débat est indéfini, mais il n'est pas vain. Le dialogue entre les philosophes n'est ici que le déploiement et l'approfondissement du dialogue entre les citoyens, de la conversation civique. Nous devons essayer de parvenir à une analyse de notre société qui en reconnaisse la logique individualisante, tout en faisant droit aux nouvelles modalités du lien social qui apparaissent dans la vie privée et publique. Un auteur comme Tocqueville peut nous aider à réconcilier Marx et Lefort. Tocqueville définit la démocratie comme un double mouvement, il distingue dans la démocratie deux aspects : d'une part ce qu'il appelle la « nature » de la démocratie, ou son « instinct », et sur ce point il est d'accord avec Marx, il va plus loin même que lui, ou plus en profondeur, et il décrit comment l'individu démocratique veut passionnément ramener à lui-même tous les aspects de la vie sociale et humaine ; mais il y a d'autre part ce qu'il appelle l'« art de la démocratie », c'est-à-dire cet ensemble d'institutions, de comportements, de vertus, qui font que les citoyens des démocraties nouent entre eux toutes sortes de liens. On pourrait dire, en suivant l'inspiration de Tocqueville, que l'homme démocratique n'accepte de se lier que s'il est sûr de le faire absolument librement. Il faut donc qu'il se délie d'abord complètement avant de – et afin de – pouvoir se lier légitimement. Même quand son propos est de se lier, son premier mouvement est de se délier. Telle est l'ambivalence qui travaille notre âme sous le règne des droits de l'homme.

Chapitre X

DEVENIR INDIVIDU

Considérons maintenant, avec l'aide de Tocqueville, comment la démocratie moderne lie les hommes après les avoir déliés, comment l'art de la démocratie s'articule sur la nature de la démocratie.

Le mieux est de partir du mot même d'*individualisme*, que nous employons très couramment aujourd'hui, mais qui apparaît au début du XIXe siècle (on le signale dès 1826) précisément pour désigner le problème, ou l'ensemble de problèmes, qui nous préoccupent ici. Un court chapitre du second tome de la *Démocratie en Amérique* s'intitule « De l'individualisme dans les pays démocratiques [1] », il est lumineux, il faut le lire :

> J'ai fait voir comment, dans les siècles d'égalité, chaque homme cherchait en lui-même ses croyances ; je veux montrer comment, dans les mêmes siècles, il tourne tous ses sentiments vers lui seul.
>
> L'*individualisme* est une expression récente qu'une idée nouvelle a fait naître. Nos pères ne connaissaient que l'égoïsme.
>
> L'égoïsme est un amour passionné et exagéré de soi-même, qui porte l'homme à ne rien rapporter qu'à lui seul et à se préférer à tout.

1. *De la démocratie en Amérique*, *op. cit.*, t. II, IIe partie, chap. II.

> L'individualisme est un sentiment réfléchi et paisible qui dispose chaque citoyen à s'isoler de la masse de ses semblables et à se retirer à l'écart avec sa famille et ses amis ; de telle sorte que, après s'être ainsi créé une petite société à son usage, il abandonne volontiers la grande société à elle-même.
>
> L'égoïsme naît d'un instinct aveugle ; l'individualisme procède d'un jugement erroné plutôt que d'un sentiment dépravé. Il prend sa source dans les défauts de l'esprit autant que dans les vices du cœur.
>
> L'égoïsme dessèche le germe de toutes les vertus, l'individualisme ne tarit d'abord que la source des vertus publiques ; mais, à la longue, il attaque et détruit toutes les autres et va enfin s'absorber dans l'égoïsme.
>
> L'égoïsme est un vice aussi ancien que le monde. Il n'appartient guère plus à une forme de société qu'à une autre.
>
> L'individualisme est d'origine démocratique, et il menace de se développer à mesure que les conditions s'égalisent[1].

D'entrée, Tocqueville dénoue la confusion dans laquelle Marx reste pris lorsque, analysant la société moderne, nous l'avons vu, il évoque le règne de l'« homme égoïste », de la « personne égoïste ». L'épithète « égoïste » se situe immédiatement dans le domaine moral et dans le registre du blâme. Bien sûr, cette confusion est tentante, et elle ne cessera pas : combien d'auteurs depuis deux siècles, combien aussi de simples citoyens ont dénoncé l'« égoïsme » de la société bourgeoise ! Tocqueville remarque sobrement que « l'égoïsme est un vice aussi ancien que le monde ». On ne contribue pas à mieux comprendre notre société lorsqu'on en dénonce l'égoïsme. Il est certes permis, peut-être même est-il nécessaire, de le faire, mais on est alors dans le registre de la morale éternelle, et cette dénonciation n'est ni plus ni moins justifiée aujourd'hui qu'au temps de Molière, d'Aristophane ou du roi David. En fait, lorsqu'on dénonce l'« égoïsme » comme un trait caractéristique de notre type de société, c'est autre chose que l'on vise, autre chose pour quoi un autre mot a d'ailleurs été vite trouvé, et c'est donc celui d'individualisme.

1. *Ibid.*, p. 105.

Qu'est-ce que l'individualisme ? Tocqueville en donne une description très ample et très fine dans le second tome de la *Démocratie*. Nous pouvons partir de ce qu'il en dit dans ce chapitre de définition. Il en souligne le caractère d'abord intellectuel : il s'agit d'un jugement de l'esprit, d'un jugement erroné, qui entraîne des sentiments, une disposition intérieure. Il s'agit d'un jugement par lequel chacun s'isole de ses concitoyens, se veut et se sent indépendant d'eux, volonté et sentiment d'indépendance qui ne se limitent pas à l'individu proprement dit, mais enveloppent sa famille et ses amis. Bien sûr, un tel jugement « tarit la source des vertus publiques » qui supposent que l'on se sente concerné par ce qui se passe dans l'espace public, dans la « grande société ».

Cette définition de l'individualisme est claire et suggestive. En même temps, elle n'emporte pas complètement la conviction car on a peine à voir en quoi la préférence exclusive donnée à ses parents et amis – la préférence donnée aux « siens » – procède plutôt d'un jugement erroné que d'un vice du cœur, et donc pourquoi cette préférence serait plus marquée aujourd'hui qu'hier, dans la société démocratique que sous l'Ancien Régime, où on montrait, semble-t-il, un vif souci du sort de sa famille. Précisément, pour comprendre ce que veut dire Tocqueville, il faut procéder comme lui, c'est-à-dire comparer la société nouvelle à l'ancienne. Il écrit un peu plus loin :

> Les hommes qui vivent dans les siècles aristocratiques sont donc presque toujours liés d'une manière étroite à quelque chose qui est placé en dehors d'eux, et ils sont souvent disposés à s'oublier eux-mêmes. Il est vrai que, dans ces mêmes siècles, la notion générale du *semblable* est obscure, et qu'on ne songe guère à s'y dévouer pour la cause de l'humanité ; mais on se sacrifie souvent à certains hommes.
>
> Dans les siècles démocratiques, au contraire, où les devoirs de chaque individu envers l'espèce sont bien plus clairs, le dévouement envers un homme devient plus rare : le lien des affections humaines s'étend et se desserre[1].

1. *Ibid.*, p. 106.

Tocqueville ne sous-estime pas l'attachement de nos ancêtres à leur famille. Peut-être était-il plus intense que le nôtre. Mais il avait un caractère différent. On pourrait dire : l'homme démocratique rapporte sa famille à lui-même, la ramène à soi ; l'homme aristocratique se rapportait à sa famille, se rattachait à elle et en quelque façon s'oubliait en elle. Les vecteurs du cœur, si j'ose dire, sont opposés. Mais on risque ici encore de « moraliser » le problème, de dire en somme que nous sommes égoïstes là où nos pères étaient dévoués. Ce n'est pas ce que veut dire Tocqueville. Reprenons le texte : « Les hommes qui vivent dans les siècles aristocratiques sont donc presque toujours liés d'une manière étroite à quelque chose qui est placé en dehors d'eux, et ils sont souvent disposés à s'oublier eux-mêmes. » Le dévouement subjectif de nos pères répond à une situation objective : ils sont « liés d'une manière étroite à quelque chose qui est placé en dehors d'eux ». On est frappé par le caractère abstrait, presque géométrique, du propos : Tocqueville dessine la structure de l'espace public dans l'ancienne société. Dans cette société, le lien social, y compris et d'abord le lien familial, est immédiatement inscrit dans l'espace public comme un fait de nature. Il est immédiatement perçu comme un fait objectif, extérieur au sujet, vérifié et confirmé par le devoir de chacun d'obéir à son supérieur social. Dans la famille, dans la société, *les hommes sont liés, et ils n'ont pas le choix*. Ce que chacun perçoit d'abord du monde social, c'est l'ensemble des liens dans lesquels il est pris, qui le définissent et auxquels il doit répondre.

Ce détour par la société ancienne nous permet de mieux comprendre la société nouvelle et son « individualisme ». Dans celle-ci, ce que chacun perçoit d'abord du monde social, ce n'est pas l'ensemble objectif des liens qui le rattachent aux autres sociétaires, c'est lui-même en tant que source unique et seule légitime de tous ses liens, en tant que *sujet* avec ce qui lui est *propre* – famille, propriété, amis. Les membres des sociétés aristocratiques « sont souvent disposés à s'oublier eux-mêmes » non parce qu'ils seraient moins égoïstes que nous, mais parce que ce qu'ils voient d'abord, c'est le lien social qui est extérieur à eux ; les hommes démocratiques se dévouent au contraire rarement, non parce qu'ils seraient spécialement égoïstes, mais parce que ce qu'ils voient, ou plutôt sentent d'abord, c'est eux-mêmes, ou leur individualité de sujets.

Certes, même formulée en ces termes non moraux, en ces termes sociologiques ou anthropologiques, la comparaison entre la société démocratique et la société aristocratique paraît tourner à l'avantage de cette dernière, qui seule semble lier les hommes, et donc être seule une vraie société. Mais ce serait oublier le prix payé par la société aristocratique : le dévouement montré à certains hommes, ceux auxquels on est spécialement lié – père, seigneur, roi –, a pour corrélat et pour condition une indifférence à l'humanité en général parce que « dans ces mêmes siècles, la notion générale du *semblable* est obscure ». Nous nous souvenons de ce que Tocqueville dit ailleurs de la faible extension de la pitié dans les sociétés aristocratiques[1]. La comparaison est donc beaucoup plus équilibrée qu'il ne semblait. Dans les sociétés aristocratiques vont de pair oubli de soi (« dévouement ») et indifférence à l'humanité en général, tandis que dans les sociétés démocratiques vont de pair sentiment de soi (impossibilité de s'oublier) et sentiment de l'humanité en général, sentiment du *semblable*.

Telle est en tout cas la nature de la démocratie selon Tocqueville. Lorsque celui-ci parle des « passions », des « tendances », des « instincts » de la démocratie, il vise tous ces aspects sociaux, politiques, moraux, qui s'enracinent dans l'individualisme, dans le cercle et le mouvement de l'individualisme, où chacun se perçoit comme la source et le référent de tous ses liens, c'est-à-dire ramène à soi, à son « intérêt » certes, mais surtout à son consentement, à sa capacité d'identification, tous les éléments du monde social. C'est en ce sens qu'aux yeux de Tocqueville la démocratie est dangereuse pour l'humanité de l'homme : sa tendance, sa gravitation pour ainsi dire, est de nous enfermer en nous-mêmes, de nous faire perdre le sentiment de l'altérité[2] et donc la capacité et le goût de sortir de nous-mêmes pour

1. Voir ci-dessus, p. 65-66.

2. Ce mot abstrait, si populaire aujourd'hui, désigne de manière suggestive cette dimension de la vie qui, dans les sociétés démocratiques, nous échappe ou que nous fuyons.

aller à la rencontre de ce qui nous est extérieur – de ce qui est objectif. Tocqueville conclut le chapitre que nous considérons en affirmant que la démocratie « ramène [chaque homme] sans cesse vers lui seul et menace de le renfermer enfin tout entier dans la solitude de son propre cœur[1] ».

Dès lors, cette « nature » de la démocratie doit être corrigée, ces « tendances », modérées, ces « instincts », réglés. Comment ? En conservant, ou restaurant, certains éléments aristocratiques dans la démocratie ? C'est la thèse que certains interprètes attribuent à Tocqueville : il serait un « libéral aristocratique ». Je ne crois pas que ce soit le cas. La démocratie est trop forte, et son principe trop opposé à celui de l'aristocratie, pour qu'un tel compromis – un tel « régime mixte » – soit possible, en tout cas durable : comment les allégeances personnelles qui font l'aristocratie survivraient-elles, prises en tenailles entre le sentiment de soi de chacun et son sentiment de l'humanité en général, qui sont les deux faces de la démocratie ? Dans le langage couramment employé par Tocqueville, on demandera : quelle aristocratie, aussi modérée qu'on l'imagine, résisterait à la « passion de l'égalité » qui ne cesse de croître à mesure qu'elle est satisfaite – elle n'est jamais satisfaite ! –, au mouvement de l'égalité qui est « irrésistible » ? On ne peut résister aux tendances dangereuses de la démocratie qu'en s'appuyant sur la démocratie elle-même. L'art de la démocratie réglera, et parfois corrigera la nature de la démocratie.

Le propos général de l'art démocratique est facile à concevoir. Puisque la tendance naturelle de la démocratie est d'enfermer chacun en lui-même, il s'agira de le faire sortir de lui-même, et d'abord de lui faire sentir qu'il y a des « autres ». Pour cela, tous les moyens seront bons, je veux dire, l'art démocratique fera usage de moyens fort divers. La religion par exemple aidera à modérer les instincts de la démocratie, parce que l'idée d'un être infini, l'idée du Créateur, se confond pour ainsi dire avec l'effort pour concevoir quelque chose, ou quelqu'un, qui soit essentiellement plus grand que nous-mêmes, et cet effort nous

1. *De la démocratie en Amérique*, *op. cit.*, p. 106.

oblige à sortir de nous-mêmes. Mais, selon leur formule la plus générale, les moyens de l'art démocratique seront ceux de la participation sociale et politique. Quelques pages après celles que nous venons de lire, Tocqueville écrit :

> Les législateurs de l'Amérique n'ont pas cru que pour guérir une maladie si naturelle au corps social dans les temps démocratiques et si funeste, il suffisait d'accorder à la nation tout entière une représentation d'elle-même ; ils ont pensé que, de plus, il convenait de donner une vie politique à chaque portion du territoire, afin de multiplier à l'infini, pour les citoyens, les occasions d'agir ensemble, et de leur faire sentir tous les jours qu'ils dépendent les uns des autres.

Et un peu plus loin :

> C'est donc en chargeant les citoyens de l'administration des petites affaires, bien plus qu'en leur livrant le gouvernement des grandes, qu'on les intéresse au bien public et qu'on leur fait voir le besoin qu'ils ont sans cesse les uns des autres pour le produire[1].

Dans la société démocratique, les hommes sont irrésistiblement tentés d'oublier qu'ils sont des animaux politiques. Il faut le leur rappeler, non par des discours, mais par des institutions, des mœurs, qui pour ainsi dire les forcent à être libres en les obligeant à participer ensemble à la gestion de leurs affaires. Tel est l'art de la démocratie, que les Américains ont si tôt perfectionné.

•

Certainement, il y a dans ces analyses et prescriptions de Tocqueville une acquisition définitive de la science politique moderne. En même temps, cette science est ici colorée par les conditions spécifiques de son laboratoire principal, qui est l'Amérique. Nous venons de le lire : le secret de l'Amérique, de l'art politique des Américains, réside dans leur manière d'admi-

1. *Ibid.*, chap. IV : « Comment les Américains combattent l'individualisme par des institutions libres », p. 110 et 111.

nistrer les « petites affaires » plutôt que de gouverner les « grandes ». Or, pourrait-on dire, en Amérique, les petites affaires sont toujours déjà grandes en raison de la taille et de la vitalité du pays, mais inversement la plupart des grandes affaires restent en quelque façon petites car elles sont traitées au niveau des États, et non pas du pouvoir fédéral. Dans les nations européennes, au contraire, les petites affaires sont en général fort mesquines, mais elles côtoient presque toujours les grandes, ou plutôt la grande affaire, qui est celle du gouvernement national. Ainsi, en Europe, la démocratie est spécifiée par le cadre national d'une manière inconnue en Amérique. C'est le fait national qui, en Europe et particulièrement en France, spécifie le mouvement naturel de la démocratie comme il circonscrit les possibilités de l'art politique démocratique.

Dans l'événement fondateur de la politique démocratique en Europe, la Révolution française, les deux moments si soigneusement distingués par Tocqueville, le moment de la nature et le moment de l'art, sont en somme confondus : en même temps qu'ils se détachent des corps de l'Ancien Régime – paroisses, provinces, seigneuries, corporations, etc. –, les Français deviennent membres de la nation, ils deviennent citoyens. En même temps qu'ils sont séparés les uns des autres, ils sont rattachés à la même instance, la nation. Alors, décomposition et recomposition coïncident. Bien sûr, ce moment fusionnel ne dura pas. Il eut d'ailleurs des conséquences désastreuses, analysées et déplorées par Tocqueville, parce que la grandeur de la nouvelle idée nationale, son sublime écrasant, ne laissa guère aux nouveaux citoyens la possibilité, ni d'ailleurs l'envie, de gérer par eux-mêmes leurs « petites affaires ». Mais ce moment fusionnel offre une vérité synthétique que l'analyse de Tocqueville, aussi fondée soit-elle, risque de cacher : la nation est la forme politique habitée par des individus, ou inversement, l'individu est celui qui habite la nation. En d'autres termes, individualisme et nationalisme s'entr'appartiennent, contrairement à l'opinion commune qui en fait des contraires.

Le nationalisme est un individualisme au sens le plus fort du terme : il s'agit pour le corps politique, pour la nation, d'affirmer et d'approfondir son individualité, sa particularité. Je l'ai dit en discutant la forme-nation : aussi bien la nation que l'individu peut entendre l'injonction : « Deviens ce que tu es », et lui répondre. Dès lors, il y a une sorte d'affinité, ou de réversibilité, entre le particularisme de l'individu et le particularisme du corps politique sous la forme-nation. Je ne propose pas ici une thèse abstraite, paradoxale et invérifiable. Certaines biographies en offrent la vérification pour ainsi dire expérimentale, éminemment en France celle de Maurice Barrès qui passa du « culte du moi » à la promotion du « nationalisme », au culte de la nation. Dans *Scènes et doctrines du nationalisme* (1902), Barrès explicita lui-même avec une grande clarté la logique de ce développement :

> J'ai été un individualiste, et j'en disais sans gêne les raisons ; j'ai prêché le développement de la personnalité par une certaine discipline de méditation intérieure et d'analyse. Ayant longuement creusé l'idée du « Moi » avec la seule méthode des poètes et des romanciers, par l'observation intérieure, j'étais descendu, descendu parmi des sables sans résistance, jusqu'à trouver au fond et pour support la collectivité. [...]
>
> Nous ne sommes pas les maîtres des pensées qui naissent en nous. [...] La raison humaine est enchaînée de telle sorte que nous repassons tous dans les pas de nos prédécesseurs. [...]
>
> Celui qui se laisse pénétrer de ces certitudes abandonne la prétention de penser mieux, de se sentir mieux, de vouloir mieux que ses père et mère, il se dit : « Je suis eux-mêmes. » Et de cette conscience, quelles conséquences il tirera ! Quelle acceptation ! Vous l'entrevoyez. C'est tout un vertige où l'individu s'abîme pour se retrouver dans la famille, dans la race, dans la nation[1].

•

Fermons cette parenthèse sur la nation, et revenons au double mouvement de la démocratie, ce double mouvement

1. Cité par Raoul Girardet, *Nationalismes et nation*, *op. cit.*, p. 139-140.

qui consiste à défaire le lien social hérité – le lien inégal et subi – et à refaire un lien nouveau – un lien égal et librement voulu. Ce double mouvement obéit à un même principe, le principe du consentement qu'on peut formuler ainsi : il n'y a pour moi d'obligation légitime que celle à laquelle j'ai préalablement consenti ; il n'y a pour moi de lien légitime que celui dans lequel je suis entré librement. La vie de la démocratie, c'est la mise en œuvre de ce principe. L'horizon de la démocratie, c'est un état de société dans lequel il n'y aurait que des individus libres, c'est-à-dire liés uniquement par des liens librement contractés. L'ambition de la démocratie, c'est de nous faire passer d'une vie subie, reçue, héritée, à une vie voulue. La démocratie, c'est la volontarisation de toutes les relations et de tous les liens.

Historiquement, le principe a d'abord été affirmé et institutionnalisé dans l'ordre central de la vie humaine, à savoir l'ordre politique. De là il s'est répandu plus ou moins vite dans les différents domaines de la vie sociale et de la vie privée. C'est un principe qui, selon l'expression de Tocqueville, concerne finalement « la plupart des actions humaines [1] ». De fait, au moment de la Révolution française, en même temps que l'on instituait le consentement politique en instituant la représentation nationale, on mettait en œuvre le consentement privé en délivrant les enfants de toute tutelle parentale à la majorité et en instituant le divorce ; on alla même jusqu'à supprimer les vœux perpétuels de religion, qui paraissaient contredire le principe du consentement. Il s'agissait bien de faire en sorte que pour chacun il n'y ait d'action ou d'état que librement voulus. En dépit de reculs temporaires [2], cet empire du consentement n'a cessé de s'étendre. Symétriquement, l'empire du commandement n'a cessé de se restreindre.

Trois exemples suffiront pour illustrer ces propositions. Dans la famille, la loi a aboli le pouvoir et le titre du « chef de famille », et les parents, désormais parfaitement égaux entre eux, trouvent

1. Voir *De la démocratie en Amérique*, *op. cit.*, t. I, p. 414.
2. Essentiellement dus au Code civil de Napoléon.

de moins en moins naturel d'exiger l'obéissance de leurs enfants, qu'ils perçoivent de plus en plus comme leurs semblables et leurs égaux. Dans la nation, le gouvernement légitime, c'est-à-dire démocratiquement élu, n'ose plus ordonner aux citoyens-soldats de mourir pour la patrie : s'il engage une opération militaire comportant quelques risques, il la confie aux militaires professionnels – qui acceptent par hypothèse d'encourir les « risques du métier » – et aux appelés *volontaires*, c'est-à-dire aux conscrits qui consentent explicitement et spécialement à participer à cette opération. Dans l'ordre religieux, selon l'analyse de Marcel Gauchet que j'ai déjà présentée, la fonction principale quitte les Églises instituées, « elle passe aux individus » : « Le mouvement même qui ramène les différents magistères spirituels et moraux sur le devant de la scène les soumet d'autre part à l'arbitrage sans concession de consciences moins disposées que jamais à leur obéir[1]. »

On peut discuter sur la signification ou l'importance de tel ou tel phénomène, le mouvement d'ensemble échappe au doute : l'empire du consentement s'étend, le processus d'individualisation s'intensifie, et donc l'autorité des communautés de différents ordres dans lesquelles les êtres humains trouvaient jusqu'ici le sens de leur vie – la nation, la famille, l'Église –, cette autorité décline chaque jour davantage. La nation est désormais une communauté parmi d'autres et non plus la communauté par excellence, la famille est une association facultative, aléatoire et recomposée, l'Église est le lieu d'un sens à trouver et non plus à recevoir : le père de famille français et catholique – c'est-à-dire se définissant par ses communautés d'appartenance – est devenu un individu à la recherche de son identité – il peut être toujours père de famille, français et catholique, mais ces appartenances ne le définissent plus comme elles faisaient jadis ou naguère, et d'abord à ses propres yeux.

Encore une fois, considéré dans ses grandes lignes, le mouvement ne prête pas au doute. C'est celui que décrivent, chacune à sa manière, les diverses « sociologies de la modernité ». Mais

1. M. Gauchet, *La Religion dans la démocratie*, *op. cit.*, p. 106-107.

précisément parce que le mouvement ne prête pas au doute, on est presque irrésistiblement amené à souligner à l'excès les traits spécifiques de chacune des deux phases du processus. On décrit d'un côté une société ancienne plus « holiste », plus « hétéronome », qu'elle a jamais pu l'être, de l'autre une société nouvelle plus « individualiste », plus « autonome », qu'il n'est possible de l'observer. Les sociologues de la modernité évoquent la nation ancienne, la famille traditionnelle, l'Église de jadis, comme si l'appartenance à ces communautés avait jamais pu être une évidence simple et tranquille à laquelle la liberté et le consentement n'avaient pas de part, comme s'il n'y avait pas alors de désobéissance ou d'indifférence ou d'hostilité aux autorités nationales, comme si l'infidélité conjugale et les désordres familiaux étaient alors chose inconnue, comme si l'Église, indemne d'hérésies et de doutes, était alors la maîtresse souveraine des mœurs et des consciences. Symétriquement, ils décrivent la liberté moderne comme si nous étions devenus incapables d'allégeance, de promesse et de foi, comme si le dévouement à la patrie avait disparu de tous les cœurs, comme s'il n'y avait plus de familles durablement unies, comme si la vertu de foi et le souci de la vérité objective avaient cédé toute la place au sentiment religieux subjectif.

Le contraste est trop accusé. Il y a bien une polarité entre la communauté et l'autorité d'un côté, l'individu et la liberté de l'autre ; et il y a bien un mouvement de longue durée, irrésistible et multiforme, d'un pôle à l'autre. En même temps, chaque pôle contient l'autre, normalement subordonné mais présent et actif, et capable de prendre l'avantage. Dans l'ordre ancien, l'appartenance communautaire était première et de droit, mais elle n'était pas pensable sans la médiation du consentement, qui était généralement supposé. L'obéissance au roi supposait un mouvement intérieur d'allégeance, voire un serment explicite et formel. Le mariage dans l'Europe chrétienne avait toujours reposé en principe sur le consentement, puisque le consentement constituait la substance même du sacrement de mariage. Et pour prendre l'exemple le plus significatif dans ce contexte, même quand l'Église s'attribuait le droit d'imposer la règle de foi, elle affirmait que l'acte de foi n'avait de validité, n'était « méritoire », je l'ai dit, que lorsqu'il était librement et sincèrement formé. Symétriquement, dans l'ordre démocratique nouveau, c'est la libre recherche personnelle qui est maintenant de droit, mais elle peut conduire à des adhésions profondes et durables, qu'il s'agisse de la formation d'un couple ou de la participation à une communauté religieuse ou autre. Il faut décidément entrer un petit peu plus avant dans le mécanisme du consentement et de la liberté.

•

Le consentement présente deux difficultés importantes. La première est bien connue, mais elle a de nombreux aspects ; il faut essayer de la formuler de manière synthétique. On pourrait dire : comment le consentement se prolonge-t-il dans le temps ? À un instant donné, je consens à entrer dans telle communauté politique, religieuse ou familiale, et j'accepte les obligations qui en découlent. Mais ce consentement suffit-il ? Se prolonge-t-il naturellement dans le temps ? Ou faut-il le renouveler à chaque instant pour qu'il reste valide ? Et si c'est le cas, comment le renouveler ? Chacun voit comment la société moderne ne cesse de chercher des compromis entre la légitimité de plus en plus impérieuse du consentement actuel, entre l'exigence de vérifier à chaque instant qu'il y a bien consentement, et l'impossibilité de le faire, impossibilité pratique bien sûr mais aussi en quelque façon morale, ce qui oblige à supposer le consentement acquis pendant une certaine période de temps. Par exemple, un gouvernement démocratique est supposé légitime dès lors que l'électorat a voté majoritairement pour lui, et le consentement dudit électorat est supposé durer jusqu'à la nouvelle consultation électorale prévue dans quatre ou cinq ans. En pratique, les choses sont plus compliquées. Je laisse de côté le fait que, dans certains pays, le gouvernement peut provoquer des élections législatives anticipées s'il juge l'état de l'opinion favorable. Plus important, aujourd'hui l'état de l'opinion, le degré de son consentement, est évalué jour après jour par la technique des sondages. Le consentement solennel, vérifié tous les quatre ans, ou tous les cinq ans, ou tous les sept ans, est de plus en plus enveloppé, sinon remplacé, par un consentement vérifié pour ainsi dire à chaque instant.

Ainsi assistons-nous à une transformation de la temporalité : le temps devient pour nous ce qu'il était pour Dieu dans la philosophie de Descartes, une succession d'instants distincts les uns des autres. Comme la création selon Descartes était maintenue dans l'être par la volonté divine s'exerçant à chaque instant du temps – il s'agissait d'une « création continuée » –, eh bien, nos institutions, nos communautés, nos couples, sont maintenus dans leur être légitime par notre volonté, privée ou publique, qui s'exerce et doit de plus en plus se formuler à chaque instant du temps. Et nous avons le sentiment que c'est dans cette création continuée du consentement que l'individu est vraiment un individu authentique, qu'il devient ce qu'il est précisément en exerçant toujours à nouveau activement, à chaque instant, sa liberté – en refusant de recevoir aucune obligation du passé, ce passé fût-il celui de nos propres choix.

Cette liberté toujours nouvelle qui n'accepte rien du passé, qui à chaque instant se crée toujours à nouveau, vous savez que c'est la liberté telle que Sartre l'a définie dans ses écrits philosophiques et a essayé de la représenter dans ses romans. Mais c'est aussi l'idée dominante de la liberté aujourd'hui, l'idée active socialement, qui ne cesse de transformer les mœurs et les sentiments. Dans quelle mesure est-elle réellement pensable ? Dans quelle mesure est-elle réellement vivable ? Vécue ?

On peut faire en tout cas la remarque suivante. L'expression du consentement ouvre nécessairement un certain *avenir*, que celui-ci soit déterminé par l'institution ou non. Même dans nos démocraties gouvernées, dit-on, par les sondages, personne ne songera à demander la démission d'un gouvernement peu de temps après l'élection même si les sondages lui sont très défavorables : il reste porté par l'impulsion légitime du consentement électoral. Ainsi, le consentement comporte par lui-même une certaine durée, une certaine *promesse*. De fait, c'est comme promesse que le consentement se produisait dans les sociétés prédémocratiques. Mais la promesse agissait au rebours du consentement moderne. On tenait qu'un des traits les plus propres de l'homme, les plus nobles aussi, c'est la capacité de promettre, et de tenir ses promesses, puisque ainsi notre liberté surmonte le temps et la fortune. Revenir sur sa promesse, rompre son serment, était le fait d'une âme dépourvue de noblesse. La promesse par excellence valait pour le tout de la vie, jusqu'à la mort et parfois au-delà de la mort (Sartre bien sûr dirait que la promesse ainsi conçue est la mort de la liberté, puisque ce que j'ai promis à tel instant, rien ne garantit que je voudrai le promettre à l'instant suivant : on n'est pas moins esclave pour être esclave de soi-même). Il me semble en tout cas que nous nous trouvons aujourd'hui nécessairement partagés entre deux idées de la liberté, l'idée moderne du consentement continué et l'idée ancienne de la promesse.

J'ai parlé de deux grandes difficultés de la notion de consentement. Voici la seconde. Elle est d'ailleurs liée à la première. Un consentement est un acte, et cet acte transforme l'agent. Celui qui a consenti est différent de ce qu'il était avant son consentement. Dans le contexte social et politique qui nous occupe, il est devenu la partie d'un tout. Avant de devenir membre de cette communauté politique, ou religieuse, ou simplement avant de se marier, l'agent est sinon « un tout parfait et solitaire » comme disait Rousseau [1], du moins en effet un tout pour lui-même et d'une certaine façon l'égal de la communauté dans laquelle il va entrer : s'il consent à y entrer, cela suppose qu'il pouvait ne pas consentir. Il est en ce sens souverain. Mais une fois qu'il y est entré, sa condition change radicalement : il était un tout pour lui-même, ou l'égal d'un tout, il est maintenant la partie d'un tout. Comment resterait-il souverain puisqu'il a souverainement renoncé à sa souveraineté ? Vous savez que c'est là le problème que Rousseau explore dans le *Contrat social.* Il dit que l'individu « reste aussi libre qu'auparavant », mais aussi qu'il disparaît pour ainsi dire dans le nouveau corps. En tout cas, le consentement transforme. L'appartenance

1. *Du contrat social,* II, 7.

qu'on a contractée, on ne peut faire qu'on ne l'ait pas contractée, et qu'elle ne vous ait en quelque façon transformé. La seule manière d'échapper à cette difficulté, c'est évidemment de consentir le moins possible. Pour pouvoir consentir plus tard, pour préserver ma liberté de consentir, je consens le moins possible. Dans le langage de Montaigne, je ne me donne plus, je me « prête ». Pour rester libre, j'exerce le moins possible ma liberté, et je restreins au maximum mes appartenances. De manière un peu brutale, on pourrait formuler le dilemme de la liberté moderne – le dilemme de la liberté telle qu'éprouvée par l'individu moderne – de la manière suivante : ou j'entre dans une communauté, une association, une appartenance, et je me transforme en partie d'un tout et perds ma liberté, ou je n'entre pas dans une telle communauté, association, appartenance, et je n'exerce pas ma liberté. Bref, tel est le dilemme de la liberté moderne : ou je ne suis pas libre, ou je ne suis pas libre.

Nous souhaitons naturellement échapper à cette alternative (nous aimons être libres, mais nous n'aimons pas choisir !). Et nous pensons que c'est désormais possible, que nous n'avons plus à choisir entre appartenir et ne pas appartenir. Telle est la promesse contenue dans ce qu'on appelle aujourd'hui la communication. C'est une promesse extraordinaire, et pas seulement parce que les moyens techniques mobilisés sont extraordinaires. La communication nous promet tout ce que la communauté nous donnait, mais sans l'appartenance, sans les contraintes de l'appartenance. Exemple simple : apprendre impliquait auparavant l'inclusion dans une institution d'enseignement, l'appartenance à une classe, l'obligation d'écouter un professeur et de tenir compte en quelque mesure de ce qu'il dit, bref toutes les contraintes de ce qu'on appelle – l'expression par elle-même est rébarbative – le « système scolaire ». La société de la communication nous promet tous les profits de l'école, et plus encore, sans ses inconvénients et d'abord sans ses contraintes. Internet et CD-Rom nous permettent d'apprendre sans être obligés d'appartenir à une communauté d'apprentissage. La communication nous permet d'être enfin ce que nous n'avons jamais pu être jusqu'à présent, c'est-à-dire des individus. Nous n'avons pu être jusqu'à présent des individus parce que nous avions vraiment besoin les uns des autres, besoin de former ensemble de vraies communautés – d'enseignement, de défense, de production, etc. Désormais, semble-t-il, ce que les autres nous donnaient, nous l'obtenons d'eux sans avoir besoin d'avoir rien en commun avec eux, sinon les instruments techniques de la communication. La reproduction biologique elle-même ne nécessite plus la constitution d'un couple, aussi brève que soit son union.

Il est difficile, bien sûr, de porter un jugement sur ces phénomènes. Ce que j'ai présenté comme une promesse est aux yeux de certains plutôt une menace. Ce qui est frappant, en tout cas, c'est que les techniques modernes de communication nous promettent la réalisation dans un avenir proche de cette condition que les philosophes politiques modernes situaient dans un lointain passé ou alors dans un espace hypothétique, à savoir l'état de nature. L'état de nature, c'est l'état où les hommes sont réellement libres et égaux, simplement parce qu'ils sont indépendants, *sans liens*, l'état où les hommes sont réellement des individus, des « touts parfaits et solitaires ». Pour les philosophes politiques modernes, il fallait sortir de l'état de nature, nouer des liens humains, simplement pour survivre. Avec les moyens techniques modernes, ceux de la communication en particulier, cette nécessité est suspendue, ou très allégée : les liens techniques rendent superflus les liens humains. La technique en ce sens rend paradoxalement possible de rester dans l'état de nature, ou de revenir à l'état de nature, ou d'y parvenir enfin... En tout cas, elle fait miroiter cette possibilité.

Il n'est pas douteux que l'état de nature, sous une version ou sous une autre, hante l'individualisme moderne. De fait, il se présente en deux versions : la version rose, optimiste, la version communicationnelle et technique, que je viens d'évoquer, mais aussi la version noire, pessimiste, qui est proposée et explorée par une grande partie de la littérature moderne, par la littérature la plus spécifiquement moderne précisément. Pour le dire d'un mot : de Proust et Céline au théâtre de l'absurde et au Nouveau Roman, cette littérature dévoile l'imposture des liens humains, le mensonge de l'amour, l'inanité ou la duperie du langage.

Ainsi explore-t-elle ce que « devenir individu » veut dire. Devenir individu, c'est affronter un monde sans liens et sans communication humaine véritable : dans le théâtre de Ionesco et de Beckett, les paroles ont cessé de lier, les mots ont cessé de dire. Ainsi, tandis que la technique moderne multiplie les moyens de communication, la littérature moderne dénonce, en tout cas explore, la vacuité intrinsèque, l'impossibilité même de toute communication. Tels nous sommes : dotés de moyens de communication extraordinaires, mais doutant de la possibilité même de communiquer.

Chapitre XI

LA RELIGION DE L'HUMANITÉ

J'ai essayé de donner un sens un petit peu défini et cohérent à la notion commune et vague d'« individualisme ». Pour cela, j'ai suivi l'analyse qu'en proposa Tocqueville au moment où la notion et le mot même apparurent, dans les années 1820 et 1830. Tocqueville dégage le sens spécifique de l'individualisme moderne, démocratique – l'individualisme *est* moderne et démocratique –, le sens de notre individualisme, par le détour d'une comparaison avec les dispositions qui prévalaient dans les sociétés antérieures, prédémocratiques, « aristocratiques ». Dans l'ancienne société, les hommes étaient portés, ou conduits, à se dévouer à certains individus, mais ils n'avaient guère le sentiment de l'humanité en général, ou de l'homme en tant qu'homme : « la notion générale du semblable [leur était] obscure ». Dans les sociétés démocratiques, au contraire, ce que chacun perçoit d'abord du monde social, ce n'est pas l'ensemble objectif de ses liens avec l'extérieur, c'est lui-même en tant que sujet, en tant que source légitime du consentement, c'est lui-même avec ce qui lui est propre, propriété, famille, amis. Simultanément, cet homme individualiste a le sentiment de la ressemblance humaine, il *s'identifie* aisément et volontiers à l'autre homme simplement parce qu'il est homme. Donc, comme je le disais, dans la société aristocratique vont de pair oubli de soi (« dévouement ») et indifférence à l'humanité en général, tandis que dans la société démocratique vont de pair sentiment de soi (impossibilité de s'oublier) et sentiment de l'humanité en général, sentiment du *semblable*.

La démocratie moderne est inséparable de la perception, comme d'une évidence, qu'il y a quelque chose comme l'Humanité. Bien entendu, l'idée d'humanité, la notion de genre humain, ou d'espèce humaine, est bien antérieure à la démocratie moderne. Elle fut dégagée complètement par la philosophie grecque qui, précisément pour définir le propre de l'homme, élabora les notions d'espèce et de genre : l'homme était l'animal politique et l'animal rationnel. Contrairement à ce que l'on dit parfois, la division entre Grecs et Barbares ne contredit pas la notion de l'unité de l'espèce humaine. Les Grecs ne doutent pas que les Barbares appartiennent à l'humanité, à la même humanité qu'eux-mêmes. Simplement, les Barbares ne savent pas vivre libres, ils ne savent pas vivre en cités, de sorte qu'ils sont des hommes moins accomplis que les Grecs. Ainsi, à l'intérieur de l'espèce humaine dont ils ont dégagé l'unité, les Grecs reconnaissent, ou affirment, de grandes différences qualitatives, de grandes inégalités si l'on veut. De sorte que le sentiment de la différence est à peu près aussi fort chez eux que le sentiment de la ressemblance. Et c'est ce qui nous fait leur reprocher d'avoir méconnu l'unité de l'espèce humaine puisque pour nous, depuis à peu près deux siècles mais avec de terribles interruptions, l'homogénéité de l'humanité est devenue une évidence non seulement intellectuelle, mais aussi affective et même pour ainsi dire sensible.

Qu'est-ce que j'entends ici par évidence ? Rien n'est plus difficile à définir que l'évidence, puisque précisément le propre de l'évidence est d'être immédiate, de sauter aux yeux, donc de n'avoir pas besoin de définition. Une anecdote racontée par Ortega y Gasset nous fournit en tout cas une illustration frappante du caractère d'évidence que la notion d'humanité revêtit à partir d'une certaine date :

> On raconte [...] que pour les fêtes du jubilé de Victor Hugo, une grande réception fut organisée à l'Élysée à laquelle accoururent, apportant leurs hommages, des représentants de toutes les nations.

Le grand poète – en posture solennelle de statue, le coude appuyé au marbre d'une cheminée – se trouvait dans la salle de réception. Les délégués des nations se détachaient l'un après l'autre de la masse du public et présentaient leur hommage au Maître ; un huissier les annonçait d'une voix de stentor : « Monsieur le représentant de l'Angleterre », proclamait-il, et Victor Hugo, les yeux en extase, la voix parcourue de trémolos dramatiques, répondait : « L'Angleterre ! Ah, Shakespeare ! » L'huissier poursuivait : « Monsieur le représentant de l'Espagne » ; Victor Hugo, même jeu : « L'Espagne ! Ah, Cervantès ! » – « Monsieur le représentant de l'Allemagne. » – « L'Allemagne ! Ah, Goethe !... » Mais un petit homme s'avança, lourdaud, joufflu, à l'allure rustique, et l'huissier annonça avec éclat : « Monsieur le représentant de la Mésopotamie. » Alors Victor Hugo, qui était resté jusqu'à ce moment impassible et sûr de lui, parut se troubler. Ses pupilles soudain anxieuses jetèrent un grand regard circulaire qui paraissait embrasser l'univers, y cherchant en vain quelque chose. Mais il apparut bientôt aux spectateurs qu'il avait trouvé et qu'il dominait derechef la situation. Et avec le même accent pathétique, avec la même conviction, il répondit au représentant grassouillet par ces mots : « La Mésopotamie ! Ah, l'Humanité ! [1] »

Le mot de « Mésopotamie » n'évoquait pour Hugo rien de réel, rien de défini, aucune *figure* humaine. S'il avait été contemporain de Louis XIV, Hugo n'aurait *rien* trouvé à dire. Au XIXe siècle, derrière toute mention d'un fait humain, même le plus lointain et opaque, il y a désormais la présence de la notion d'humanité, ou de l'humanité en général. Ce n'est bien sûr pas un hasard si l'anecdote met en scène Victor Hugo. Il est sans doute de tous les poètes de son siècle celui qui a donné expression de la manière la plus ample et la plus insistante – de manière systématique presque – à la notion et au sentiment de l'humanité. Dans deux poèmes appartenant au cycle de *La Légende des siècles*, intitulés « Pleine mer » et « Plein ciel », Hugo montre l'humanité passant de la division à l'unification, une unification toujours plus grande. Voici d'abord comment il évoque l'ancien monde :

1. *La Révolte des masses*, préface pour le lecteur français, [1937], Paris, Gallimard, coll. « Idées », 1961, p. 8-9.

Pas d'unité, divorce et joug ; diversité
De langue, de raison, de code, de cité [...].
L'Adam slave luttait contre l'Adam germain ;
Un genre humain en France ; un autre genre humain
En Amérique, un autre à Londres, un autre à Rome ;
L'homme au-delà d'un pont ne connaissait plus
  l'homme [...].
Les rois étaient des tours ; les dieux étaient des murs ;
Nul moyen de franchir tant d'obstacles obscurs ;
Sitôt qu'on voulait croître, on rencontrait la barre
D'une mode sauvage ou d'un dogme barbare ;
Et, quant à l'avenir, défense d'aller là[1].

À ce monde de la séparation et de l'obscurité succède progressivement, et maintenant de plus en plus vite, le monde nouveau de la communication et de la clarté. Hugo évoque maintenant le navire, ou la « nef », de l'humanité nouvelle :

Il est la joie ; il est la paix ; l'humanité
A trouvé son organe immense ;
Il vogue, usurpateur sacré, vainqueur béni,
Reculant chaque jour plus loin dans l'infini
Le point sombre où l'homme commence. [...]

Faisant à l'homme avec le ciel une cité,
Une pensée avec toute l'immensité,
Elle abolit les vieilles règles ;
Elle abaisse les monts, elle annule les tours ; [...]

Elle a cette divine et chaste fonction
De composer là-haut l'unique nation,
À la fois dernière et première,
De promener l'essor dans le rayonnement,
Et de faire planer, ivre de firmament
La liberté dans la lumière[2].

1. *La Légende des siècles*, Paris, Garnier, 1964, p. 774-775.
2. *Ibid.*, p. 790-791. L'ensemble de ces poèmes est daté « juin 1858-3 avril 1859 ».

En nous donnant à éprouver combien l'idée *générale* d'humanité est inséparable d'un sentiment de libération, et même d'une sensation physique d'ouverture, d'expansion et d'éblouissement, Hugo nous aide à comprendre ce que fut l'évidence irrésistible de cette notion lorsqu'elle s'empara des Européens et des Américains à la fin du XVIIIe siècle. Son enthousiasme poétique est l'expression et la preuve du caractère religieux de la notion.

Assurément, le style poétique de Hugo ne correspond plus à notre goût, ou au goût dominant aujourd'hui. Nous le trouvons aisément emphatique et ridicule. En même temps, nous partageons le sentiment religieux, ou quasi religieux, du poète. Dans l'ordre ancien, le crime le plus grave, le crime que les hommes ne pouvaient pas pardonner, c'était le sacrilège – le crime contre Dieu, ou les dieux, ou les choses estimées sacrées –, et aussi ses analogues, le régicide et le parricide. Dans l'ordre nouveau, démocratique, le crime le plus grave, le crime pour lequel il ne saurait y avoir prescription, c'est le crime contre l'humanité.

Cette notion récente est au centre de beaucoup de débats aujourd'hui. Elle est difficile à définir. Elle est même en quelque façon impossible à définir précisément, dans la mesure où tout crime contre des hommes peut être dit un crime contre l'humanité de ces hommes. On peut faire intervenir des considérations quantitatives, mais on sent alors qu'on manque quelque chose, quelque chose de qualitatif. André Frossard, que cette question préoccupait beaucoup, a proposé une sorte de définition : il y a crime contre l'humanité lorsqu'on tue des êtres humains simplement parce qu'ils sont nés, et nullement pour ce qu'ils ont fait ou seraient susceptibles de faire. Cette définition couvre adéquatement les crimes nazis dans ce qu'ils ont de plus spécifique. Elle couvre aussi le génocide du Burundi, et plus généralement les massacres tribaux ou ethniques. Elle correspond moins aux crimes staliniens, ou à ceux des Khmers rouges.

Qu'il n'y ait pas une définition complètement satisfaisante de la notion de crime contre l'humanité est bien entendu un grand embarras pour les juristes, et pour la conduite de certains procès. En même temps, cette incertitude juridique s'accompagne le plus souvent d'une certitude morale : certains crimes nous semblent qualitativement différents des autres, ils nous semblent blesser l'humanité plus profondément, plus définitivement que les autres crimes. Ils ont pour ainsi dire un caractère sacrilège. Ils font ressortir par contrecoup ce qu'on est conduit presque irrésistiblement à désigner comme le caractère « sacré » de l'humanité. C'est pendant la Révolution française qu'on commença à parler de « crimes de lèse-humanité ». Nous pouvons sourire de la poésie de Victor Hugo ou de la philosophie d'Auguste Comte, mais nous aussi nous adhérons, tous tant que nous sommes, à quelque chose comme une religion de l'humanité.

•

Auguste Comte a compromis sa réputation de philosophe, et fait douter de son bon sens, en essayant de transformer cette notion générale et cette religiosité imprécise en une religion constituée et organisée, avec ses fêtes, ses rites et son calendrier. Je ne m'attarderai pas sur les détails qui peuvent en effet faire sourire. Je voudrais seulement essayer de donner une idée d'ensemble de cette religion de l'humanité qui est en quelque façon la nôtre, qui est si j'ose dire la religion naturelle de la société démocratique moderne.

Selon Auguste Comte, vous vous en souvenez, l'humanité passe progressivement de l'ordre théologique et militaire à l'ordre scientifique et industriel, c'est-à-dire d'un ordre appuyé sur des séparations – séparation entre Dieu et les hommes, séparations entre les hommes – à un ordre caractérisé par l'unité. La tendance fondamentale de l'humanité, c'est la tendance à l'unité (Aron dit profondément qu'Auguste Comte est « le sociologue de l'unité humaine [1] »). En même temps, si le mouvement vers l'unité est irrésistible, celle-ci n'adviendra pas automatiquement ou mécaniquement : elle devra être instituée et organisée, précisément par l'organisation et l'institution de la religion de l'humanité. C'est dans cette dernière idée que résident la spécificité et l'intérêt de la pensée de Comte.

1. *Les Étapes de la pensée sociologique*, Paris, Gallimard, 1967, p. 79.

En elle-même, l'idée que l'humanité tend irrésistiblement vers l'unité s'est répandue en Europe à partir du XVIIIe siècle, et s'est imposée à tous, ou presque, au siècle suivant. Marx, par exemple, considérait qu'une fois abolie la dernière opposition, la dernière séparation entre les hommes, celle entre capitalistes et prolétaires, l'humanité se réunirait spontanément. Beaucoup d'économistes libéraux aussi envisageaient déjà l'unification progressive du monde par le commerce. Auguste Comte, quant à lui, ne croit pas du tout que les mécanismes économiques puissent produire l'unité de l'espèce humaine, tout simplement parce que le système économique n'est qu'une partie de l'ensemble social : donc, livré à lui-même, il est séparateur plutôt qu'unificateur, ou du moins séparateur non moins qu'unificateur.

Aujourd'hui que beaucoup attendent la pacification et l'unification du monde de la généralisation des mécanismes du marché, la critique de Comte nous intéresse. Comte accepte l'économie moderne, le capitalisme si l'on veut, avec la propriété privée des instruments de production et la concentration du capital qu'il implique, même s'il pense qu'à son époque la balance est un peu trop déséquilibrée à l'avantage des capitalistes et au détriment des prolétaires. Ces grands faits économiques sont pour lui constitutifs de la société industrielle et ne sauraient être supprimés ni essentiellement transformés, comme veulent le faire socialistes et communistes. Mais ces grands faits ne suffisent pas à garantir l'harmonie du monde comme le croient les économistes libéraux. Il faut corriger le système économique et social en le complétant et en le couronnant, non par une organisation politique ancienne ou nouvelle – la politique est ou bien archaïque ou bien anarchique à ses yeux –, mais par une religion nouvelle, recevable par des esprits formés aux méthodes scientifiques. Il faudra donc corriger et compléter le pouvoir industriel et financier par le « pouvoir spirituel » des savants, des femmes et des prolétaires ; il faudra corriger et compléter l'égoïsme par l'altruisme. L'unité humaine, pour exister, devra être voulue pour elle-même ; elle devra être objet de conscience et d'affect. Pour exister, elle devra être aimée : « On se lasse d'agir et même de penser ; on ne se lasse jamais d'aimer. »

D'où le rôle central des femmes dans la société « positive » en laquelle s'achève l'histoire humaine.

On peut sourire, là encore, de cette société tenue ensemble par la puissance affectionnante du cœur féminin. Mais du moins Comte pose-t-il le problème que nous négligeons le plus souvent de poser : qu'est-ce qui peut lier les hommes quand l'obéissance a perdu son pouvoir et quand l'intérêt ne s'adresse qu'à l'intérêt ? La religion positiviste est née discréditée pour ainsi dire, tant elle est apparue dans son principe comme une invention de sociologue, dans ses modalités comme un décalque du catholicisme – incapable donc de satisfaire ni les esprits religieux ni les esprits rationalistes. La religion de Comte remplit une fonction sociale, et se définit même par là, cela est sûr. Une société peut-elle perdurer et prospérer sans que cette fonction de « religion » soit remplie ? Encore une fois : qu'est-ce qui lie les hommes quand ils cessent d'obéir et que l'intérêt les sépare autant qu'il les rapproche ?

Dans cette brève évocation de la pensée d'Auguste Comte, j'ai principalement insisté sur l'unité de l'humanité qui est le cœur, et pour ainsi dire le tout de sa religion. Maintenant, supposons les espérances de Comte réalisées. Certainement, l'humanité nouvelle présentera des traits enviables si l'altruisme y corrige efficacement l'égoïsme ! En même temps, précisément parce qu'elle sera satisfaisante et satisfaite, cette humanité nouvelle n'aura plus en elle de principe de mouvement. L'action humaine a en effet deux moteurs : la fuite du mal et le désir du bien. La fuite du mal n'aura guère lieu d'être dans la mesure où les principaux maux de la société auront été guéris par l'altruisme. Le désir du bien sera nécessairement peu ardent puisqu'il sera déjà pour l'essentiel satisfait et que cette humanité réunie et réconciliée ne vise aucun bien plus grand qu'elle-même : il s'agit d'une humanité close sur elle-même, d'une humanité qu'on pourrait dire en proie à un égoïsme immense ou sublime. Ne pourrait-il y avoir en effet, outre l'égoïsme de l'individu et l'égoïsme du groupe, quelque chose comme un égoïsme de l'humanité prise dans son ensemble et comme un tout ? C'est en tout cas la conviction du grand critique moderne de l'altruisme et de l'humanitarisme, à savoir Nietzsche.

Nietzsche avait beaucoup de respect pour Auguste Comte, ce « grand et loyal Français », mais il considérait qu'« avec sa célèbre formule morale "vivre pour autrui", [il avait] *surchristianisé* le christianisme[1] ». Bien sûr, ce n'était pas un compliment : la religion de l'Humanité, c'est le christianisme et plus spécialement le catholicisme, avec tous les vices que Nietzsche y voit, mais sans la grandeur que comporte la croyance en Dieu, c'est-à-dire en un être *plus grand* que l'humanité. La critique de Nietzsche trouve expression dans la plupart de ses ouvrages. Je considérerai un passage bref mais particulièrement impressionnant du *Zarathoustra*, le passage dit du « Dernier Homme ». Zarathoustra vient d'annoncer à la foule le Surhomme. Les assistants rient ou ricanent. Alors, pour les rendre enfin attentifs, Zarathoustra veut les froisser, les provoquer, par le mépris réveiller enfin leur fierté : « Je leur parlerai de ce qu'il y a de plus méprisable au monde, je veux dire du *Dernier Homme*[2]. » Mais avant de parler du Dernier Homme, il leur dit dans quelle urgence vit aujourd'hui l'homme : « Il est temps que l'homme se fixe un but. » Le propre de l'homme, c'est de se fixer un but, un but au-delà de l'homme et de l'humain. En ce sens, le propre de l'homme, c'est de viser le Surhumain (cette idée n'est pas une lubie de Nietzsche : elle est aussi vieille que la conception héroïque et « érotique » de l'humanité). Or, remarque Zarathoustra, l'homme est de moins en moins capable de ce dépassement, il est de plus en plus le Dernier Homme. Zarathoustra s'adresse ainsi à la foule :

> Voici, je vais vous montrer le Dernier Homme :
> « Qu'est-ce qu'aimer ? Qu'est-ce que créer ? Qu'est-ce que désirer ? Qu'est-ce qu'une étoile ? » Ainsi parlera le Dernier Homme, en clignant de l'œil.

1. *Aurore*, §§ 542 et 132.
2. *Ainsi parlait Zarathoustra*, Prologue, § 5, trad. G. Blanquis, Paris, Aubier-Flammarion, 1969, p. 65.

Ainsi, le Dernier Homme ne sait plus le sens des verbes aimer, créer, désirer, des verbes qui expriment le dépassement de soi. Zarathoustra continue :

> La terre alors sera devenue exiguë, on y verra sautiller le Dernier Homme qui rapetisse toute chose. [...] le Dernier Homme est celui qui vivra le plus longtemps.
>
> « Nous avons inventé le bonheur », diront les Derniers Hommes, en clignant de l'œil.

Nietzsche vient de mentionner par deux fois que les Derniers Hommes « clignent de l'œil ». Je ne veux pas faire porter sur ce verbe un long développement[1]. Ce clignement d'yeux signifie en tout cas la complicité. Les Derniers Hommes expriment et vérifient leur accord sans avoir besoin de l'expliciter au-delà de la constatation : « Nous avons inventé le bonheur. » Ce bonheur n'a pas besoin de se dire : il est de part en part satisfaction de soi qu'il suffit d'indiquer, ou de signaler. Cligner de l'œil, c'est partager un secret, c'est le cacher à d'autres que l'on exclut. Qui peut être exclu de leur complicité quand les Derniers Hommes sont devenus les seuls habitants, pullulants et triomphants, de la Terre ? Peut-être eux-mêmes, en tant qu'ils pourraient encore avoir des espérances et des désirs « surhumains »... Zarathoustra continue :

> Ils auront abandonné les contrées où la vie est dure ; car on a besoin de chaleur. On aimera encore son prochain et l'on se frottera contre lui, car il faut de la chaleur.
>
> La maladie, la méfiance leur paraîtront autant de péchés [...].
>
> Un peu de poison de temps à autre ; cela donne des rêves agréables. Et beaucoup de poison pour finir, afin d'avoir une mort agréable.
>
> On travaillera encore, car le travail distrait. Mais on aura soin que cette distraction ne devienne jamais fatigante.

1. On lira le magnifique commentaire qu'en donne Heidegger dans *Qu'appelle-t-on penser ?*, [1954], trad. A. Becker et G. Granel, Paris, PUF, coll. « Épiméthée », 1973, p. 53 et suiv.

Nietzsche décrit un bonheur presque parfait, et en même temps parfaitement sinistre. Les Derniers Hommes ont pour seul propos de se maintenir par tous les moyens, même les plus artificiels, dans un état de contentement subjectif. La réalité se présente normalement à nous, je l'ai dit, sous la forme d'un mal que nous devons affronter, ou sous la forme d'un bien que nous désirons obtenir. Les Derniers Hommes ignorent ces deux modalités du rapport à la réalité. Ils veulent ignorer la réalité. Zarathoustra dit encore :

> « Jadis, tout le monde était fou », diront les plus malins, en clignant de l'œil.
>
> On sera malin, on saura tout ce qui s'est passé jadis ; ainsi l'on aura de quoi se gausser sans fin. [...]
>
> On aura son petit plaisir pour le jour et son petit plaisir pour la nuit ; mais on révérera la santé.
>
> « Nous avons inventé le bonheur », diront les Derniers Hommes, en clignant de l'œil[1].

« Jadis tout le monde était fou », diront les plus malins... Les plus malins, ce sont les savants, les intellectuels, les professeurs... « Jadis tout le monde était fou », cela veut dire : jadis, les hommes croyaient à quelque chose, à des dieux, ou à des héros, et ils se faisaient la guerre, ils troublaient leur digestion pour des choses qu'ils ne comprenaient pas. Nous, nous savons bien – et de nouveau ils « clignent de l'œil » –, nous savons bien qu'il n'y a rien en dehors de nous, ni dieux ni héros, et que surtout nous ne devons pas essayer de nous dépasser nous-mêmes, nous devons résister à toute tentation de nous dépasser nous-mêmes, nous devons nous contenter de nous-mêmes. « Jadis, tout le monde était fou », cette formule familière résume l'attitude propre à l'homme moderne, cette attitude que Nietzsche nomme ailleurs, en style plus noble, en style philosophique, le « point de vue historique ». Le « point de vue historique » résume la disposition de l'humanité moderne. Les générations modernes regardent volontiers derrière elles, elles regardent volontiers les voies romai-

1. *Ibid.*, p. 67 et 69.

nes, les cathédrales, les palais, elles admirent volontiers ces œuvres, mais c'est l'occasion pour elles de constater qu'elles sont étrangères aux motifs qui ont produit ces œuvres – la foi en Dieu, le désir de gloire –, qu'elles tiennent ces motifs pour fondés sur des illusions, bref que ces grandes œuvres sont sans doute admirables, mais finalement absurdes. Et les générations modernes – c'est le mécanisme que Nietzsche indique ici –, au lieu d'éprouver le désir d'imiter les grandes entreprises du passé, le désir de « créer », sont heureuses et soulagées – elles « clignent de l'œil » –, heureuses et soulagées de ne pas avoir à se dépasser. Elles « clignent de l'œil » parce qu'elles éprouvent un sentiment de supériorité sur toutes les générations antérieures. Nietzsche discerne que le principe de la supériorité scientifique de l'homme moderne, à savoir, encore une fois, le « point de vue historique », produit la disposition de l'âme la plus plate, celle du touriste. La vérité effective de la religion moderne de l'humanité, c'est le tourisme.

Auguste Comte et Nietzsche, si différents qu'ils soient, s'efforcent de décrire la même chose : le moment où l'humanité prend conscience d'elle-même comme d'un tout se développant, se déployant dans l'Histoire. Au lieu de dépendre de Dieu, ou de la Nature, l'homme ne dépend plus que de lui-même dans la mesure où tout ce qui lui arrive prend nécessairement sa place dans « la série fondamentale des divers événements humains [1] ». Eh bien, là où Comte voit les conditions d'une nouvelle piété, d'une piété enfin raisonnable, enfin humaine, mais d'une piété toujours, en particulier par le culte des grands hommes [2], Nietzsche voit les conditions d'une ultime dégradation, le point de vue historique faisant que la génération présente, la dernière génération donc, simplement parce qu'elle est la dernière, regarde vers celles qui l'ont précédée en éprouvant un sentiment de supériorité radicale, un sentiment de supériorité qui la stérilise et l'empêche de rien créer à son tour. Il ne s'agit pas ici de choisir entre Auguste Comte

1. A. Comte, *Cours de philosophie positive*, *op. cit.*, t. IV, p. 147.

2. « Le culte des hommes vraiment supérieurs forme une partie essentielle du culte de l'Humanité. Même pendant sa vie objective, chacun d'eux constitue une certaine personnification du Grand Être. Toutefois cette représentation exige qu'on écarte idéalement les graves imperfections qui altèrent souvent les meilleurs naturels » (*Système de politique positive*, t. II, p. 63).

et Nietzsche. Il s'agit d'essayer de cerner un phénomène que nous ne percevons plus parce qu'il est devenu une évidence, ou plutôt une partie essentielle de notre conscience de nous-mêmes (les hommes du XIXe siècle l'ont perçu avec beaucoup d'intensité parce qu'il s'est déployé pour la première fois sous leurs yeux, ou dans leurs esprits). Quel phénomène ? Précisément ce rassemblement de l'humanité en une conscience unique, une conscience d'unité, qui nous permet de dire, et nous oblige à dire : nous les hommes, nous les êtres humains...

Ainsi, alors même que l'humanité présente se propose et se vante de ne rien exclure de ce qui est présentement humain, elle exclut d'elle-même tout son passé, toutes les générations passées. C'est au moment où elle s'embrasse tout entière qu'elle cesse de se comprendre.

Il y a un point cependant sur lequel Auguste Comte et Nietzsche sont d'accord, même si bien sûr ils l'interprètent différemment. C'est sur le caractère essentiellement contemplatif, ou passif, de cette conscience nouvelle de l'humanité. Chez Comte, l'amour dont les femmes sont plus particulièrement porteuses, l'admiration et la vénération pour les grands hommes, tous ces sentiments sont plus conservateurs qu'actifs. L'humanité de l'âge positif sera de plus en plus objet de culte : objet de contemplation plutôt que sujet d'action. D'où les formules fameuses de Comte : « L'humanité se compose de plus de morts que de vivants » ; « Les morts gouvernent de plus en plus les vivants ». Selon Nietzsche, nous sommes dominés par le point de vue historique, point de vue essentiellement passif ou contemplatif, nous venons de le voir. Donc, en dehors du progrès technique destiné à améliorer notre confort, plus profondément à maîtriser la nature et ainsi nous rendre indépendants de tout ce qui n'est pas humain, en dehors du progrès technique destiné à créer un monde de part en part humain et rien qu'humain – un monde où tout soit prévisible –, l'humanité moderne est très peu entreprenante : elle est déjà tout à fait et tout entière humaine à ses propres yeux. Être homme est un fait à constater, et même à célébrer, plus qu'une tâche à accomplir.

Chapitre XII

LE CORPS ET L'ORDRE POLITIQUE

L'idée de « nature », du moins quand elle est appliquée à l'homme, l'idée de « nature humaine » est aujourd'hui complètement discréditée. Il semble qu'elle résume tous les assujettissements, toutes les inégalités, dont la démocratie depuis deux siècles au moins s'efforce de nous libérer. Prenons l'exemple pour nous le plus clair. Soit la notion de « nature féminine ». Elle s'articule immédiatement à nos yeux sur tout un groupe de notions tenues ensemble précisément par l'idée de nature : la notion symétrique de « nature masculine », celle de la « complémentarité naturelle » entre l'homme et la femme, du « couple » qu'ils forment « naturellement », et dans lequel l'homme est « naturellement » la tête – il est, n'est-ce pas, le « chef de famille ». Ou plutôt, il était le chef de famille puisque cette représentation de la relation entre les sexes est aujourd'hui discréditée, et sa traduction législative abolie. Il semble clair que le fondement de cette « structure de domination », en tout cas de cette association inégale, résidait dans l'idée de nature. Celle-ci semble résumer tous les obstacles qu'a rencontrés si longtemps sur son chemin le désir démocratique, le désir de liberté et d'égalité. Ce désir, semble-t-il, ne peut s'affirmer et se satisfaire que contre l'idée de « nature humaine » ; dans le cas qui nous occupe, il ne peut s'affirmer et se satisfaire qu'après avoir reconnu que, comme l'écrit Simone de Beauvoir dans *Le Deuxième Sexe* : « On ne naît pas femme, on le devient. » Pour le dire dans ce langage abstrait qui est devenu notre langage courant : l'identité féminine n'est pas un fait de nature, un donné naturel, mais un fait de culture, un construit culturel.

Cette contestation contemporaine du caractère naturel de la différence entre les sexes est d'autant plus assurée, d'autant plus évidente aux yeux de beaucoup, qu'elle s'inscrit sans peine dans le mouvement démocratique séculaire de contestation et de rejet des différences, des inégalités, traditionnellement conçues comme naturelles : différences et inégalités entre les races et les peuples, différences et inégalités entre le petit nombre et le grand nombre à l'intérieur de chaque peuple, bien sûr, mais aussi différences et inégalités entre les parents et les enfants, entre l'individu dit normal et l'individu handicapé, « fou » ou autrement « différent ». Il est inutile que je prolonge cette description. L'esprit de la démocratie contemporaine nous est familier : c'est le nôtre, c'est l'air même que nous respirons. Affirmer des différences naturelles, c'est selon nous refuser de voir la ressemblance essentielle entre les êtres humains, c'est être vicieusement aveugle et infidèle à cette « notion du *semblable* » dont parle Tocqueville et dans laquelle il voit l'élément central, le cœur, de la conscience de soi démocratique.

La cause serait entendue, et l'idée de nature renvoyée sans remords à un passé d'obscurantisme et d'inégalité, si nous ne nous souvenions que la démocratie et l'égalité se sont d'abord imposées parmi nous *au nom de la nature*. Le XVIIIe siècle voit s'imposer l'idée de l'*égalité naturelle* entre les hommes, une égalité à retrouver, à rétablir, contre l'inégalité sociale héritée, contre l'inégalité de convention. Figaro dit au Comte : « Parce que vous êtes un grand seigneur, vous vous croyez un grand génie. » Cette égalité naturelle est le principe même qui sous-tend, et pour ainsi dire engendre la Déclaration des droits de l'homme : « Les hommes naissent et demeurent libres et égaux en droits. » On *naît* homme, avec des droits qui découlent nécessairement de notre appartenance à l'espèce humaine, donc avec des *droits naturels*. On voit que « nos pères de 89 », pour parler comme

Tocqueville, n'auraient pu affirmer cette égalité qui leur était si chère, et qui nous est si chère, s'ils ne l'avaient versée au registre de la « nature ». Imaginez qu'ils aient dit, à la manière de Simone de Beauvoir : « On ne naît pas homme, on ne naît pas être humain, on le devient. » Eh bien, le monde de l'inégalité était conservé et même renforcé. Cela aurait voulu dire : pour être un être humain, il faut le devenir, recevoir l'éducation qui y conduit, une éducation qui ne peut être complète et accomplie que pour le petit nombre, pour les aristocrates. La situation est ainsi plus complexe qu'il ne semblait au premier abord. L'égalité, la démocratie, sont entrées dans le monde au nom de la nature ; ultérieurement, et nous y sommes, la démocratie et l'égalité se sont retournées contre la nature, elles ont vu dans l'idée de nature appliquée à l'homme, dans l'idée de nature humaine, leur ennemi principal. Comment cela s'est-il fait ? Il faut prendre les choses de plus loin.

Il faut revenir à la naissance même de la notion de nature, qui se confond avec la naissance de la philosophie. La nature, c'est la découverte même de la philosophie, lorsque celle-ci surgit en Grèce. Plus précisément, la philosophie apparaît avec la distinction entre *phusis* et *nomos*, *phusis* étant donc traduit par « nature » et *nomos* ordinairement par « loi », ou « convention », et avec la préférence donnée à la nature. Le *nomos*, ce sont les règles changeantes que posent les hommes, ou les dieux. La *phusis*, la nature, c'est ce qui ne change pas, sur quoi ni les hommes ni les dieux n'ont aucun pouvoir, c'est ce que l'on ne peut modifier, mais que l'on peut comprendre, c'est ce qui fournit donc l'élément intelligible ultime du monde. Avant la découverte de la nature, on disait : les choses sont ainsi parce qu'un tel a fait cela – parce que Thésée a chassé les brigands de l'Attique –, ou parce que les dieux l'ont voulu ainsi, ou parce que telle est la coutume sacrée que nous ont léguée nos ancêtres. Après la découverte de la nature, on peut dire : les choses sont ainsi parce que la nature des choses, et de l'homme en particulier, est nécessairement ainsi. Au lieu de dire simplement : la cité d'Athènes a été fondée par Thésée qui a chassé les brigands de l'Attique, on dira : l'homme est un animal politique, un animal qui vit naturellement en cité. Athènes est une telle cité. Athènes, avec ou sans Thésée, est un cas particulier de cité. Or une cité présente des traits généraux, fixes, essentiels, qu'il est possible de *connaître*. La seconde explication est intrinsèquement supérieure à la première parce qu'elle est, comme nous disons, générale, ou universelle. Ou encore, elle seule est scientifique.

Bien entendu, cette présentation est très schématique. Elle laisse de côté les circonstances de la naissance de la philosophie – en l'occurrence de la philosophie politique. C'est un point que les historiens récents ont souligné : l'apparition et le développement de la philosophie politique sont très étroitement liés à l'apparition et au développement d'une vie civique, en particulier d'une vie civique démocratique. Pour que Socrate puisse passer sa vie à interroger le premier venu sur la place publique, encore faut-il qu'il y ait préalablement une place publique, et qu'on puisse s'adresser comme ça au premier venu... La solidarité, la complicité de naissance, si je peux dire, entre la démocratie de la cité grecque et la philosophie trouve son expression la plus éclatante dans la définition fameuse proposée par Aristote et que je viens de rappeler : l'homme est un animal politique. Cela veut dire : l'homme est naturellement fait pour vivre en cité ; il ne s'accomplit complètement, risquons ce pléonasme, que s'il mène une vie civique, la vie du citoyen. Aux yeux de la philosophie, le phénomène humain se donne d'abord dans la vie *politique*.

La relation entre la philosophie et la cité n'est pas faite seulement de solidarité et de complicité. Elle est faite aussi de tension et même d'hostilité. Socrate a été mis à mort par la cité. Aristote a dû quitter Athènes. Pour résumer d'un mot un problème très complexe, il suffirait de dire : le philosophe en tant que tel n'est pas citoyen de cette cité, Athènes, Sparte ou Thèbes, il est « citoyen du monde ». Tandis que la cité en tant que cité est toujours particulière, est toujours *cette* cité différente des autres, le philosophe en tant que philosophe ne s'intéresse qu'à l'universel, à ce qui vaut pour tous les hommes dans toutes les cités. Pour le bien de la cité comme pour celui de la philosophie, il faut réduire cette tension. Précisément, la définition d'Aristote que j'ai rappelée résume l'effort le plus généreux jamais fait pour réduire cette tension : si l'homme est un animal politique, si la cité est naturelle à l'homme, cela veut dire que l'homme accomplit son humanité, donc sa vocation universelle, en étant citoyen de *cette* cité, de cette cité *particulière.* Ainsi vous le voyez, le langage de la nature humaine – Aristote est par excellence le philosophe de la « nature » –, ce langage qui aujourd'hui nous choque tant, voilà ce qui permet à Aristote de trouver l'universel dans la vie civique, qui est précisément ce que nous cherchons.

Pourquoi alors avons-nous rejeté le langage et la pensée d'Aristote ? Pour résumer d'un mot une longue histoire, je dirai quelque chose comme ceci : la nature dont parle Aristote nous semble intrinsèquement contradictoire car, si elle conditionne et légitime l'égalité des citoyens, elle conditionne et légitime en même temps l'inégalité entre les citoyens et ceux qui ne sont pas citoyens, à savoir les femmes, les enfants, les esclaves (et aussi ceux qui, sans être d'aucune façon esclaves, ne jouissent pas des droits des citoyens, les métèques). Il nous semble que la notion de nature a ici pour fonction, en tout cas pour effet, de cacher la contradiction entre l'égalité civique et l'inégalité sociale et familiale. Mais voyons cela de plus près.

Pour Aristote, ce n'est pas la cité seulement qui est naturelle, c'est l'association, ce sont tous les divers liens entre les hommes qui sont donnés et pour ainsi dire voulus par la nature. Plus précisément, la cité est la plus haute et la plus parfaite communauté, la communauté par excellence, qui englobe et couronne les autres communautés humaines, mais il y a bien d'autres communautés. Les êtres humains appartiennent toujours à une communauté, tel est le point de départ d'Aristote. La première communauté, la plus originelle, la plus nécessaire, est celle de la famille, de l'*oïkia.* L'*oïkia*, qu'on pourrait traduire aussi par « maison » ou « maisonnée », est en fait la réunion de trois relations, de trois liens, tous trois inégaux quoiqu'à des degrés divers, et qui se réunissent dans la personne du chef de famille. Celui-ci, le *despotès*, a une femme, des enfants et des esclaves. Ces trois relations sont inégales, encore une fois inégalement inégales, mais, selon Aristote, elles sont toutes trois fondées en nature, ce qui signifie qu'elles sont essentiellement justes et conformes à l'intérêt des deux parties : les enfants obéissent à leur père, les esclaves à leur maître, mais cette obéissance est dans leur intérêt non moins que dans celui du père et maître, parce que les enfants ont besoin d'être éduqués et que les esclaves ont besoin d'être guidés – il s'agit bien sûr ici seulement des « esclaves par nature » qui ont assez de raison pour suivre la raison du maître mais pas assez pour se gouverner eux-mêmes. La femme aussi obéit à son mari, et cela dans son propre intérêt. Non pas que sa situation soit comparable à celle de l'esclave par nature : pour les Grecs, l'esclavage des femmes, l'assimilation de la femme à l'esclave, est caractéristique des Barbares. La femme est un être rationnel comme l'homme, simplement, pense Aristote, sa raison a généralement moins de force que celle de l'homme[1]. (Je le note en passant, cette thèse d'Aristote, sous une forme ou sous une autre, a été presque unanimement reçue en Europe, par les hommes et par les femmes, jusqu'à une date récente.) Telle est en tout cas la communauté humaine première, qui est donc naturelle, c'est-à-dire à la fois nécessaire et bonne, mais qui ignore l'égalité et la liberté. L'égalité et la liberté ne peuvent se déployer et prévaloir qu'en dehors de la famille, en dehors de la « maison » ; elles ne peuvent se déployer et prévaloir que dans l'espace public de la cité. Et seuls sont égaux et libres, seuls sont citoyens, les chefs de famille qui, sortant de leur maison, viennent sur la place publique délibérer des affaires publiques.

Telle est, très schématiquement dessinée à la lumière de l'analyse aristotélicienne, la cité grecque, la démocratie grecque. Nos sentiments à son égard sont très ambivalents, contradictoires même. D'une part, bien sûr, elle nous est très antipathique, non seulement parce qu'elle comporte la servitude des esclaves et l'assujettissement des femmes, mais aussi parce qu'elle affirme le caractère naturel et donc juste et bon pour les esclaves et les femmes de cet esclavage et de cet assujettissement. Tout le travail de la première philosophie politique moderne sera précisément de réfuter

1. Sur tout cela, voir le premier livre de la *Politique* d'Aristote.

ces propositions, de contester radicalement le caractère naturel de la servitude des esclaves et de la subordination des femmes, de soutenir que les enfants ne sont tenus d'obéir à leurs parents que dans la stricte mesure où cette obéissance est nécessaire à leur éducation. Là où Aristote affirmait le caractère naturel du lien – des différents liens – entre les êtres humains, Hobbes, Locke et Rousseau affirment le caractère naturel de l'indépendance, c'est-à-dire de l'absence de liens. Pour Aristote, les hommes naissent liés ; pour les Modernes, les hommes naissent déliés. Pour Aristote, les hommes naissent dans l'*oïkia*, ils naissent dans la « maison » ; pour les Modernes, les hommes naissent dans l'« état de nature », où ils sont libres et égaux. Ces oppositions radicales fondent notre rejet de la cité grecque, et aussi de la philosophie grecque de la nature, pour cause d'inégalité et de justification de l'inégalité.

En même temps, et c'est pourquoi je parlais d'ambivalence et de contradiction des sentiments, les Modernes, en tout cas les plus ardents démocrates parmi eux, n'ont cessé d'admirer dans la vie grecque l'image la plus accomplie de la vie civique. J'ai parlé de cela en étudiant les formes politiques. J'ai mentionné le chapitre XV du livre III du *Contrat social* dans lequel Rousseau fait un éloge extraordinaire de la cité grecque. Parmi les auteurs contemporains, Hannah Arendt a beaucoup contribué à ranimer le crédit politique de la Grèce. Elle a en particulier essayé de retrouver le sens humain authentique de ce qui nous choque tant dans la vie grecque, à savoir le contraste entre l'ordre libre de la cité et l'ordre « despotique » de la famille : si l'*oïkia* est en effet le lieu de l'absence de liberté, de la contrainte et de l'inégalité, c'est parce qu'il est le lieu des nécessités – nécessité de se nourrir, nécessité de se reproduire, en un mot nécessité d'entretenir la vie et les processus vitaux. Il ne peut y avoir de liberté qu'en dehors de ce lieu des nécessités, en dehors de la « maison ». C'est ce qu'Hannah Arendt explique dans la *Condition de l'homme moderne* :

> Le trait distinctif du domaine familial était que les humains y vivaient ensemble à cause des nécessités et des besoins qui les y poussaient. Ils obéissaient ainsi à une force qui était la vie elle-

même [...] qui, pour subsister dans l'individu et dans l'espèce, exige la compagnie. La subsistance individuelle était la tâche de l'homme, la perpétuation de l'espèce celle de la femme, voilà qui était évident ; et ces deux fonctions naturelles, travail masculin des nourritures à produire, travail féminin de la procréation, étaient soumises aux mêmes contraintes vitales. La communauté naturelle du foyer naissait, par conséquent, de la nécessité, et la nécessité en régissait toutes les activités.

Le domaine de la *polis*, au contraire, était celui de la liberté ; s'il y avait un rapport entre les deux domaines, il allait de soi que la famille devait assumer les nécessités de la vie comme condition de la liberté de la *polis*.

Et un peu plus loin :

La *polis* se distinguait de la famille en ce qu'elle ne connaissait que des « égaux », tandis que la famille était le siège de la plus rigoureuse inégalité. Être libre, cela signifiait qu'on était affranchi des nécessités de la vie et des ordres d'autrui [...]. Ainsi, dans le domaine de la famille la liberté n'existait pas, car le chef de famille, le maître, ne passait pour libre que dans la mesure où il avait le pouvoir de quitter le foyer pour entrer dans le domaine politique dont tous les membres étaient égaux. Certes, cette égalité était fort différente de celle que nous concevons aujourd'hui [...] [1].

L'analyse d'Hannah Arendt a fasciné, et fascine encore beaucoup de lecteurs. En même temps, elle nous laisse dans une grande perplexité puisque, si la séparation rigoureuse entre le privé inégalitaire de la famille et le public égalitaire de la cité est la condition de la liberté politique, et donc de la vie vraiment humaine, Hannah Arendt devrait recommander le rétablissement de l'*oïkia*, y compris sans doute de la subordination des femmes et de l'esclavage. Ce que, bien sûr, elle ne fait pas.

Notre perplexité répond à la singulière dualité de la cité grecque, qui noue ensemble inégalité extrême et égalité extrême. Cette dualité dérive de la division entre l'ordre de la famille et

1. *Condition de l'homme moderne*, Paris, Calmann-Lévy, 1961, p. 39-40 et 41-42.

l'ordre de la citoyenneté, qui elle-même dérive, pourrait-on dire, de la division entre le corps et l'âme, entre l'ordre et la logique du corps et l'ordre et la logique de l'âme. Ce qui est curieux, ce qui est même extrêmement curieux, c'est que dans la suite de l'histoire, après les cités grecques et la république romaine, ces deux logiques ne seront plus jamais nouées ensemble, mais elles se déploieront successivement. L'histoire de l'Europe, ou de l'Occident, ce fut en effet d'abord le déploiement de la logique du corps et de la famille, ensuite de la logique de l'âme et de la citoyenneté. Ici encore, pour comprendre la spécificité de la situation présente, il importe d'en reconstituer la genèse, plus précisément de comprendre que notre démocratie cherche à instituer un ordre politique et donc humain délivré, pour reprendre l'expression de Claude Lefort, de toute « incorporation », un ordre politique et humain purement « spirituel ». Cette idée va à l'encontre des apparences – notre société ne fait-elle pas grande place au corps et guère de place à l'âme ? –, mais je crois pouvoir vous montrer qu'en réalité, notre société est, dans l'histoire occidentale, celle qui réduit le plus systématiquement la place et le rôle du corps, qui le méprise le plus.

•

Comment caractériser l'ordre prédémocratique ? Par l'anarchie féodale ? Par l'inégalité des ordres ? Par le pouvoir des rois ? Par l'empire de la religion ? Par un mélange de tout cela ? Mais alors dans quelle proportion ? La seule manière de le définir par un trait synthétique, qui résume son essence, c'est de le définir comme un ordre de la *filiation*. La place de chacun dans la société est en principe déterminée par la naissance ; le nom et les biens sont acquis par héritage. Il n'y a en somme que des familles, pauvres ou riches, roturières ou nobles, mais chacune gouvernée par le chef de famille. À la différence de la cité antique où, nous venons de le voir, les chefs de famille participent également comme citoyens à un même espace public, ici il n'y a pas à proprement parler d'espace public, les chefs de famille sont inégaux, ils constituent une chaîne, dit Tocqueville, qui monte du paysan au roi. Ou alors il faut dire que ce qui est public, c'est l'analogie familiale, la logique de la filiation et de la paternité, le fait que circule à travers tout le corps politique la même représentation du lien humain : le père de famille le plus pauvre est en principe roi en sa famille, le roi le plus revêche est en principe père de son peuple, ou plutôt de ses peuples. Finalement, ce qui est public, c'est la personne sacrée, c'est le corps du roi. La famille est bien sûr enracinée dans les corps, dans la causalité générale mais aussi dans la particularité contingente des corps. Eh bien, la logique analogique de cette association de familles culmine dans le corps du roi, le corps sacré du roi qui guérit les écrouelles, qui surtout donne un roi au royaume et pour ainsi dire produit la monarchie en engendrant un successeur. Le corps du roi, dont la fécondité conserve le corps politique, est si j'ose dire le cœur du corps politique.

Cet ordre de l'incorporation nous paraît aujourd'hui bizarre et barbare, il nous paraît bizarrement et péniblement physique. J'en ai d'ailleurs beaucoup simplifié la présentation, car il faudrait tenir compte du facteur religieux et théologique, du fait que la personne et le corps du roi sont vus dans la perspective christique, dans le contexte, la résonance et l'aura de la personne et du corps du Christ. Cette question a été soigneusement et fameusement étudiée par Ernst Kantorowicz [1], je la laisserai ici de côté. Je réfléchirai simplement sur la forme de cet ordre, sur la logique de l'incorporation. Je viens de le dire, nous pensons : ordre bizarre et barbare. Ou alors, si nous sommes sophistiqués, nous disons simplement, avec une compétence désabusée : c'était le système culturel de nos pères, il y en a d'autres, le nôtre est tout différent, celui de nos petits-enfants sera différent d'une autre façon encore..., ainsi tourne le kaléidoscope des cultures. En réalité, cet ordre de l'incorporation est plus que cela. Il n'est pas simplement une « construction culturelle ». Il tire sa force, sa capacité de durer, sa prégnance en quelque manière universelle, de ceci qu'il est enraciné dans le *fait naturel*,

1. Ernst H. Kantorowicz, *Les Deux Corps du roi. Essai sur la théologie politique au Moyen Âge*, [1957], trad. fr. Paris, Gallimard, 1989.

dans le fait qui résume pour les êtres humains la nature, à savoir l'engendrement et la filiation. Même dans notre ordre démocratique qui, nous allons le voir, est tout différent, et en un sens radicalement opposé à cet ordre de la filiation, on observe encore un vif intérêt pour les généalogies.

La logique de l'incorporation a un autre aspect, plus difficile à saisir et à décrire, mais plus important encore peut-être. On a employé pendant longtemps en Europe l'expression de « corps politique » pour désigner d'un terme générique les organisations politiques : cités, principautés, royaumes, etc. Cet usage a presque complètement disparu. Plus précisément, cet usage a été délibérément rejeté : le terme de « corps » employé dans ce contexte paraît impliquer une vision « organiciste », ou « holiste », de l'association politique, dans laquelle l'individu avec ses droits serait implicitement mais nécessairement subordonné à la collectivité, ou au « tout ». En réalité, il faut distinguer la notion de « corps » de celle d'« organisme ». Quand on dit : « corps politique », on peut en effet penser : « organisme politique », et impliquer par là la subordination fonctionnelle, pour ainsi dire mécanique, de la partie au tout. *Organon* signifie originellement « instrument », et, dans un « organisme », la partie peut être dite un « instrument » du tout. Il est alors parfaitement légitime de rejeter cette représentation de l'existence sociale et de la vie politique. Mais un corps est plus, et autre chose, qu'un organisme. Dans un corps, le tout est présent dans chaque partie, la même vie anime chaque partie parce qu'elle anime le tout. C'est cela qui est l'aspect le plus significatif de la notion, bien plus que la subordination éventuelle entre les parties ou la subordination des parties au tout. Ainsi l'idée du corps appliquée aux communautés politiques n'est-elle nullement une idée mécanique et grossière ; c'est au contraire une idée complexe et vraiment spirituelle : elle désigne le fait que, dans une communauté politique, chaque élément est à la fois lui-même et le tout, il vit à la fois de sa vie propre et de la vie du tout. Et, en ce sens, toute communauté politique est bien en quelque façon un corps. Qu'elle soit composée de sujets inégaux ou de citoyens égaux, chaque membre y vit à la fois de sa vie propre et de la vie de la communauté.

Ces remarques aident à comprendre et à mesurer la force de l'ordre de l'incorporation, qui joint et renforce l'une par l'autre l'idée physique du corps qui engendre ou enfante, et l'idée spirituelle, certains diront mystique, du corps comme présence et vie du tout dans chaque partie. Pourtant, cet ordre de l'incorporation a disparu. Plus précisément, il a été délibérément détruit. Claude Lefort formule bien le sens en même temps que l'énormité du processus :

> L'Ancien Régime est composé d'un nombre infini de petits corps qui procurent aux individus leurs repères identificatoires. Et ces petits corps s'agencent au sein d'un grand corps imaginaire dont le corps du roi fournit la réplique et garantit l'intégrité. La révolution démocratique, longtemps souterraine, explose, quand se trouve détruit le corps du roi, quand tombe la tête du corps politique, quand, du même coup, la corporéité du social se dissout. Alors se produit ce que j'oserais nommer une désincorporation des individus. Phénomène extraordinaire [...] [1].

Pourquoi est-ce un « phénomène extraordinaire » ? Parce que la logique sociale pour ainsi dire s'inverse : tandis que la société antérieure s'organisait pour lier ses membres, que tout en elle était destiné à représenter et à consolider le lien social, notre société s'organise pour délier ses membres, pour garantir leur indépendance et leurs droits. En un sens, notre société se veut une dis-société. Phénomène extraordinaire en effet !

La société antérieure, son caractère bizarre et barbare pour nous, sa vérité pour elle, se résumaient, se donnaient à voir, et à toucher, dans le corps du roi. Qu'est-ce qui résumerait de la même façon, ou de façon analogue, notre société et son caractère extraordinaire, ou paradoxal, de dis-société ? Il me semble que ce serait la notion de l'*état de nature*, une représentation donc aussi abstraite, idéelle et invisible que le corps du roi était concret, tangible et visible. Cette notion, que j'ai déjà mention-

1. C. Lefort, *L'Invention démocratique*, *op. cit.*, p. 172.

née plusieurs fois, a d'abord été élaborée par les philosophes, puis elle a été oubliée par eux. Mais elle a pénétré de plus en plus profondément notre société dans ses divers aspects et composantes. Elle vous est familière. Vous l'avez rencontrée chez Rousseau, chez Hobbes et Locke (ce sont les trois grands théoriciens de l'état de nature). Il est peu probable que vous la preniez au sérieux. Personne ne la prend au sérieux. Ou alors seulement d'un « point de vue historique », comme on dit, comme une idée qui a eu de l'importance dans un certain contexte politique et social au XVIIe et au XVIIIe siècle. De fait, comment nous intéresser à cet individu dans l'état de nature tel que le décrit par exemple Rousseau, se nourrissant de glands, se désaltérant au premier ruisseau ? Il mérite pourtant notre intérêt, ce fade animal, puisque finalement il est en un sens chacun de nous, il est en un sens celui que nous voulons être.

Pour le dire d'un mot, l'état de nature se définit comme un état d'indépendance, de liberté et d'égalité. Et nous voulons vivre dans l'indépendance, la liberté et l'égalité. En ce sens, l'état de nature est notre horizon. Le terme même de nature nous rebute, il est vrai, je l'ai souligné. Mais nous sommes victimes ici d'une sorte d'illusion d'optique. Lorsque nous croyons pouvoir vivre et penser sans une certaine idée de la « nature humaine », lorsque nous pensons avoir définitivement laissé derrière nous cette notion comme un fardeau qui entravait notre liberté, c'est simplement que nous nous faisons de notre nature une idée très différente de celle qu'on s'en formait à l'époque prédémocratique, lorsqu'en effet cette notion régnait officiellement.

Dans l'ordre prédémocratique de l'incorporation que nous considérions il y a un instant, la nature, c'est le tout, ou plutôt ce qui fait qu'il y a un tout ou des touts, bref ce qui lie, ce qui produit, enfante ou engendre. Elle s'enracine et trouve son modèle dans le corps fécond. Elle réside plus dans la relation, dans le lien, que dans les individus liés ou reliés. Être père, par exemple, être dans la relation de paternité, était alors incomparablement plus important qu'être *ce* père-*ci*. Notre compréhension de la nature est aujourd'hui l'inverse, elle est le renversement de celle que je viens de rappeler. La nature ne réside plus pour nous dans la relation, elle réside tout entière dans l'individu, dans chaque individu en tant qu'il est indépendant des autres. C'est pourquoi nos philosophes parlaient d'un *état* de nature, seule manière de désigner une situation où il n'y a que des individus – des êtres naturels sans relations naturelles. C'est l'individu qui importe désormais et non plus la relation. Être *ce* père-*ci* est désormais incomparablement plus important qu'être père, plus important qu'être partie à la relation de paternité. Alors *ce* père-*ci*, ses enfants mêmes l'appelleront par son prénom, qui dit son individualité, et non plus par le terme de père, qui dit la relation.

Bien entendu, dans notre société aussi, il y a des relations entre les individus, des liens se nouent, des couples et des familles se forment... Mais ces liens, au moins en principe et idéalement, doivent être à chaque instant voulus et pour ainsi dire renoués à chaque instant. Dès que nous les considérons comme donnés, comme naturels, ils aliènent notre liberté, et donc notre vraie nature qui est d'être des individus. Nos liens ne sont conformes à notre nature d'individus indépendants que s'ils sont continuellement créés par notre consentement continué. J'ai déjà parlé de cet aspect de la moralité contemporaine, en évoquant en particulier la liberté sartrienne, qui est ennemie de toute nature humaine, mais qui par cela même présuppose un état de nature dans lequel à chaque instant l'individu doit être prêt à recommencer sa vie. Je n'y reviens pas. Je rappelle seulement le dilemme devant lequel se trouve notre liberté : ou bien j'entre dans une communauté, une association, une relation, un lien, et je me transforme en partie d'un tout, je me « naturalise » en quelque sorte, je m'« incorpore » et je perds ma liberté ; ou bien je me refuse à toute association, à toute relation, à tout lien, et je n'exerce pas ma liberté. L'idée même que nous nous faisons de notre liberté et de notre individualité nous place ainsi devant un dilemme tendanciellement paralysant.

En même temps, notre société, pas plus que celles qui l'ont précédée, ne va jusqu'au bout des tendances qui la caractérisent. Elle ne s'est pas dissociée, elle n'est pas devenue une dis-société. La crainte de la décomposition certes la hante depuis que le mouvement démocratique s'est emparé d'elle, ainsi que Claude Lefort le rappelle dans la suite du texte que j'ai cité plus haut. Si cette crainte s'est révélée vaine jusqu'à présent, c'est sans doute que sa décomposition continuée s'est accompagnée d'une recomposition continuée. Mais quel est le principe nouveau de son unité puisque ce n'est plus l'incorporation ? C'est la *représentation*. L'ordre de la représentation a succédé à l'ordre de l'incorporation. Cette notion bien sûr nous est tout à fait familière. Presque tous les peuples d'Europe et d'Amérique, de nombreux peuples d'Asie, vivent sous des gouvernements représentatifs. Depuis la fin du XVIIIe siècle, cette organisation politique nous paraît la seule vraiment rationnelle et conforme aux droits de l'homme. Nous savons bien qu'elle présente des difficultés, que parfois ou souvent nous avons le sentiment d'être mal représentés, mais enfin elle reste pour nous non seulement la formule politique la plus satisfaisante mais pour ainsi dire l'unique formule politique envisageable. En même temps, elle garde quelque chose de profondément mystérieux.

Sans doute est-ce Rousseau qui a été le plus sensible à la difficulté. Vous savez que Rousseau était radicalement, absolument, presque violemment, hostile à l'idée même de représentation politique quelque forme qu'elle prenne. Son argument principal est fort simple : « La volonté ne se représente point : elle est la même, ou elle est autre ; il n'y a point de milieu [1]. » Le propos abrupt de Rousseau attire notre attention sur la bizarrerie du principe représentatif. La volonté des sociétaires produit le nouveau lien politique, en tout cas lui donne sa validité dans l'élection. Mais où est-elle, cette volonté ? Ou elle est encore dans les sociétaires, et le nouveau lien politique n'est pas encore créé ; ou elle n'est plus dans les sociétaires, elle est passée dans le nouveau corps politique, dans les institutions politiques nouvelles, et ce n'est déjà plus la volonté des sociétaires. Ou, pour reprendre une analogie déjà proposée, faudrait-il penser que la volonté des sociétaires crée en quelque sorte continûment le corps politique comme Dieu crée continûment le monde dans

1. *Du contrat social*, III, 15.

la philosophie de Descartes ? Le principe représentatif, pris en sa racine, consiste à vouloir produire le lien politique, plus généralement le lien social et humain, par la volonté seule, c'est-à-dire à partir de l'âme seule. Notre époque n'est peut-être pas très religieuse, mais, dans l'ordre politique et social, elle est très « spiritualiste ». Nous voulons que tous nos liens, fussent-ils corporels, aient leur origine, leur cause et leur durée dans une décision purement et souverainement spirituelle. Dans l'ordre politique, social et moral, nous voulons être des anges.

Je suis très frappé par ce paradoxe. Nous pensons spontanément que les sociétés prédémocratiques donnaient un avantage écrasant à l'âme par rapport au corps, que l'âme y écrasait le corps, et que symétriquement nos sociétés ont « réhabilité » le corps – ou la « chair », comme disaient les saint-simoniens – en rejetant les prétentions abusives de l'âme. Et bien sûr cela est vrai en un certain sens. En même temps, le contraire aussi est vrai, en un autre sens. Les sociétés antérieures étaient des sociétés de l'incorporation, enracinant tous les liens dans le corps fécond, et se rassemblant et culminant dans le corps du roi. Elles nous paraissent, je l'ai dit, insupportablement corporelles, et en cela barbares. Nos sociétés au contraire sont des sociétés de la représentation et du consentement, où les liens sont engendrés par l'âme seule. Nous allons si loin que nous rejetons même l'idée que le corps puisse créer des liens, ou qu'il y ait des liens corporels ou essentiellement enracinés dans les corps. D'où la dilution, ou peut-être plutôt le brouillage, de la paternité et de la maternité dans les familles recomposées. D'où le fait que ce qu'on appelait jadis le « commerce charnel », et que les Anglais, à la suite de la Bible, appelaient *carnal knowledge*, ne crée plus par lui-même de lien, n'a plus de sens intrinsèque : il n'a sens, il n'est lien que dans la mesure où la volonté lui donne ce sens ou consent à ce lien. Et ce sens, cette validité du lien, la volonté est évidemment libre de les conférer et de les retirer, précisément à volonté. Nous nous conduisons, ou plutôt, car la vie est plus compliquée, nous voudrions nous conduire comme des anges qui auraient par hasard un corps, et qui seraient libres de le déposer et de le reprendre à volonté.

Je reviens à la politique pour conclure. La « désincorporation » produit ce résultat que la société tout entière, et notre vie dans cette société, semblent affectées d'une troublante incertitude, d'une indétermination à la fois exaltante et angoissante. Claude Lefort est l'auteur contemporain qui a le mieux analysé cet aspect de nos démocraties :

> La révolution démocratique moderne, nous la reconnaissons au mieux à cette mutation : point de pouvoir lié à un corps. Le pouvoir apparaît comme un lieu vide et ceux qui l'exercent comme de simples mortels qui ne l'occupent que temporairement [...] point de loi qui puisse se fixer, dont les énoncés ne soient contestables, les fondements susceptibles d'être remis en question ; enfin, point de représentation d'un centre et des contours de la société [...]. La démocratie inaugure l'expérience d'une société insaisissable, immaîtrisable, dans laquelle le peuple sera dit souverain, certes, mais où il ne cessera de faire question en son identité, où celle-ci demeurera latente [1].

Au lieu du corps du roi – tangible, charnel, trop tangible, trop charnel à nos yeux spiritualistes –, le lieu vide, abstrait, du pouvoir, occupé provisoirement certes par des êtres humains, nos « représentants », mais en réalité par notre volonté, par la volonté souveraine et insaisissable des sociétaires – situation exaltante, sentiment enivrant de liberté, mais aussi, je le disais, angoissante, qui nourrit des rêves, ou des fantasmes de réincorporation.

1. C. Lefort, *L'Invention démocratique*, *op. cit.*, p. 172-173.

Chapitre XIII

LA DIVISION SEXUELLE ET LA DÉMOCRATIE

J'ai essayé de dresser le contraste entre la société moderne, démocratique, fondée sur la représentation et la logique de la représentation d'un côté, et la société ancienne, fondée sur l'« incorporation » et l'analogie du corps, de l'autre. Ce qu'on appelle aujourd'hui volontiers l'« imaginaire social », c'est la manière dont chaque société se représente son propre engendrement. Eh bien, nous l'avons vu, la société démocratique s'engendre *spirituellement* à ses propres yeux, elle s'engendre, se produit elle-même par l'effet de la volonté des sociétaires qui, en votant, produisent la « représentation nationale ». La société ancienne était engendrée *corporellement*, selon la fécondité des corps, ou selon l'analogie du corps, dans la mesure où elle était engendrée à ses propres yeux par les pères – pères de famille, roi père de ses peuples, Dieu père de tous les hommes. J'ai souligné que, comparée à celle qui l'a précédée, notre société a un caractère « angélique », puisqu'elle ne veut faire entrer dans sa composition essentielle rien qui relève du corps, ou du « sang », ou de la « naissance ». (Bien entendu, on n'a le droit d'être électeur – on n'est autorisé à être un ange – que si l'on a la nationalité du pays considéré. Mais si cette nationalité dépend encore très largement de la naissance – « nation » et « naissance » ont la même racine –, même cette dépendance tend de plus en plus à être desserrée.)

On dira que cette idée d'une pure représentation, fondée sur la pure volonté générale, relève moins de l'imaginaire *producteur* de notre société que d'une *convention* politique et sociale : chacun sait que « ce n'est qu'une manière de parler », chacun sait que la pure volonté générale n'est que le résultat très impur d'un grand nombre de volontés individuelles et collectives, enracinées dans les besoins sociaux et les passions sociales et politiques. Bref, les sociétaires savent bien qu'ils ne sont pas des anges. Assurément. En même temps, le fait reste que ces volontés – les volontés des électeurs – sont, parce qu'elles se veulent, des volontés essentiellement égales, et que par conséquent il n'y a pas dans la société de différences essentielles, de différences d'« ordre ». La volonté générale, si c'est une convention, est une convention efficace. La société qu'elle produit est un tout essentiellement homogène : aussi différents soient-ils par leurs revenus, leur profession, ou tout autre critère, les sociétaires se définissent comme citoyens-électeurs par leur droit de faire valoir leur volonté à égalité avec chacun des autres citoyens-électeurs. D'où ce pouvoir de l'idée du *semblable* dans la société démocratique, qui est la grande découverte de Tocqueville. Cette idée du semblable va progressivement réunir et pour ainsi dire fondre ensemble rois et sujets, maîtres et serviteurs, parents et enfants. Mais alors que devient, sous l'empire de l'égalité et de la ressemblance, sous le règne des volontés égales, que devient la différence entre homme et femme qui semble au moins aussi fondamentale que celles que je viens de mentionner, et qui est apparue longtemps comme la différence *naturelle* par excellence ? Que devient la différence sexuelle dans la société des individus ?

Je commencerai par rappeler la compréhension traditionnelle, prédémocratique, du couple, compréhension sur laquelle l'humanité a vécu pendant la majeure partie de son histoire, et qui continue de régner aujourd'hui sur de vastes aires culturelles. Je considérerai ensuite la critique individualiste de la conception traditionnelle, critique qui est au fondement de l'ordre sexuel contemporain. Enfin, j'étudierai l'effort de synthèse, ou plutôt de reconstruction, de Rousseau qui, dans *Émile*, construit un couple parfaitement uni à partir de deux individus parfaitement libres. Ce n'est pas que les thèses de Rousseau soient convaincantes en tout point, c'est qu'il est l'auteur moderne, et peut-être de tous les temps, qui a étudié avec le plus de soin le problème de la différence sexuelle. Ou, pour dire la même chose de manière moins abstraite, nul homme n'a regardé les femmes avec autant d'intelligente attention que Rousseau.

•

Il faut essayer de comprendre l'ordre sexuel traditionnel. Non pour sympathiser avec lui – il est essentiellement antipathique, il révolte nécessairement nos sentiments –, mais pour en saisir la logique, qui est une logique politique. D'ailleurs, cette logique politique traditionnelle n'est peut-être nulle part mieux visible que dans la manière dont elle gouverne l'ordre sexuel, dont elle s'efforce de plier la vie sexuelle à ses lois. Cette logique, j'ai eu plusieurs fois l'occasion de le dire déjà, est une logique du commandement. Tout sociétaire est commandant, ou commandé, en général l'un et l'autre : commandé par celui-ci, commandant à celui-là. Ou, si la notion de commandement a une tonalité trop militaire, disons que tout sociétaire est gouvernant, ou gouverné, en général l'un et l'autre : gouverné par celui-ci, gouvernant celui-là. Il n'y a pas d'homme libre au sens où l'on parle d'électron « libre » : chacun appartient à une, à des communautés, organisées selon cette relation de commandement, ou de gouvernement. Bien ou mal, les sociétaires sont toujours nécessairement gouvernés. En pratique, dans la vie sociale, ce sont les pères, les « chefs de famille », qui gouvernent. Si rien d'important ne saurait échapper au gouvernement des pères, on comprend que le mariage des enfants, cette chose si importante, dépende très étroitement de la volonté, ou du consentement, des pères. Le mariage des enfants est donc en principe décidé par le père (en accord ou non avec la mère), non parce que celui-ci serait nécessairement tyrannique, mais parce qu'il est aux yeux de tous et aux siens propres responsable de sa famille, de tout ce qui se passe d'important dans sa famille. Bien entendu, la volonté du père est *naturellement* ressentie comme tyrannique par les enfants, qui usent en la matière de toutes les ruses par lesquelles on peut duper ou circonvenir un tyran, ainsi qu'en témoignent bien des comédies de Molière par exemple.

À quoi s'ajoute le fait que, dans ce type de société, le mariage n'apparaît pas tant comme l'union de deux individus que comme celle de deux familles. Encore une fois, l'unité de base n'y est pas l'individu mais la famille. L'individu étant considéré d'abord comme le membre, ou le représentant, de sa famille, il est en somme naturel que l'union de deux familles soit décidée par les chefs de famille. Telle est, très schématiquement, la logique qui régit l'ordre familial traditionnel.

Bien entendu, un tel ordre laisse peu de place au sentiment et à la liberté du cœur. Ce sacrifice était socialement reconnu et accepté comme une triste nécessité, ou même comme une heureuse nécessité : on ne peut rien construire de solide, pensait-on, sur la passion, le sentiment, le goût, choses fugaces, menteuses, décevantes..., on ne peut rien construire de solide, pensait-on, sur le cœur fragile des jeunes gens et des jeunes filles... Précisément parce qu'ils ne sont pas aveuglés par la passion, les pères savent mieux ce qui convient à leurs enfants. Cet ordre paternel était un ordre rationaliste. (Il est vrai qu'un tel ordre pouvait montrer par ailleurs plus ou moins de tolérance pour la vie passionnelle qui s'exprimait en dehors de l'institution et contre elle.)

Cet ordre enveloppait tous les enfants, mais pesait particulièrement sur les filles. L'obligation, la nécessité d'être gouverné pesait particulièrement sur elles. Les filles passaient, en général fort jeunes, du gouvernement du père et de la mère, au gouvernement de leur mari qui, normalement plus âgé qu'elles, parachevait leur éducation.

L'ordre dont je viens de tracer l'esquisse, et qui nous est familier par la littérature, est très cohérent et pour autant très solide. Il a la cohérence et la solidité de la logique sociale. Il a pour lui la nature sociale : le groupe commande aux individus. Il est bien sûr vulnérable dans la mesure précisément où il est tyrannique, où il contraint et parfois blesse les individus dans ce qu'ils ont de plus personnel. Longtemps, la critique de cet ordre resta cantonnée à la littérature, où s'exhalait la plainte des mal mariés, ou qui mettait en scène le jeu complexe, comique et douloureux, entre la volonté du père et la résistance des enfants. Or, aussi critique que soit par exemple Molière à l'égard de la tyrannie des pères, il présente le pouvoir paternel comme un élément constituant – souvent odieux, mais toujours constituant – du monde social : les spectateurs se réjouissent quand les jeunes amoureux parviennent à leurs fins, mais le principe de l'ordre des pères n'est pas mis en cause. Il sera mis en cause lorsqu'un nouveau principe s'imposera.

•

Ce nouveau principe, nous l'avons souvent rencontré, souvent interrogé. C'est le principe du consentement. Il peut se formuler de diverses manières. J'ai cité la version donnée par Hobbes, qui dessine avec une parfaite netteté le nouveau rapport, le rapport démocratique, à la loi : il n'y a d'obligation légitime que celle à laquelle j'ai préalablement consenti. Le mariage comportant des obligations, le principe ainsi exprimé peut fort bien être employé pour contester radicalement le pouvoir des pères en la matière. Mais une autre expression de ce principe est plus directement pertinente (on la trouve d'ailleurs aussi chez Hobbes et elle se répand dès le XVIIe siècle) : chacun est le meilleur juge de ce qui le concerne exclusivement, ou, selon la formule devenue en quelque sorte l'axiome de la société nouvelle, chacun est le meilleur juge de son intérêt, matériel ou moral. Auparavant, nous l'avons vu, on pensait que le meilleur juge de l'intérêt de quelqu'un était celui qui gouvernait le tout dans lequel ce quelqu'un prenait place : c'était donc le roi par rapport aux membres du corps politique, le père par rapport aux membres de la famille, etc. Le meilleur juge, c'était celui qui voyait les choses de plus haut. Désormais, le meilleur juge, c'est celui qui voit les choses de plus près. Un tel changement enracine la révolution démocratique dans le sentiment de soi de chacun.

En tant que proposition épistémologique, chacune des deux thèses a de bons arguments à faire valoir. La thèse ancienne a l'avantage de considérer le tout, et elle fait alors apparaître la thèse moderne comme délibérément partiale, comme le choix de la partie de se préférer au tout. D'ailleurs, qu'est-ce qui me concerne *exclusivement* ? Notre intérêt individuel n'est-il pas en général inséparable d'intérêts communs ? Cet argument perd de sa force lorsqu'on veut l'appliquer au sentiment, en particulier au sentiment amoureux : quoi de plus individuel, ou quoi de moins partageable et communicable, que le sentiment amoureux ? Le principe du consentement légitime le sentiment amoureux, et le sentiment amoureux donne au principe du consentement une sorte d'évidence naturelle. Une fois que la jonction entre les deux éléments est faite, l'ordre individualiste est irrésistiblement et définitivement installé dans cet aspect de la vie sociale qu'on va appeler la « vie privée », et où l'ordre ancien s'était le plus longtemps retranché.

Tout cela suppose la légitimation, la valorisation préalable du sentiment, ou de la passion, donc l'abandon du rationalisme moral que j'évoquais dans la première partie. Pour que le sentiment passionné de l'enfant soit autorisé à l'emporter sur le jugement rationnel du père, il faut que le sentiment et la passion aient été au préalable validés, c'est-à-dire qu'on ait au préalable conclu que la vie sentimentale était une partie importante, ou même essentielle, de la vie, et qu'elle méritait donc d'être reconnue par l'institution sociale et inscrite en elle – en l'occurrence, que le mariage public devait exprimer les sentiments privés. Or cette idée est récente.

Dans le monde grec et romain, la grande affaire, c'est la politique et la guerre. L'amour trouve expression principalement dans deux registres : le registre érotique au sens ordinaire du terme, et le registre du *durus amor*, c'est-à-dire de la passion violente et douloureuse par suite de sa violence même, et parce qu'elle n'est pas, ou pas suffisamment, payée de retour – lisez Sapho, ou le livre IV de l'*Énéide* dans lequel Virgile narre l'amour malheureux de Didon pour Énée... Le monde chrétien est plus favorable à la passion amoureuse dans la mesure même où il est moins politique et moins militaire. Mais aussi pour une raison positive : c'est dans le contexte chrétien qu'est élaborée cette composante essentielle de l'amour moderne, au moins jusqu'à une date récente, qu'est l'idéalisation de la femme. Bien entendu, par ailleurs, la religion chrétienne ne voit pas d'un trop bon œil la composante érotique, « charnelle », de l'amour, expression d'une des trois grandes « concupiscences » de l'homme pécheur. Et, plus profondément peut-être, elle condamne l'idolâtrie qui se trouve, pense-t-elle, au fond de la passion amoureuse cristallisée. C'est donc dans le monde chrétien, mais après l'affaiblissement de la religion, que la vie sentimentale a pu recevoir tous les attributs de la légitimité, toute la considération due à la « vraie vie ».

Le troisième changement qui a rendu possible l'instauration de l'ordre individualiste, c'est évidemment l'affirmation résolue de l'égalité des femmes. En vérité, la question est très confuse, car le terme d'« égalité » est très confus dans ce contexte. Dans les sociétés antérieures, où tout pour ainsi dire était inégal, la subordination des femmes n'était qu'un aspect de l'ordre général. Dans la société démocratique, dont l'horizon moral est constitué non seulement par l'idée de l'égalité des droits, mais encore par « la notion du *semblable* », toute inégalité de situation des femmes apparaît comme la négation choquante du principe sur lequel notre société est fondée. Nous avons aujourd'hui peine à nous représenter non seulement bien sûr les sociétés prédémocratiques, mais même les débuts de la société démocratique, lorsque l'idée de l'égalité des femmes paraissait compatible avec leur subordination réelle, en particulier avec leur exclusion de l'espace politique. Or, il faut le dire à l'encontre des caricatures courantes, jamais dans l'Europe antique ou chrétienne l'on n'a soutenu l'idée d'une infériorité naturelle et essentielle des femmes. Nous l'avons vu, même Aristote, qu'une certaine tradition scolaire considère comme *le* philosophe de l'inégalité naturelle, voit la femme comme un être rationnel au même titre que l'homme. Au même titre, mais pas avec la même force. Il ne s'agit pas de l'intelligence, ni des talents, ni moins encore des vertus ; il s'agit de la force de la raison, c'est-à-dire de la capacité à faire prévaloir le jugement de la raison sur toute autre considération. Sur ce point, il n'y a aucun doute, l'opinion traditionnelle affirmait une certaine infériorité féminine, une certaine « faiblesse » des femmes. On considérait donc que les femmes étaient naturellement moins capables que les hommes de se gouverner elles-mêmes, mais encore une fois cette proposition n'était pas si choquante dans un monde où la plupart des hommes aussi étaient considérés comme incapables, ou peu capables, de se gouverner eux-mêmes. Et c'est parce qu'elles étaient supposées moins capables de se gouverner elles-mêmes que les femmes devaient passer sans solution de continuité du gouvernement paternel au gouvernement conjugal.

J'ajoute un dernier élément qui nous paraît aujourd'hui passablement bizarre, et presque incompréhensible. De manière très générale, jusqu'au XVIe siècle, mais avec des prolongements jusque dans l'époque moderne, à dire vrai jusqu'à aujourd'hui, la conviction a régné que les femmes étaient moins aptes à se gouverner rationnellement parce que le corps avait plus de pouvoir sur elles, et qu'en particulier leurs appétits sexuels étaient illimités. Le XIXe siècle verra s'élaborer la dissymétrie contraire, l'idéalisation « romantique » de la femme.

Toutes ces considérations problématiques sur la relative « faiblesse politique » des femmes – leur moindre capacité à se gouverner et donc à gouverner – furent finalement balayées par le sentiment croissant de l'égalité et de la ressemblance entre hommes et femmes.

•

Il est temps d'en venir à la tentative de Rousseau. On est d'abord tenté de dire que, sur ce point comme sur d'autres, Rousseau propose une première synthèse entre l'ordre ancien holiste et l'ordre nouveau individualiste, une synthèse qu'on dira alors utopique ou contradictoire. En réalité, le point de départ de Rousseau est radicalement individualiste, en ce sens donc radicalement moderne. Pourquoi ? Simplement parce qu'à ses yeux l'être humain est par nature un individu, c'est-à-dire un « tout parfait et solitaire[1] ». Cela veut dire : chacun n'aime que soi et ne peut aimer que soi. En même temps, chacun ne peut mener une vie vraiment humaine, comportant toute la gamme des sentiments et des vertus, que s'il étend son être, que s'il aime d'autres êtres humains, que s'il aime comme lui-même quelque chose de plus grand que lui. Chacun doit donc se construire une seconde nature dans laquelle, paradoxalement mais véridiquement, il n'aimera que soi en aimant un autre que soi. Cette seconde nature pourra être la cité nouvelle dont le *Contrat social* donne le plan. Mais Rousseau ne met plus guère d'espoir dans la politique. Les circonstances propres au monde moderne rendent à ses yeux presque impossible la restauration d'un vrai patriotisme à l'antique. Quelles circonstances ? Le développement des grands États, l'expansion du commerce, l'influence du christianisme, tout cela a irréversiblement individualisé la vie politique, sociale et morale. C'est donc un autre type de communauté qu'il faut essayer de fonder pour surmonter l'individualisme corrupteur où chacun est l'ennemi de chacun. Un autre type de communauté, non immédiatement politique, une famille, mais une famille d'un nouveau genre. La famille traditionnelle est fondée sur le commandement du père et elle lèse l'individualité de la femme et des enfants, leur liberté. Quant à la nouvelle « famille », si l'on peut dire, qui s'est répandue dans la partie « éclairée » de la société au cours du XVIIIe siècle, une famille qui met ses enfants en nourrice, puis en pension, et où les époux ne semblent s'être mariés que pour avoir la possibilité de se tromper mutuellement, cette famille est le contraire d'une union. Rousseau veut fonder une famille qui soit une union véritable, mais dans l'égalité. D'ailleurs, à ses yeux il n'y a d'union véritable que dans l'égalité.

Mais comment une union véritable est-elle possible si la nature a fait de chacun un individu, c'est-à-dire, encore une fois, un « tout parfait et solitaire » ? C'est que la nature a aussi

1. *Du contrat social,* II, 7.

rendu l'homme et la femme complémentaires, complémentaires physiquement bien sûr aux fins de reproduction, mais surtout complémentaires moralement. Cette idée de complémentarité est en elle-même banale. Elle est de surcroît antipathique à la sensibilité contemporaine, parce qu'elle semble un prétexte, et un euphémisme, pour la subordination continuée de la femme. Assurément, c'est une idée que l'on peut employer à cette fin si on la conçoit de manière grossière. Rousseau l'utilise au contraire avec une grande subtilité pour montrer comment la complémentarité d'un homme civilisé et d'une femme civilisée peut créer un nouvel être plus complet et plus riche qu'aucun des deux individus pris séparément. Même si ce couple n'a pas d'enfant, il crée un troisième terme différent de chacun d'eux, qui est le couple lui-même.

On voit comment cette politique sexuelle de Rousseau est inséparable de son projet moral démocratique. Les êtres humains veulent naturellement produire et se produire – se reproduire aussi, mais je ne considère ici que les deux premiers termes. Produire et se produire, c'est produire une œuvre qui se reflète dans le regard d'autrui. Quand produire et se produire mobilisent les talents individuels, l'exercice de ceux-ci suscite le désir de se distinguer tandis que le désir de se distinguer mobilise les talents individuels. Tel est, selon Rousseau, le mécanisme de la corruption sociale, tout particulièrement dévastateur à l'époque moderne où la division du travail motive et excite les talents. Eh bien, la formation d'une famille, ou simplement d'un couple, constitue pour Rousseau une œuvre qui comble le désir de produire et de se produire, le désir de « créer » – encore une fois, le désir de se reproduire n'entre pas nécessairement en jeu –, sans enclencher le désir fatal de se distinguer puisque le regard qui constate, qui apprécie, qui couronne la construction de l'œuvre est intérieur à la famille. Et cette production est ouverte à tous les êtres humains de bonne volonté, pas seulement aux vainqueurs dans la compétition des talents. Il y a là une possibilité humaine que l'Ancien Régime n'avait guère cultivée, qu'il ne pouvait guère cultiver en raison des caractéristiques de la famille ancienne, mais qui joua un grand rôle dans le développement de la société démocratique, même s'il est probable que peu de familles approchèrent du modèle dessiné par Rousseau.

Qu'en est-il aujourd'hui ? Ce type de famille est largement discrédité sous le nom de famille bourgeoise, ou de famille traditionnelle. L'expression de « famille bourgeoise » peut convenir : la « vie de famille » fut une des expressions les plus caractéristiques de la « vie bourgeoise ». Mais celle de « famille traditionnelle » est moins adaptée, car il s'agit en fait d'une famille nouvelle, nettement distinguée de, et nettement moins durable que, la famille inégale et patriarcale de l'ancien monde, la seule qu'on puisse dire vraiment « traditionnelle ». En tout cas, sous un nom ou sous un autre, je viens de le dire, ce type de famille est aujourd'hui largement discrédité. En même temps, le désir est très répandu d'échapper à l'emballement de la compétition. Or, il semblerait que la famille ainsi conçue offrait une sorte d'asile où échapper à l'obsession comparative : le cinéma américain nous a offert de touchantes images de ce type de famille dans laquelle l'homme participe avec toute la dureté nécessaire aux duretés de la compétition, pendant que la femme entretient la douceur du foyer. Mais cette possibilité n'a plus guère de sens une fois que les femmes sont entrées massivement sur le marché du travail et prennent part à la compétition et à la comparaison. D'ailleurs, un tel compromis n'est pas ce que Rousseau avait en vue, puisqu'il voulait que l'homme aussi échappe à la corruption induite par la compétition. Encore une fois, ce que cherche Rousseau dans le couple et la famille, c'est une œuvre humaine qui, par une sorte de miracle naturel, échappe à la corruption inséparable des œuvres humaines. Claude Habib présente excellemment la question :

> Personne n'oserait aujourd'hui considérer qu'une famille est une œuvre. Tel était pourtant le point de vue de Rousseau : chaque famille est une œuvre. Cette œuvre met en jeu l'essentiel de la liberté féminine, et pour cette raison, la femme en est responsable.

> Dire que la création de la famille mobilise l'essentiel de la liberté et de l'inventivité féminines, ce n'est pas stériliser les autres qualités dont une femme peut se trouver dotée par la nature, mais c'est à coup sûr les subordonner à ce but.
>
> Pour Rousseau, il n'y a pas là de renoncement ou de sacrifice : c'est le désir de primer, chez une femme, qui est mensonger. [...] L'éternel dilemme des femmes modernes partagées entre la carrière et la vie privée est inconcevable en termes rousseauistes : il faut penser qu'elles simulent ce dilemme, faute précisément d'avoir une vie privée. Si elles savaient ce que c'est que la vie d'une femme sincère qui devient amante et mère, elles s'orienteraient vers ce genre de vie, et le conflit serait supprimé. [...]
>
> Pour une femme, développer un talent à seule fin de le développer, c'est faire tourner ses dons à son détriment, c'est les utiliser pour son propre malheur. Dans cet effort, la femme a l'illusion de libérer ses forces, alors qu'elle dénature son être. Fondamentalement, elle s'abuse sur sa faiblesse, qui est de ne pas pouvoir faire son bonheur toute seule, de ne pouvoir l'atteindre que par la dépendance librement consentie[1].

Bien entendu, nous ne pouvons commencer à prendre au sérieux ce que dit Rousseau que si nous prenons au sérieux la thèse de la complémentarité entre l'homme et la femme. Encore une fois, cette thèse « holiste » heurte de front notre pensée et nos sentiments naturellement « individualistes ». Mais Rousseau est celui qui sait conférer le plus de plausibilité à cette thèse. Selon lui, cette complémentarité a de multiples aspects, et il faudrait lire de longs passages du livre V de l'*Émile* pour vous donner une idée juste de ce qu'il entend par là. Mais cette complémentarité a un sens premier, sur lequel il insiste beaucoup, et qui est que le désir sexuel est réciproque mais non pas symétrique. Tout le secret de la nature, à ses yeux, est là. La dissymétrie réside en ceci que, du côté féminin, la pudeur est première, tandis que du côté de l'homme est l'initiative. Nous ne pouvons absolument rien changer à cet état de choses : il est inscrit dans la nature. Rousseau s'en prend vivement à la phi-

1. *Le Consentement amoureux*, Paris, Hachette-Littératures, 1998, p. 127-128.

losophie contemporaine – celle de son temps qui est restée, ou redevenue, la nôtre –, cette philosophie des gens éclairés, qui réduit la pudeur à un « préjugé[1] ». Bien sûr, on peut renoncer à la pudeur, mais on renonce alors à la vérité du désir. On le voit, Rousseau ne défend pas la pudeur féminine par amour de la morale et de la loi. Il déteste la loi, et c'est pourquoi il est si intéressant pour nous qui détestons aussi la loi, en partie sous son influence. Il ne prétend pas régler le désir du dehors, par la loi, loi de Dieu, ou loi de la Nature. Ou s'il s'agit d'une loi de la Nature, c'est la loi du désir lui-même. Le désir a sa règle dans la dissymétrie dont la pudeur féminine est le pivot[2]. Une des conséquences intéressantes de cette analyse, c'est qu'il n'y a pas à proprement parler de connaissance du désir, que celui-ci n'est pas maîtrisable par la connaissance, par la science, bref, que ce que nous appelons aujourd'hui « le sexe » n'existe pas. Et si « le sexe » n'existe pas, la « sexologie » non plus n'existe pas. Cela fait une science de moins à apprendre, et c'est une bonne nouvelle de plus que nous devons à Rousseau. On ne sait pas ce qu'est le désir, parce que le désir ne sait pas ce qu'il désire.

Mon propos ici n'est pas d'exposer la pensée de Rousseau ni de le proposer comme guide des mœurs. Vous trouverez d'excellentes explications et des commentaires très judicieux, quoique assez différents, dans les livres d'Allan Bloom[3] et de Claude Habib. Mais la lecture et la méditation de Rousseau nous ren-

1. Voir aussi sur ce point la *Lettre à d'Alembert* : « Préjugés populaires ! me crie-t-on. Petites erreurs de l'enfance ! Tromperie des lois et de l'éducation ! La pudeur n'est rien. Elle n'est qu'une invention des lois sociales pour mettre à couvert les droits des pères et des époux, et maintenir quelque ordre dans les familles. Pourquoi rougirions-nous des besoins que nous donna la Nature ? Pourquoi trouverions-nous un motif de honte dans un acte aussi indifférent en soi, et aussi utile dans ses effets que celui qui concourt à perpétuer l'espèce ? Pourquoi, les désirs étant égaux des deux parts, les démonstrations en seraient-elles différentes ? Pourquoi l'un des sexes se refuserait-il plus que l'autre aux penchants qui leur sont communs ? Pourquoi l'homme aurait-il sur ce point d'autres lois que les animaux ?

Tes pourquoi, dit le dieu, ne finiraient jamais.

Mais ce n'est pas à l'homme, c'est à son auteur qu'il les faut adresser. N'est-il pas plaisant qu'il faille dire pourquoi j'ai honte d'un sentiment naturel, si cette honte ne m'est pas moins naturelle que ce sentiment même ? Autant vaudrait me demander aussi pourquoi j'ai ce sentiment. Est-ce à moi de rendre compte de ce qu'a fait la Nature ? Par cette manière de raisonner, ceux qui ne voient pas pourquoi l'homme est existant devraient nier qu'il existe » (Paris, Garnier-Flammarion, 1967, p. 168-169).

2. Voir sur ce point encore C. Habib, *Le Consentement amoureux*, *op. cit.*, p. 97-101.

3. Voir *Love and Friendship*, New York, Simon & Schuster, 1993, I, 1, trad. fr. *L'Amour et l'amitié*, Paris, Éd. de Fallois, 1996.

dent sensibles à une bizarrerie de la situation présente. La démocratie contemporaine affirme de façon stridente et l'individualité et la sexualité. On voit bien le sens polémique de cette double affirmation. Elle vise agressivement l'ordre ancien autoritaire et holiste : l'individualisme veut dissoudre tout ce qui prétendrait à quelque autorité que ce soit sur l'individu, tandis que la liberté sexuelle défie l'ordre de la Loi dans ce que celui-ci a peut-être de plus ancien et de plus enraciné. Mais individualité et sexualité vont-elles si facilement ensemble ? Après tout, si l'on réduit ces choses à l'essentiel, être individu, c'est être indépendant, être sexué, c'est être dépendant. On contourne la difficulté en présentant le désir comme une expression, et même comme l'expression suprême de l'individualité. Cela n'a de chance d'être vrai que lorsque le désir cherche sincèrement l'obscur objet qu'il ignore, c'est-à-dire rencontre l'autre désir dissymétrique engagé dans la même perplexité, et que les deux désirs découvrent l'accommodation réciproque qui porte traditionnellement le nom d'amour ; autrement dit, lorsque le désir est engagé dans l'œuvre en effet suprêmement individuelle que décrit Rousseau, et qui est la création d'un couple. Individualité et sexualité ne peuvent se rejoindre que dans le lien amoureux, qui, en tant que lien, réfute radicalement l'hypothèse, ou le postulat, de l'indépendance. Si nous employons le langage un peu grossier d'aujourd'hui, nous dirons : Rousseau n'est pas hostile à la liberté sexuelle, puisqu'il déteste la loi ; mais il n'est pas non plus favorable à la liberté sexuelle, parce que, telle qu'on la propose, on méconnaît la très délicate nature du désir, ce désir institué par la nature elle-même, et que nous ne pouvons souverainement maîtriser ni connaître, mais seulement régler en suivant sa propre règle.

Je n'ai pas parlé d'un aspect du problème, qui pour Rousseau allait de soi et qui pour nous ne va plus du tout de soi. Il s'agit bien sûr de l'enfant. Pour Rousseau, un couple est normalement et naturellement fécond, mais il n'a pas besoin d'en traiter dans l'*Émile* puisque l'ouvrage analyse la constitution du couple à partir de deux individus indépendants, et l'enfant ne sera que la conséquence naturelle de cette union. Pour nous, un couple n'est pas naturellement fécond, puisqu'il peut choisir de l'être ou de ne pas l'être. Et cette « maîtrise de la fécondité » est un des aspects les plus importants, et les plus lourds de conséquences, de la « maîtrise » de la nature qui, depuis Descartes au moins, forme la perspective de l'homme européen. Avec la pilule de Pincus, cette maîtrise enveloppe la nature humaine elle-même dans ce que celle-ci a de plus intime, dans ce qui exprimait par excellence son caractère de nature. Cela représente, si l'on ose dire, une expérience philosophique extraordinaire pour l'étude des rapports entre la nature humaine et l'art, ou l'artifice, humain, pour notre évaluation du projet des Lumières de conquête de la nature. Je me bornerai pour finir à deux remarques fort simples.

La première concerne bien sûr la démographie. La maîtrise permise par la pilule est d'ordre individuel : chaque couple a en principe le nombre d'enfants qu'il désire. Mais l'effet global de toutes ces micro-décisions échappe à la maîtrise humaine. En pratique, cela signifie que dans presque tous les pays faisant un usage courant des moyens de contraception modernes, le taux de natalité ne suffit pas à assurer le renouvellement des générations. Le déficit est parfois considérable, comme au Japon, en Allemagne ou en Italie. Chacun voit les problèmes de toute sorte – santé publique, retraites, etc. – que ce grand fait démographique entraîne. Ce n'est pas tant que nous ne sachions pas résoudre ces problèmes, c'est d'abord que nous ne savons pas les poser, tant ils sont nouveaux. Une population qui vieillit rapidement, et qui, sans guerre ni épidémie, diminue, ou va diminuer rapidement, comme c'est le cas au Japon, est un phénomène tout à fait inédit dont personne ne peut prétendre discerner et mesurer les conséquences. Les avis d'experts sur le sujet sont encore plus contradictoires que de coutume. Je me bornerai à remarquer qu'il y a dans tout cela une ironie supérieure. Dans cette affaire, nous sommes plus forts que la nature, nous la maîtrisons, nous la soumettons, mais nous la soumettons à ce point qu'elle nous fait défaut, et qu'elle retrouve indirectement tout son pouvoir sur nous. Avant, nous avions plus d'enfants que nous ne désirions, et parfois que nous ne pouvions en nourrir et élever ; maintenant, nous avons moins d'enfants qu'il n'en faudrait pour que le renouvellement et la continuité des générations soient assurés. Dans ce jeu entre l'homme et la nature, y compris sa nature, il y a un équilibre que nous désirons et qui ne cesse de nous échapper. En ce sens, l'espoir de Descartes et des Lumières a jusqu'ici été déçu : en dépit de nos moyens extraordinaires, nous ne sommes pas encore « maîtres et possesseurs de la nature ». Comme les plus anciens philosophes grecs le disaient déjà, la nature aime à se cacher et à nous échapper...

L'autre remarque concerne aussi notre rapport à la nature et la notion de « maîtrise de la fécondité », mais de manière cette fois qualitative. Bien entendu, un couple peut aisément éviter d'avoir des enfants. Maîtrise effective mais négative. Même en laissant de côté les cas, fort nombreux, de stérilité, il ne peut choisir les enfants qu'il accepte d'avoir, ou désire avoir. L'expression courante aujourd'hui de « faire un enfant » traduit le désir d'une maîtrise positive qui n'est pas à notre portée : la vieille et modeste expression d'« avoir un enfant » reste plus fidèle à la réalité. En ce sens, les êtres humains sont aussi aveugles et désarmés aujourd'hui qu'ils l'étaient au commencement de l'espèce. En dépit de toutes les possibilités de la science, leur rapport à la nature, ici à leur propre nature, reste ultimement un rapport de confiance et de foi, nullement de maîtrise.

Chapitre XIV

LA QUESTION DU COMMUNISME

On pourrait contester que l'étude, même rapide, des totalitarismes du XXe siècle soit à sa place dans cette analyse de la situation politique contemporaine. Après tout, l'un des deux totalitarismes – le « brun », les fascismes et le nazisme – a capitulé sans condition il y a plus d'un demi-siècle, et on n'a pas depuis lors observé de résurgence significative. Assurément, les partis dits « xénophobes » comme le Front national en France, ou le Parti libéral en Autriche, peuvent susciter malaise et inquiétude. Les écarts calculés de langage de leurs chefs, même suivis de rétractations, justifient qu'on soupçonne leurs intentions. Mais en vérité, ils ressemblent peu aux partis fascistes. Ils n'ont rien de l'ardeur conquérante de ces derniers, ils n'exercent pas la violence contre leurs adversaires politiques, ils ne proposent aucun projet de refonte révolutionnaire des institutions politiques et sociales, ils sont sans ambition ni espérance, ils sont seulement, si j'ose dire, agressivement défensifs. La vigilance à leur endroit est légitime, nécessaire même, mais l'hystérie paneuropéenne qui accueille périodiquement leurs succès électoraux ne prouve qu'une chose : non pas combien nous nous rappelons, mais combien nous avons oublié ce que furent vraiment les fascismes et le nazisme.

Quant à l'autre totalitarisme, le communisme, il n'a pas capitulé sans condition, mais à partir de 1989, il s'est déclaré non existant, suggérant par la bouche de Gorbatchev qu'en somme il n'avait jamais vraiment existé, que peut-être il n'était qu'une invention des anticommunistes et autres « ennemis de la paix ». Bref, le régime communiste sembla s'évaporer, et la démocratie libérale resta comme le seul régime concevable. Il est vrai que les espoirs mis dans la Russie nouvelle ont été déçus, et que les développements récents justifient bien des appréhensions. Le gouvernement actuel semble prendre à cœur de conserver, ou de restaurer, certains des traits les plus odieux du régime soviétique, dont le personnel d'ailleurs est très largement resté aux commandes. En même temps, ici encore font défaut les éléments les plus spécifiques du régime totalitaire, dans ce cas le parti et l'idéologie, et rien ne suggère qu'on envisage de les reconstituer. Il semblerait donc avisé de conclure que l'étude des totalitarismes relève désormais de la discipline historique. Je crois au contraire que cette étude est non seulement légitime, mais même indispensable pour comprendre le présent.

Le nazisme apparaît comme tissé de part en part par une volonté criminelle, dont la seule perspective était la destruction : destruction d'abord des juifs, et des peuples et catégories jugés inférieurs – Slaves, tsiganes, handicapés –, puis sans doute des autres peuples, et finalement du peuple allemand lui-même, indigne des ambitions sublimes de ses chefs surhumains. S'il n'a pu parvenir jusqu'au terme de son désir de meurtre, il a tant tué, et si vite, et dans de telles conditions, qu'il présente à nos yeux deux énigmes. D'une part, une énigme « locale », particulière, historique : comment une des nations les plus civilisées d'Europe a-t-elle pu mettre ses forces et ses vertus au service d'une telle entreprise ? (Cette question historique n'a pas seulement un « intérêt historique » : elle oblige à poser, sur un exemple extrême, la question de la « corruption » d'un corps politique.) D'autre part, seconde énigme, une énigme humaine générale : comment cela a-t-il été simplement possible ? Comment de tels crimes, des crimes contre l'humanité, sont-ils possibles ? Je l'ai noté, notre perception contemporaine de l'humanité, du fait d'être homme, est décisivement colorée par l'expérience des crimes contre l'humanité, en particulier des crimes nazis. Le philosophe allemand Adorno a posé la question : comment est-il possible d'écrire de la poésie après Auschwitz ? Je trouve cette manière de poser le problème inutilement pathétique, mais il est vrai qu'il est difficile d'échapper au sentiment qu'a été franchie là une limite qui n'avait jamais été franchie.

Le communisme se présente différemment. D'abord, il pose encore un problème politique, car il est encore une réalité politique. Nous parlons souvent comme si le communisme avait disparu, et c'est en somme ce que je viens de faire. Il est vrai que le communisme a disparu d'Europe, et que le « mouvement communiste international », dont la tête, le cœur et l'arsenal résidaient en Union soviétique, a lui aussi disparu. Mais il reste des régimes communistes en Asie, dont un qui est simplement épouvantable, celui de la Corée-du-Nord. Comment qualifier le régime de l'énorme Chine, qui depuis quelques années connaît un développement « capitaliste » impressionnant dans ses provinces maritimes, mais qui reste gouvernée par un parti communiste qui défend férocement son monopole du pouvoir ? Les choses ne sont pas très claires non plus en bien des points de l'immense territoire de l'ancienne Union soviétique, divisée en une quinzaine d'États successeurs. Presque tous ces États sont gouvernés, souvent très peu démocratiquement, par d'anciens responsables du parti communiste ou du KGB. Autrement dit, si ces pays ne sont plus communistes dans la mesure où ils ne prétendent plus « construire » l'utopie communiste, ils restent très largement gouvernés par l'ancienne élite communiste, ou nomenklatura. C'était encore le cas jusqu'à la fin de l'an 2000 en Serbie, c'est-à-dire en Europe même.

Cette mort étrange, qui est aussi une survivance étrange, du communisme donne à penser. À la différence du nazisme, très concentré dans le temps et même dans l'espace, le communisme a occupé presque tout le XXe siècle et s'est répandu dans toutes les parties du monde. À la différence du nazisme, qui s'opposait frontalement et, si l'on ose dire, franchement à tout le développement moderne, à la démocratie, à l'égalité – mais en embrassant avec enthousiasme la technique –, le communisme se voulait l'accomplissement de la modernité, le terme et la culmination du progrès dans tous ses aspects. Il nouait en une synthèse sommaire mais puissante quelques-unes des grandes idées élaborées au XIXe siècle, quand le mouvement démocratique prit pleine conscience de sa force et formula tous ses espoirs : l'humanité conçue comme un sujet collectif capable de transformer et de maîtriser la nature, y compris la nature humaine, la perspective d'un monde délivré de toute domination comme de toute exploitation – dans le langage saint-simonien, l'exploitation de l'homme par l'homme faisant place à l'exploitation en commun de la nature –, l'égalité devenant enfin « réelle » après avoir été seulement « formelle » ou « de droit », etc. En ce sens, le communisme en tant qu'idée appartient au monde démocratique ; vues sous un certain angle même, l'idée communiste et l'idée démocratique semblent se confondre. Telle est la raison simple de l'étonnante indulgence dont le communisme n'a cessé de bénéficier dans les sociétés démocratiques, et dont il bénéficie encore.

Ce qui en même temps rend surprenant le succès de « l'idée communiste au XXe siècle[1] », c'est que le régime chargé de réaliser l'idée a présenté tout de suite des traits extrêmement choquants, et tout à fait contraires à l'idée : au lieu de l'abondance, la pénurie ; au lieu de l'égalité, la « double ration » des cadres et une « nouvelle classe » dominante ; au lieu de la fraternité, la suspicion et la délation généralisées ; au lieu de la liberté, la contrainte la plus méticuleuse, la plus absurde, la plus humiliante. Pis encore, le régime déploya à certaines époques des mesures de violence d'une ampleur inédite, et commit des crimes de masse comparables seulement à ceux du nazisme[2]. De fait, ces deux régimes ennemis finirent par se ressembler à tel point à certains égards et à certaines époques que les observateurs

1. Voir François Furet, *Le Passé d'une illusion. Essai sur l'idée communiste au XXe siècle*, Paris, Robert Laffont et Calmann-Lévy, 1995.

2. Je pense en particulier à la famine imposée à l'Ukraine par Staline au début des années 1930. Sur ce sujet, à la fois bien documenté et étrangement ignoré, on lira en particulier : Robert Conquest, *Harvest of Sorrow*, 1986, trad. fr. sous le titre *Sanglantes moissons*, publié dans *La Grande Terreur*, Paris, Robert Laffont, coll. « Bouquins », 1995 ; Vassili Grossman, *Tout passe*, Paris, Julliard-L'Âge d'homme, 1984 ; Vassil Barka, *Le Prince jaune*, Paris, Gallimard, 1981.

durent élaborer précisément la notion de totalitarisme, comme le genre dont communisme et nazisme étaient les espèces[1].

•

Pour mettre un peu d'ordre dans ces remarques sur le communisme, je considérerai d'abord la question très controversée de la *nature* du régime communiste ; ensuite, j'essaierai de décrire le mécanisme de ce que François Furet a appelé l'« illusion communiste », avec cette mystérieuse capacité de durer en dépit de tous les démentis de l'expérience ; enfin, en m'aidant de l'analyse de Claude Lefort que j'ai déjà utilisée dans un autre contexte, je poserai la question de la relation entre le totalitarisme communiste et la démocratie.

Aux yeux des philosophes grecs, l'instrument principal pour l'analyse de la vie politique, c'est la notion de *régime*. Les vrais changements politiques sont les changements du régime politique ; les vraies différences politiques sont les différences de régime politique : selon que l'on vit dans un régime oligarchique ou démocratique par exemple, la vie dans ses divers aspects a un caractère différent. Je dis : *la vie*, pas seulement la vie politique. Le régime politique embrasse d'une certaine façon tous les aspects de la vie, ou a des conséquences sur tous les aspects de la vie. En ce sens, selon l'expression de Rousseau, « tout tient à la politique ». Le régime politique, ce n'est pas seulement l'organisation des pouvoirs – ce que nous appelons la constitution –, c'est aussi la tonalité générale de la vie commune, telle qu'elle est déterminée par ceux qui gouvernent, ceux qui précisément « donnent le ton ». Donc le travail de la philosophie politique culmine dans l'élaboration d'une *classification* des régimes politiques.

Or, avec le développement des grands États « souverains » – construits autour de la notion de « souveraineté » –, puis de la société civile moderne, cette question du régime politique semble

1. Voir Hannah Arendt, *The Origins of Totalitarianism*, [1951], New York, Harcourt Brace & Co, 1973. Sur la validité de la notion de totalitarisme comme « genre commun », on lira la mise au point récente de Pierre Hassner dans « Communisme et nazisme », *Commentaire*, n° 92, hiver 2000-2001, p. 898-902.

perdre de son importance. Pour deux raisons principales. D'une part, parce que, la structure des grands États se définissant d'abord par la distinction entre l'État et son administration d'un côté, la société civile de l'autre, la pluralité complexe de régimes analysée par les Grecs est remplacée par l'opposition simple entre États à gouvernement représentatif et États à gouvernement non représentatif. D'autre part, et c'est la seconde raison, liée évidemment à la première, parce que les transformations sociales, l'émancipation de la société à l'égard des commandements politiques et religieux, tendent à dévaloriser le politique, à réduire son importance : on a de plus en plus le sentiment que le politique est une superstructure oppressive et archaïque, qu'il faudrait abolir, en tout cas restreindre – l'avenir ne passe pas par elle.

La surprise, ce fut que ces phénomènes nouveaux, le bolchevisme, le fascisme, redonnaient toute son importance au politique, peut-être même lui donnaient plus d'importance qu'il n'en avait jamais eu, ils « politisaient » la vie comme elle ne l'avait peut-être jamais été. Bref, le phénomène du *régime* revenait au premier plan. En même temps, ces régimes semblaient impossibles à définir rigoureusement : on ne parvenait pas à leur faire place dans les classifications disponibles. C'est premièrement pour cette raison qu'on les appela « régimes totalitaires », la réalité nouvelle réclamant un terme nouveau pour la désigner. Le terme avait d'ailleurs été employé d'abord par les fascistes eux-mêmes pour désigner l'ambition régénératrice de l'État fasciste, qui voulait être « la forme et la norme intérieure, [...] la discipline de toute la personne[1] ». Le terme prendra ensuite assez vite une couleur principalement critique, voire dénonciatrice. Mais le terme utilisé importe peu. Ce qui nous importe, c'est d'essayer de saisir la spécificité de ces régimes, ici celle du régime communiste.

Alain Besançon se livre à cet exercice dans un texte qui affronte la difficulté d'une manière particulièrement directe, un texte intitulé précisément *De la difficulté de définir le régime*

1. Giovanni Gentile, cité par Renzo De Felice, *Le Fascisme : un totalitarisme à l'italienne ?*, Paris, Presses de la FNSP, 1988.

soviétique[1]. Ce texte commence par la phrase suivante : « Le régime soviétique se dérobe avec agilité aux classifications d'Aristote et de Montesquieu[2]. » La classification d'Aristote, vous le savez, distingue trois types de bon régime – monarchie, aristocratie, politie –, bons parce que, dans ces régimes, ceux qui gouvernent – un seul, le petit nombre, le grand nombre – gouvernent dans l'intérêt commun ; elle distingue par ailleurs trois « déviations » de ces bons régimes – tyrannie, oligarchie, démocratie –, déviations mauvaises parce que, dans ces régimes, ceux qui gouvernent – un seul, le petit nombre, le grand nombre – gouvernent dans leur intérêt propre. Besançon montre que cette classification est finalement sans utilité pour définir le régime soviétique parce que, si on considère ce que le régime dit de lui-même, il se confond avec les trois bons régimes, et si on observe les faits, il se confond avec les trois mauvais régimes. Selon la doctrine, le régime ressemble à une monarchie, dans laquelle le Secrétaire général veut l'intérêt du peuple ; dans la réalité, il ressemble à une tyrannie (le Secrétaire général est principalement soucieux de son pouvoir). Mais il ressemble aussi à une aristocratie (celle du Parti compétent et dévoué), qui apparaît par ailleurs comme une oligarchie (celle du Parti incompétent et égoïste). Mais il ressemble aussi à une bonne démocratie, à une « politie », dans laquelle le peuple gouverne pour le bien du peuple, qui apparaît par ailleurs comme une mauvaise démocratie (car les plus pauvres et les plus frustes y oppriment ceux qui ont quelque aisance, ou quelque éducation). Bref, toutes les clés d'Aristote entrent dans la serrure soviétique, mais aucune n'ouvre la porte. Le régime a assurément des traits tyranniques, oligarchiques et démocratiques, ou qui paraissent tels, mais sa spécificité est ailleurs.

Besançon examine ensuite la classification de Montesquieu qui distingue entre les républiques, fondées sur la vertu, les monarchies, fondées sur l'honneur, et le despotisme, fondé sur la crainte. Il se demande en particulier si le régime soviétique

1. Originellement publié en 1976 dans la revue *Contrepoint*, n° 20, le texte a été repris dans *Présent soviétique et passé russe*, Paris, Hachette-Pluriel, 1980.
2. *Ibid.*, p. 135.

n'appartiendrait pas à cette troisième espèce, ou ce troisième genre. Il admet que la thèse est assez plausible. Mais il note que, dans le despotisme décrit par Montesquieu, le « despotisme oriental », ce sont surtout les grands qui ont des motifs de craindre car, quant au peuple, le despote le laisse en général tranquille, comme il laisse intactes les institutions traditionnelles : le régime communiste est fort différent, qui va chercher le plus chétif citoyen pour le faire obéir, pour le transformer en un « bon communiste », en un « homme nouveau ». Ainsi, la plus fameuse classification ancienne, comme la plus fameuse classification moderne, échouent à saisir le propre du régime communiste. Le pivot de l'analyse aristotélicienne, l'opposition entre l'intérêt commun et l'intérêt particulier du, ou des, gouvernants, est sans usage ici parce que le régime communiste ne vise ni l'intérêt général de la population ni l'intérêt particulier des gouvernants. Que vise-t-il alors ? Alain Besançon répond : il vise ce que l'idéologie communiste lui enjoint de viser. Le régime communiste est suspendu à l'idéologie communiste dont il n'est que l'instrument. Besançon écrit : « L'originalité absolue de ce régime par rapport à tous les régimes connus, ce par quoi il ne peut être imaginé à l'avance ni compris tant qu'il n'a pas été éprouvé d'expérience, tient à la position occupée par l'idéologie. Elle est le principe et la fin du régime, et le totalitarisme s'ordonne à elle comme un moyen. [...] Plutôt que "totalitarisme" conviendrait le mot *idéocratie* [...]. Disons simplement [...] *régime idéologique*[1]. »

Cette thèse selon laquelle le régime communiste serait d'abord, ou fondamentalement, un régime « idéologique » est une thèse assez répandue parmi les meilleurs observateurs et analystes de ce régime. Outre Besançon, qui donne de cette thèse la version la plus radicale et la plus suggestive, il faudrait citer Hannah Arendt, Aron, Soljenitsyne, d'autres encore. Si l'idéologie est invoquée comme le facteur décisif par ces auteurs, c'est qu'ils sont frappés par le fait suivant : certaines des actions les plus absurdes et en même temps les plus criminelles du

1. *Ibid.*, p. 146-147.

régime dérivaient directement de l'idéologie, par exemple et d'abord la collectivisation des terres par Staline. Une telle mesure était contraire à toute prudence économique, politique et même militaire. Le régime mobilisa cependant toutes ses forces pour la mener à bien. La seule explication rationnelle de cette conduite irrationnelle, c'est qu'il était conduit par l'idéologie selon laquelle l'abolition de la propriété privée des terres produirait par elle-même un développement inouï de l'agriculture soviétique. Staline croit que l'homme nouveau, une société incomparablement prospère et parfaitement juste, résulteront de la collectivisation. Il le croit, ou plutôt il croit qu'il le sait, parce qu'il est certain de la vérité absolue du marxisme-léninisme.

Assurément, ceux qui désignent dans l'idéologie un des traits spécifiques du régime communiste ne se trompent pas. En même temps, le mode d'articulation de l'idéologie et du régime reste énigmatique. On dit que ces hommes accomplissent des actions absurdes, ou commettent des crimes énormes, parce qu'ils croient à une idéologie qui semble dicter ces actions et ces crimes. La question alors se pose : comment peuvent-ils croire à une idéologie qui les conduit à accomplir des actions absurdes et à commettre des crimes énormes ? Et s'ils ont adhéré à cette idéologie *avant* d'accéder au pouvoir, pourquoi ne l'abandonnent-ils pas quand elle les conduit aux abords de l'absurde et du crime ? Au lieu que l'idéologie soit la cause du crime, on peut concevoir en sens inverse le crime comme la cause de l'idéologie, plus précisément le projet du pouvoir totalitaire comme la cause de l'invention de l'idéologie, du moins de l'usage idéologique d'idées élaborées d'abord à d'autres fins. L'idéologie a pu susciter la tyrannie ; mais la tyrannie a pu susciter l'idéologie à une époque où toute politique a une composante idéologique ou abstraite.

Chacun, ou presque, s'accorde sur deux points fondamentaux. D'une part, la tyrannie est un phénomène aussi vieux que la politique, elle appartient à la condition politique de l'homme. D'autre part, les tyrannies modernes, totalitaires et idéologiques, représentent un phénomène inédit. Pour comprendre le phénomène communiste, il faudrait donc comprendre comment le phénomène nouveau s'articule sur le phénomène ancien. Il me semble que personne n'est encore parvenu à décrire cette articulation de manière complètement satisfaisante. Leo Strauss a en tout cas formulé le problème d'une manière particulièrement claire et puissante : « La tyrannie contemporaine, et c'est ce qui la distingue de la tyrannie classique, est fondée sur le progrès illimité dans la « conquête de la nature », qui est rendu possible par la science moderne, ainsi que sur la vulgarisation ou la diffusion du savoir philosophique ou scientifique[1]. » Cette définition générale s'applique particulièrement bien au communisme qui, d'une part, se voulait l'avant-garde de l'humanité pour la conquête de la nature (l'Union soviétique consacra des ressources énormes à réaliser des prouesses techniques qui étaient censées démontrer la supériorité de son régime) et qui, d'autre part, présentait la transformation communiste comme une gigantesque *expérience* de science sociale où le Parti était l'expérimentateur et le reste de l'humanité, l'objet.

Ce que beaucoup d'auteurs, nous l'avons vu, nomment « idéologie », Leo Strauss le caractérise comme la popularisation de la science ou de la philosophie. De fait, l'idéologie marxiste-léniniste n'avait de cesse de proclamer son caractère absolument scientifique, selon une conception de la science plus « populaire » en effet que vraiment rigoureuse. Cette caractérisation a de plus l'avantage de situer la tyrannie moderne dans un contexte général – la situation de la science et de la philosophie dans les sociétés modernes –, au lieu de devoir la rattacher simplement à des causes fortuites et particulières comme par exemple les spécificités de l'histoire russe. En même temps, cette caractérisation est aussi troublante qu'elle est pertinente. Car l'idée d'un progrès illimité dans la conquête de la nature, comme celle de la popularisation de la philosophie ou de la science, ce sont là des idées inséparables de la démocratie moderne. Strauss suggère donc que certaines notions propres à la démocratie

1. Leo Strauss, *On Tyranny*, [1950], Ithaca N. Y., Cornell University Press, 1968, p. 190.

moderne ont joué un rôle décisif dans l'installation de la tyrannie moderne, et en particulier du communisme, dans la transformation de la tyrannie ancienne en tyrannie moderne. Le communisme est à la fois le contraire de la démocratie – il est tyrannique – et en un autre sens sa créature : il actualise, il réalise sous une forme particulièrement simplifiée et brutale des idées propres au monde démocratique moderne. Voyons cela de plus près.

Vous vous souvenez de la définition que Kant donne des Lumières. À la question : « Qu'est-ce que les Lumières ? », il répond : « [C'est] *la sortie de l'homme de sa minorité, dont il est lui-même responsable.* Minorité, c'est-à-dire incapacité de se servir de son entendement sans la direction d'autrui, minorité *dont il est lui-même responsable*, puisque la cause en réside non dans un défaut de l'entendement, mais dans un manque de décision et de courage de s'en servir sans la direction d'autrui. *Sapere aude !* Aie le courage de te servir de ton propre entendement. Voilà la devise des Lumières. » Telle est l'expression la plus simple et la plus noble du mouvement démocratique. Je l'ai déjà commentée. Kant affirme que le temps de vivre sous tutelle est passé, passé le temps de vivre sous la tutelle de Dieu (ou plutôt de ses représentants), des princes, du passé – de tout ce qui impose une loi extérieure, une loi *autre* que la raison humaine, de tout ce qui impose une *hétéronomie*. L'humanité doit maintenant avoir le courage d'être *autonome*. En même temps, dans cette version kantienne de la liberté moderne, l'être humain, s'il s'émancipe des autres hommes, ne s'émancipe pas de la loi : il obéit à la loi de la raison, à la loi qu'il se donne à lui-même en tant qu'être rationnel[1]. Et vous savez que la loi kantienne, la loi de l'autonomie, est la plus rigoureuse des lois.

Or voici le problème : le noble équilibre kantien est difficile à garder, le noble équilibre entre *autos* et *nomos*. L'humanité est placée devant une tentation, elle se place devant une tentation

1. Voir déjà Rousseau : « L'obéissance à la loi qu'on s'est prescrite est liberté », *Du contrat social*, I, 8.

– la tentation de l'adolescence, pourrait-on dire en prolongeant la métaphore kantienne –, la tentation de rejeter toute loi, de voir sa liberté dans le rejet de toute loi, de se penser et de se vouloir comme l'auteur souverain de l'ordre humain. Depuis au moins le XVIIe siècle, la philosophie et la politique européennes sont aimantées par l'idée d'un ordre humain *conçu et voulu* comme un artifice, une grande machine, qui ordonne l'état de nature. L'État souverain, donc le politique, est cette grande machine, l'agent de cet ordre. En même temps, on garde d'abord l'idée de la nature humaine comme de quelque chose de *défini* et de *donné*. Au cours du XVIIIe siècle, un grand changement se fait jour. L'idée de nature humaine, cette limite à la souveraineté humaine, cède et bientôt s'effondre. Ce qui définit l'homme désormais, ce n'est plus d'avoir une certaine nature, c'est le fait de vivre dans « l'histoire », de se développer dans l'histoire, d'être un « être historique ». L'homme n'a pas de nature, il évolue, il se transforme, il se crée au long du temps historique. Eh bien, prenez ces deux idées ensemble, je veux dire l'idée de l'ordre politique comme artifice et comme instrument suprême, comme machine des machines, et l'idée de l'homme comme un être historique, prenez ces deux idées et amalgamez-les, vous avez le présupposé fondamental du totalitarisme. Du passé faisons table rase, la création de l'homme nouveau est entre nos mains.

Lénine et ses compagnons sont d'autant plus sûrs d'eux qu'ils détiennent, pensent-ils, avec le marxisme, la science de l'histoire, c'est-à-dire la science de la création de l'homme par l'homme. Leur violence, tout de suite extrême, leurs mesures démesurées, si j'ose dire, dérivent immédiatement de cette ivresse de toute-science et de toute-puissance. Le parti bolchevik, ce n'était pas simplement un parti habitué au secret et à la conspiration, et désireux de s'emparer de tout le pouvoir, c'était un groupe d'hommes qui se pensaient, avec un sérieux mortel, comme la tête consciente et active de l'humanité, les autres, tous les autres, le reste de l'humanité, n'étant dans le meilleur des cas qu'une masse passive et ignorante qu'on peut tromper et brutaliser, dans le pire un ramassis d'« insectes nuisibles » – c'est une expression de Lénine – qu'on doit exterminer.

Les communistes se sentaient donc engagés dans une grande expérience, dans un grand œuvre – *le* grand œuvre –, rien de moins que la création de l'homme nouveau. Dans une telle entreprise, bien sûr, les règles morales ordinaires ne s'appliquent pas. Le Parti est au-dessus de toute loi : il est lui-même la loi. Mais les règles du bon sens aussi perdent leur validité. Et même celles de la perception. Je fais allusion ici au fait que le communisme conserva longtemps son prestige, ou au moins son crédit, non seulement auprès des communistes et des « sympathisants », mais encore auprès des « observateurs neutres », alors que l'observation non prévenue, « neutre » précisément, de la vie dans les régimes communistes révélait le mensonge de leurs prétentions. Après la chute du Mur, les Allemands de l'Ouest, mesurant le retard économique et technique de la RDA, se demandèrent avec anxiété : mais comment donc n'avons-nous pas *vu* ce que nous avions sous les yeux ? Il y a là en effet quelque chose de très troublant. Un élément de l'explication, c'est sans doute que les communistes et leurs sympathisants font partager leur conviction aux observateurs qui se veulent impartiaux : la réalité communiste n'a pas de propriétés objectives, constatables, elle n'est que le phénomène qui indique ce qui seul importe, à savoir la volonté créatrice. La réalité, c'est cette volonté qui se moque de la réalité. Tout dans la vie communiste était destiné à faire sentir cette volonté, et donc à empêcher de voir, ou de reconnaître qu'on voit, ce qu'on a sous les yeux.

Cette interprétation du projet communiste comme projet de création de l'homme par lui-même dans l'histoire permet d'expliquer, ou de comprendre, bien des aspects, peut-être la plupart des aspects, du phénomène. En même temps, elle se heurte à une objection de bon sens que nous avons déjà rencontrée. Ces idées qui semblent décisives dans la genèse du communisme, et d'abord celles de l'homme comme ordonnateur souverain du monde humain et de l'homme comme être historique, ces idées ne sont pas propres aux communistes. C'est donc non seulement avec une sincérité subjective mais avec une certaine plausibilité objective que ceux-ci pouvaient déclarer qu'ils ne faisaient que prendre au sérieux l'idée démocratique elle-même, qu'au fond eux les communistes étaient les seuls démocrates sérieux. Cette affirmation troubla et intimida longtemps beaucoup de bons démocrates – elle les trouble et les intimide *encore* ! –, parce qu'ils sentaient qu'il y avait là bien sûr une imposture, mais en même temps, bizarrement, une sorte de vérité. Je voudrais donc conclure ces remarques par une brève réflexion sur les relations du communisme et de la démocratie, en m'appuyant sur un texte de Claude Lefort que j'ai déjà beaucoup sollicité.

•

Je l'ai dit, les « idées » communistes sont pour une large part les « idées » du mouvement démocratique tel qu'il s'est développé au long des siècles modernes. Pourtant, le régime communiste et le régime démocratique sont radicalement opposés. Où réside donc la différence entre la proposition communiste et la proposition démocratique ? La démocratie dit bien, comme le communisme, que l'homme est souverain de lui-même et se crée dans l'histoire. Mais *comment* le dit-elle ? En même temps qu'elle affirme cette vérité, elle affirme que personne ne peut s'approprier cette vérité, que personne n'en est le détenteur exclusif. Le pouvoir démocratique, l'État démocratique, est certes l'instrument de la société, de la volonté sociale en principe souveraine, l'instrument de la création de l'homme par lui-même, mais le lieu du pouvoir, selon l'expression frappante de Claude Lefort, est en démocratie un *lieu vide*. Ceux qui l'occupent, les gouvernants, nos gouvernants, l'occupent sans l'occuper, puisqu'ils sont destinés à laisser la place à leurs successeurs, lors de la prochaine élection ou de la suivante. À la différence des rois qui incorporent la société, qui en ce sens *sont* la société, les gouvernants démocratiques la représentent seulement, ils *ne sont pas* la société. Le corps du roi est une présence concrète. Les gouvernements représentatifs sont en quelque sorte une présence abstraite. C'est là le pivot même de la démocratie, son centre et son sens, et c'est en même temps la faille par où s'introduit la tentation communiste. Il y a un contraste problématique, presque douloureux, entre l'essence du pouvoir – c'est le pouvoir du peuple – et son apparence qui est aussi sa réalité en démocratie, à savoir la particularité nécessairement décevante de ces individus qui se succèdent en ce lieu du pouvoir. Lefort écrit :

> Pouvoir politique circonscrit, localisé dans la société, en même temps qu'instituant, il est exposé à la menace de s'abîmer dans la particularité, d'exciter ce que Machiavel jugeait plus dangereux que la haine, le mépris ; comme ceux qui l'exercent ou y aspirent sont exposés à la menace de prendre figure d'individus ou de bandes simplement occupés à satisfaire leurs appétits. Avec le totalitarisme, se met en place un dispositif qui tend à conjurer cette menace, qui tend à ressouder le pouvoir et la société, à effacer tous les signes de la division sociale, à bannir l'indétermination qui hante l'expérience démocratique. Mais cette tentative [...] puise elle-même à une source démocratique, elle conduit à sa pleine affirmation l'idée du peuple-Un, l'idée de la Société comme telle, portant le savoir d'elle-même, transparente à elle-même, homogène, l'idée de l'opinion de masse, souverainement normative, l'idée de l'État tutélaire.
>
> Depuis la démocratie et contre elle se refait ainsi du corps[1].

Ce corps bien sûr n'est plus le corps vivant et fécond du roi. Il s'agit maintenant d'un corps abstrait, pour ainsi dire d'un corps mort. L'ordre communiste, dont la momie de Lénine est le centre, n'a plus pour but que de rendre visible, de mettre en scène, l'unité du pouvoir et de la société, le fantasme du peuple-Un sur lequel règne non plus le roi avec son corps vivant, mais l'image, la photographie, la présence-absence, menaçante et angoissante, de celui que Lefort appelle, empruntant le mot à Soljenitsyne, l'*Egocrate*. Les jours de fête, au balcon du mausolée, une main sans corps et sans visage s'agite vaguement...

Il resterait à se demander pourquoi la tentation communiste, qui semble irrésistible à certaines époques et dans certains pays, paraît presque inconcevable à d'autres époques et dans d'autres

1. C. Lefort, *L'Invention démocratique*, *op. cit.*, p. 174-175.

pays. On pourrait dire, en termes très généraux, que la tentation est présente, plus ou moins, dès lors que le corps politique n'est pas parvenu, pour une raison ou une autre, à prendre les mœurs de la représentation. Ce peut être lié au retard du développement démocratique dans un monde par ailleurs dominé par l'idée démocratique : de fait, comme le remarque Lefort après bien d'autres, le communisme « s'implante [...] en premier lieu dans des pays où la transformation démocratique n'en était qu'à ses débuts[1] ». Ou bien la tentation peut être liée à une expérience de la représentation originellement si intense que les citoyens ont ensuite peine à accepter la particularité prosaïque de leurs représentants : si la France fut un des rares pays du monde non communiste où le parti communiste et l'idée communiste constituèrent pendant plusieurs générations un élément fondamental de la vie nationale, cela tient sans doute à la fondation révolutionnaire de la France moderne, fondation représentative certes, mais soupçonneuse à l'égard de la contingence des représentants, et fascinée par l'idée du Peuple-Un.

Quoi qu'il en soit, la disparition du communisme dans l'aire européenne laisse intacte la structure de la démocratie, avec son caractère problématique. Le pouvoir est plus que jamais un lieu vide, occupé toujours plus abstraitement par des individus particuliers toujours plus interchangeables. Il ne serait donc pas étonnant qu'en dépit de notre longue accoutumance aux mœurs de la représentation, d'autres tentations et entreprises totalitaires surgissent à l'avenir, aussi ou plus imprévisibles dans leurs formes aujourd'hui que le bolchevisme l'était en 1916.

1. *Ibid.*, p. 170.

Chapitre XV

EXISTE-T-IL UN MYSTÈRE NAZI ?

Il s'agit pour nous ici d'étudier un phénomène politique. Le propos est purement scientifique. Il ne relève pas de ce qu'on appelle aujourd'hui le « devoir de mémoire », aussi légitime et même impérieux que soit par ailleurs celui-ci. Je l'ai noté, le nazisme nous offre l'exemple culminant d'un phénomène auquel la science et même la philosophie politique modernes n'ont pas accordé beaucoup d'attention, celui de la corruption d'un régime, ici le régime de Weimar, ou même d'un corps politique, en l'occurrence l'Allemagne. Dans un article rédigé à la fin de sa vie, Raymond Aron présente clairement la difficulté : « Supposons qu'un historien formule l'interrogation : pourquoi, par quelles circonstances un peuple de haute culture s'est-il livré à un démagogue tel Hitler et l'a suivi jusqu'au dénouement, presque jusqu'au suicide national ? Ainsi formulée, la question nazie ne recevra jamais de réponse satisfaisante ou – ce qui revient au même – peut recevoir plusieurs réponses dont aucune n'est entièrement fausse et qui toutes ensemble ne donnent pas satisfaction. En revanche, à la plupart des questions *pourquoi* qui concernent un aspect de l'ensemble nazi, des réponses, plausibles ou démontrées, sont données par l'historiographie[1]. »

1. Raymond Aron, « Existe-t-il un mystère nazi ? », *Commentaire*, n° 7, automne 1979.

Ainsi, chaque aspect du phénomène « 1933 », si on le considère séparément, est intelligible, aussi intelligible en tout cas qu'un autre épisode historique ; ce qui est, ou semble, inintelligible, c'est le tout, le mouvement qui conduit de 1933 à 1945, la manière dont les différents aspects se nouent ensemble pour produire un résultat final que non seulement bien sûr personne n'avait pu prévoir, mais même que personne rétrospectivement ne sait comment approcher, tant cela semble échapper à l'ordre du « compréhensible ». Les différentes causes entrant en contact, s'unissant par ce que chacune a de potentiellement pire, c'est cela la corruption, et qui est si difficile à comprendre. Il semble que plus rien ne puisse produire de bons effets, que tout serve au mal. Par exemple, l'honneur militaire, qui aurait dû conduire la Wehrmacht à refuser l'obéissance à Hitler – et il y eut bien une graine de cela, qui vint au jour bien tard, le 20 juillet 1944 –, contribua principalement au contraire à rendre l'armée docile à Hitler, à la personne de qui les officiers avaient prêté serment. Depuis deux siècles au moins, nous sommes spontanément « progressistes », nous pensons qu'au total, le jeu des causes produit finalement et nécessairement un effet globalement positif. Dans un cas comme celui-ci, le jeu des causes s'emballe vers la pire catastrophe.

•

J'ai déjà eu l'occasion de le dire, après beaucoup d'autres : quand on veut comprendre les phénomènes du siècle, il faut toujours revenir à l'événement fondateur, à la cause première, à savoir la Première Guerre mondiale. Le premier maillon dans la chaîne de la catastrophe est plus précisément celui-ci : en novembre 1918, l'Allemagne est vaincue, mais, si elle signe l'armistice, elle ne reconnaît pas, elle refuse de reconnaître sa défaite. Bien entendu, aucun peuple n'accepte volontiers la défaite, il se désole, il regimbe, parfois il se révolte contre le gouvernement ou les chefs responsables à ses yeux de la défaite. Mais ici intervient quelque chose de plus radical et peut-être d'unique : subjectivement, l'Allemagne se considère comme invaincue, c'est-à-dire, finalement, comme victorieuse. Elle a de bonnes raisons pour cela, je veux dire, des raisons objectives : le territoire allemand n'a pas été envahi ; jusqu'au dernier moment, l'armée allemande a menacé ses ennemis, presque jusqu'au dernier moment elle a été au bord de la victoire. Et si l'Allemagne a dû demander l'armistice, c'est à cause de l'intervention de plus en plus massive des troupes américaines. Le rôle décisif de celles-ci prouve en somme que, dans le cadre européen habituel, l'Allemagne « aurait dû » gagner la guerre. Mais à ces faits objectifs, ou à ces considérations basées sur des faits objectifs, s'ajoutèrent des éléments d'une tout autre nature. C'est l'armée allemande qui réclama l'armistice à ses chefs civils, mais, aussitôt que l'armistice eut été officiellement conclu, les chefs de l'armée se déclarèrent trahis, ils déclarèrent l'Allemagne trahie et commencèrent à propager la légende du « coup de poignard dans le dos ». Ainsi, les hommes politiques démocrates, en particulier les sociaux-démocrates, à qui on laissait la tâche si ingrate de gouverner le grand pays vaincu et désespéré, et immédiatement en proie à une anarchie violente, furent d'emblée discrédités aux yeux d'une partie importante de l'opinion, en particulier dans les milieux dirigeants : ils furent considérés comme responsables de la défaite, en vérité comme des traîtres.

L'Allemagne d'avant 1914, le régime wilhelmien, n'était qu'à demi démocratique. Instaurer un régime vraiment démocratique dans les conditions de la défaite était de toute façon une entreprise extrêmement difficile. Mais le régime de Weimar était, de plus, méprisé et accusé de trahison par une grande partie des autorités sociales : sa tâche devenait presque impossible. Ce n'est pas seulement qu'une importante partie des élites était hostile au régime, c'est qu'elle était de mauvaise foi : elle mentait et se mentait. Ceux qui se considéraient comme les gardiens des vertus allemandes avaient fait le choix du mensonge et de la mauvaise foi. L'homme qui joua le rôle décisif dans ce moment fatal, c'est celui qui, sous l'autorité nominale de Hindenburg, était le chef véritable de l'armée, le quartier-maître Ludendorff. En 1923, celui-ci participera à la tentative de putsch d'Hitler à Munich. Tel fut le premier maillon de la chaîne fatale.

Je n'ai pas mentionné encore le fait bien connu, évidemment très important, que les traités de paix ne furent pas négociés conformément à la tradition du droit public européen, mais furent imposés à l'Allemagne, qui était déclarée responsable de la guerre, et qui devait pour cela être désarmée et payer des réparations. Dès lors, le ressentiment contre le *Diktat* de Versailles fut un des affects principaux de la population allemande dans son ensemble. Ainsi l'Allemagne était-elle fondamentalement hostile à l'ordre européen sorti de la guerre, et en même temps elle n'était pas assez affaiblie par les traités qui l'indignaient pour ne pas chercher par tous les moyens à liquider les conséquences du *Diktat*. Hitler s'imposera au peuple et à l'armée par son aptitude précisément à liquider en trois ans les conséquences de « Versailles ».

Ainsi l'après-guerre vit-il s'aggraver encore les relations difficiles que les Allemands entretenaient depuis longtemps avec ce qu'ils appelaient « l'Ouest », c'est-à-dire principalement les Français, et les Anglais et les Américains. Le régime wilhelmien – seulement à moitié démocratique, je l'ai dit – avait été vaincu par les vieilles démocraties de l'Ouest. La nouvelle démocratie de Weimar était en somme l'expression de la défaite allemande. Mais quelque chose de plus profond que les institutions démocratiques était en jeu. La France et l'Angleterre étaient plus que des nations avec qui l'Allemagne était en rivalité. La France et les Anglo-Américains représentent la « civilisation », deux versions de la « civilisation ». La France, la civilisation fondée sur la sociabilité intelligente, sur les « manières » ; l'Angleterre, la civilisation fondée sur l'initiative individuelle, sur le « commerce ». Eh bien, depuis le début du XIXe siècle, peut-être même depuis la fin du XVIIIe, une partie croissante de la philosophie allemande, de l'opinion allemande cultivée, rejetait la civilisation de l'Ouest, civilisation « extérieure », c'est-à-dire sans intériorité ni spiritualité, « superficielle » et « corrompue » comme la française, « cupide » et « vulgaire » comme l'anglaise et l'américaine. À la civilisation de l'Ouest, l'Allemagne oppose son chemin particulier, son *Sonderweg*, caractérisé par la vraie culture de l'esprit et de l'âme, la *Bildung*.

L'opposition entre « culture » et « civilisation » peut prendre des formes très subtiles, « dialectiques », et contribuer ainsi à enrichir le débat européen. Mais elle va prendre des formes de moins en moins subtiles, en tout cas de plus en plus radicales. D'ailleurs, quels que soient les mérites de la civilisation française, c'est la civilisation anglo-saxonne de l'individu et du commerce qui de plus en plus donne le ton au monde nouveau. Comme l'avait dit Nietzsche, les idées modernes, ce sont des « idées anglaises ». Or, le monde de l'individu et du commerce, c'est un monde fondé sur l'intérêt particulier et le « calcul » de cet intérêt, donc un monde ennemi de toute vraie générosité, dans lequel une vie vraiment humaine, c'est-à-dire désintéressée, est impossible. C'est du moins ce que disent les adversaires et les critiques des effets spirituels du commerce et de la vie économique moderne, qui sont nombreux, en tout cas bruyants et souvent brillants, dans tous les pays d'Europe. Mais c'est en Allemagne que le rejet de la civilisation commerciale, le mépris de la civilisation anglaise, vont cristalliser jusqu'à former un phénomène spirituel, social et politique, un phénomène majeur, et lourd de suites fatales.

Si c'est le commerce, le calcul de l'intérêt particulier, qui est l'ennemi de la grandeur humaine, comment préserver, ou recouvrer, cette grandeur ? Quelle est l'activité humaine dont on puisse dire qu'elle *n'est pas* fondée sur le calcul de l'intérêt privé ? Il y en a une, mais il n'y en a qu'une : la guerre. La seule action vraiment désintéressée, c'est de mourir pour la patrie [1]. Ainsi, alors que les philosophes du libéralisme comme Montesquieu ou Constant se réjouissaient de voir le commerce se substituer de plus en plus à la guerre comme activité principale des peuples civilisés, les critiques du commerce prônent maintenant, particulièrement en Allemagne, un retour à la guerre. Celle-ci n'est pas une caractéristique malheureuse de l'état de barbarie que la civilisation doit surmonter, elle appartient à la vie vraiment

1. Voir Leo Strauss, « Le nihilisme allemand », trad. O. Sedeyn, *Commentaire*, n° 86, été 1999, p. 309-324. Cette conférence de 1941, qui n'était pas destinée à la publication, est l'analyse la plus profonde que je connaisse du contexte spirituel du nazisme. Je m'en inspire beaucoup ici.

humaine, puisque c'est seulement dans la guerre que l'homme peut être vraiment désintéressé. La philosophie allemande, de Hegel à Nietzsche et au-delà, montra une faveur particulière pour la guerre. On pourrait résumer cette attitude spirituelle de la manière suivante : la guerre, c'est la nature noble ; le commerce, c'est la civilisation basse et vulgaire.

Cette disposition spirituelle, qui avait soutenu ce qu'il faut bien appeler le militarisme allemand durant l'Empire, va connaître une radicalisation à la suite de l'expérience de la Première Guerre mondiale, ou dans le creuset de cette expérience ; elle va se transformer, dit Leo Strauss, en nihilisme. L'« expérience du front » va apparaître à beaucoup de jeunes Allemands comme l'expérience humaine décisive, celle qui frappe de nullité et pour ainsi dire de ridicule toutes les autres expériences de la vie sociale, toutes les expériences de la vie civilisée. Cette disposition trouva une expression particulièrement saisissante dans l'œuvre et la vie d'un écrivain-soldat, ou d'un soldat-écrivain, allemand, fort apprécié en France et d'ailleurs fort ami de la France : Ernst Jünger. Leo Strauss cite quelques lignes d'un essai publié entre les deux guerres et qui eut un grand retentissement : « De quel genre sont donc les esprits qui ne savent même pas qu'aucun esprit ne *peut* être plus profond et plus savant que celui de *n'importe quel* soldat tombé n'importe où aux batailles de la Somme ou des Flandres ? Voilà le critère dont nous avons besoin. » Cela a été écrit, en tout cas publié, en 1931, alors que la Grande Guerre était terminée depuis plus de dix ans !

Des textes comme celui-là suggèrent que le nazisme ne peut être défini adéquatement comme une « rechute » dans la barbarie, ainsi qu'on le fait parfois. Après la Première Guerre mondiale, une partie non négligeable de la jeunesse allemande instruite, celle qui lisait par exemple Jünger, avait rejeté délibérément le principe même de la civilisation au nom d'une expérience « authentique » dont l'expérience du front fournissait le modèle et le critère. Ces jeunes gens n'étaient pas tous, ou ne deviendraient pas tous, des nazis, loin de là. Jünger ne fut jamais nazi. Mais ils étaient dangereusement disponibles pour toute aventure qui promettait le rejet de la civilisation, de l'ordre établi, du « système ». En ce sens, ils consentaient d'avance à la barbarie, ils la choisissaient. Et la barbarie choisie, voulue, est autre chose, et pire, que la barbarie pour ainsi dire naturelle qui précède la civilisation.

Une question se pose. Pourquoi ces jeunes Allemands dont je parle ne devinrent-ils pas communistes ? Après tout, les communistes montraient une hostilité au commerce et à la vie bourgeoise qui, semble-t-il, ne laissait rien à désirer. Et si ces jeunes gens avaient besoin d'aventure, pourquoi ne pas se lancer dans l'aventure communiste, dans la construction de l'homme nouveau ? Dans bien des pays européens, cette perspective entraînait vers l'adhésion communiste jeunes et moins jeunes. En Allemagne aussi, bien sûr, le mouvement communiste fit de nombreux adeptes. Mais ce qui est singulier dans ce dernier pays, c'est le nombre d'ennemis résolus du monde bourgeois qui non seulement ne devinrent pas communistes, mais tout au contraire se montrèrent des ennemis farouches du communisme. À leurs yeux le communisme ne signifiait pas le renversement du capitalisme, mais sa culmination. Le communisme représentait pour eux la victoire définitive, écrasante, sans échappatoire, de « l'homme le plus méprisable » dont parlait le Zarathoustra de Nietzsche, le « Dernier Homme », l'homme des besoins et de la satisfaction des besoins, l'homme tout entier « économique ».

En même temps qu'ils méprisaient et haïssaient le communisme, ils étaient impressionnés et intimidés par lui. Ils se demandaient avec anxiété si le communisme n'avait pas en effet les clés de l'avenir, si la civilisation moderne n'allait pas rouler irrésistiblement dans la direction du communisme. Ils partageaient d'ailleurs souvent avec les communistes l'idée que l'homme est un être « historique », qu'il « se crée » dans l'histoire. Sous les yeux du monde bourgeois sidéré – car lâche et inintelligent –, les communistes étaient en train de s'emparer de l'histoire. Il fallait les en empêcher à tout prix, et pour cela opposer à la révolution communiste une révolution anticommuniste, à l'homme des besoins l'homme du risque et de la guerre. En elle-même, cette réaction au communisme n'était pas dépourvue d'une certaine légitimité. En même temps, elle était déséquilibrée. Elle était aveugle aux possibilités humaines dont les régimes démocratiques et libéraux étaient encore porteurs ; elle était dépourvue de toute idée vaste et complexe de l'humanité de l'homme ; elle s'enfermait elle-même dans le moment historique pour un duel avec son ennemi mortel. Et donc elle s'exposait à être entraînée par la logique du duel, qui est l'imitation de l'ennemi dans ce qu'il a de pire et la montée aux extrêmes.

•

Ces remarques qui, encore une fois, concernent la jeunesse anticommuniste et nihiliste, non pas les nazis proprement dits, aident à poser la question du mimétisme entre le nazisme et le communisme. Je ne parle pas ici d'épisodes particuliers suscités dans un des régimes par l'exemple de l'autre. Nombre d'historiens assurent, par exemple, que l'idée des « grandes purges » fut fournie à Staline par l'action d'Hitler lors de la « nuit des longs couteaux ». Je parle d'un mimétisme essentiel, causal, tel que celui affirmé par l'historien allemand Ernst Nolte, pour qui le nazisme fut en somme une réplique au communisme, une réplique démesurée et criminelle certes, mais enfin une réplique[1]. Nolte a été violemment critiqué sur ce point. On lui a reproché d'accorder les circonstances atténuantes à Hitler : c'était Staline qui avait commencé ! Je ne crois pas que Nolte ait eu de telles intentions. Mais il est vrai qu'à partir d'éléments historiques véritables et sur lesquels il a raison d'attirer l'attention, il construit une thèse intenable. Il est franchement absurde de suggérer que les nazis ont tué parce qu'ils se sentaient directement menacés par les bolcheviks, et pour ne pas être tués eux-mêmes. C'est prendre la rationalisation du criminel pour l'explication du crime. Il faut considérer cette question du mimétisme d'une manière moins sommaire.

1. Ernst Nolte, *Der Europäische Bürgerkrieg, 1917-1945. Nationalsozialismus und Bolschewismus*, 1987 ; trad. fr. Paris, Éd. des Syrtes, 2000. Voir le débat avec François Furet dans François Furet et Ernst Nolte, *Fascisme et communisme*, Paris, Plon, coll. « Commentaire », 1998.

Ce qui est vrai, c'est que le communisme offrait l'exemple d'une action audacieuse, ambitieuse, extrêmement violente, et qui semblait réussir. Les anticommunistes réagirent à ce défi selon leur qualité d'âme : certains s'efforcèrent de préserver ou de recouvrer dans la pensée et l'action l'humanité de l'homme mise en péril à leurs yeux par le communisme ; les criminels y puisèrent des techniques de manipulation et de violence pour accomplir les crimes qu'ils avaient eux-mêmes conçus et voulus. On ne peut exclure qu'il y ait eu une certaine « émulation dans le crime », mais cela ne constitue en rien une circonstance atténuante pour le nazisme. Celui qui imite les crimes de ses ennemis qu'il dénonce comme criminels, qui même surenchérit délibérément sur leurs crimes, il se veut et il se déclare pire qu'eux.

•

L'anticommunisme, le nihilisme, dont j'ai parlé est un phénomène intellectuel et spirituel. Ces anticommunistes-là – étudiants, écrivains, militaires – n'étaient pas spécialement menacés dans leurs intérêts personnels immédiats par le communisme. Mais les diverses crises économiques et sociales des années 1920 et 1930 provoquèrent la prolétarisation d'une partie importante des classes moyennes et du peuple indépendant dans la plupart des pays d'Europe. Ces populations réagirent à cette menace de déclassement en votant assez largement pour les partis fascistes, ou nazis, qui, étant les ennemis des partis prolétariens, les protégeraient, pensaient-elles, de la prolétarisation. Ainsi fascistes et nazis purent-ils exploiter politiquement la peur du communisme très répandue à travers la société.

On peut se demander pourquoi les couches sociales menacées par la prolétarisation réagirent au destin infligé par le capitalisme en se retournant contre le communisme. C'est que le communisme rendait définitif un destin que, dans le capitalisme, on pouvait espérer provisoire. D'ailleurs, le nazisme se disait anticapitaliste non moins qu'anticommuniste. Il dénonçait la *Zinsknechtschaft*, la servitude de l'intérêt, ou du taux d'intérêt. Il prétendait rétablir les fermes héréditaires, les *Erbhof*, défendre les petits commerçants, artisans, entrepreneurs contre les Konzern, etc. Voter pour les nazis, c'était voter contre le communisme *et contre le capitalisme.* Il y avait là bien sûr quelque chose de forcé, d'artificiel. Quelle troisième voie proposait-on ? Le nazisme ne proposait pas de troisième voie : il conserverait pour l'essentiel le capitalisme en l'état. Mais il réunissait le communisme et le capitalisme dans un même rejet en jetant l'opprobre sur ce segment de la population qui, aux yeux d'une partie importante de l'opinion, constituait en quelque sorte le « facteur commun » entre le communisme et le capitalisme, à savoir les juifs. Il était difficile d'articuler en termes rationnels une troisième voie qui ne fût ni communiste ni capitaliste. Mais dès lors que le communisme et le capitalisme étaient tous deux présentés comme des « entreprises juives » également occupées à exproprier et dépouiller le peuple allemand, il devenait facile d'être à la fois anticommuniste et anticapitaliste, il suffisait d'être antisémite. Ici intervint un mécanisme simple, mais fatal, sur lequel j'attire votre attention. Dans le trouble de l'époque, de nombreux Allemands – et le phénomène se retrouvait bien sûr dans d'autres pays européens – étaient en effet à la fois anticommunistes et anticapitalistes. Eh bien, ils résolvaient leur confusion intellectuelle, ou ils avaient le sentiment de la résoudre en s'abandonnant à l'antisémitisme : le balancier de leur malaise et de leur colère, oscillant sans repos de l'anticapitalisme à l'anticommunisme, repassait sans cesse par ce « facteur commun » que représentaient les juifs. Bien des nazis sans doute étaient eux-mêmes pris dans ce mécanisme qu'ils exploitaient par ailleurs avec le dernier cynisme. Mais avant de considérer l'antisémitisme nazi, il me faut dire un mot de la « conception du monde » nazie, puisqu'ils tenaient tellement à en avoir une.

•

Je l'ai dit en commençant, au fond du nihilisme qui prépara les voies au nazisme, il y a le refus résolu, méprisant, violent, de la civilisation. Le rejet de la civilisation « basse » au nom de la nature « noble ». Mais de quelle nature s'agit-il ici ? Ce n'est pas la nature au sens ancien, au sens aristotélicien, puis chrétien du terme, cet ensemble hiérarchisé de formes qui culmine dans l'Idée, la Raison, ou Dieu, qui culmine donc dans la Paix. C'est une nature qui est synonyme de guerre, qui est Guerre. On pense bien entendu à l'« état de nature » de Thomas Hobbes, qui est « guerre de tous contre tous ». Mais, chez Hobbes, la vie dans l'état de nature était « *solitary, poor, brutish, nasty and short*[1] », bref, insupportable, et c'est pourquoi les hommes sortaient de l'état de nature pour construire la civilisation. Ces hommes dont je parle veulent *retrouver* l'état de nature, l'état de guerre, l'authenticité de l'état de guerre, si l'on ose dire, contre l'artifice de la civilisation. C'est en somme exactement le contraire de Hobbes.

Il y a encore une autre différence, très importante elle aussi. L'état de nature hobbien comporte une expérience décisive de l'égalité : la guerre de tous contre tous fait découvrir à chacun qu'il est *également* menacé, qu'il est menacé autant et au même titre que tout autre. Selon l'expression mémorable de Hobbes, le plus faible est toujours capable de tuer le plus fort. En découvrant leur égale vulnérabilité, les êtres humains découvrent la racine de leur égalité. Et c'est parce qu'ils se découvrent égaux qu'ils sont capables ensuite de s'accorder pour édifier l'ordre politique pacifique et civilisé.

Pour les nouveaux adeptes de la nature dont je parle, l'état de nature est essentiellement inégalitaire. Laissée à elle-même, la nature fait voir le triomphe des forts. Ici est reprise une thèse qui remonte fameusement à Calliclès, selon laquelle la civilisation est une ruse des faibles pour se soumettre les forts. Mais à cette idée ancienne s'ajoute une idée récente, scientifique, biologique : celle de la « lutte pour la vie » (*struggle for life*) telle que Darwin et ses disciples en ont fait la base de leur théorie de l'Évolution. Au vieux ressentiment calliciéen contre la civilisation qui masque et écrase les vraies différences naturelles, s'ajoute l'idée nouvelle selon laquelle la survivance du plus apte est la loi même de la vie. Dès lors, c'est en éliminant les faibles

1. *Léviathan*, chap. XIII.

qu'on rend le mieux service à la vie. Qui tue, aide la vie et œuvre pour le bien de l'humanité. Cet usage pervers du darwinisme jouera un rôle central dans l'autojustification nazie.

Je viens de parler d'usage pervers du darwinisme, et je n'ai pas besoin d'insister sur ce point. Il faut souligner plus généralement le renversement que le naturalisme nazi fait subir à la notion de nature. Dans la conception traditionnelle, la nature, sous la forme en particulier de la « loi de nature », implique une limite à l'arbitraire humain, à la volonté humaine : s'il y a une « nature humaine », s'il y a une « loi naturelle », les hommes ne peuvent pas faire ce qu'ils veulent. Ici au contraire, la nature est ainsi conçue que la volonté humaine peut faire ce qu'elle veut de la nature, dès lors que celle-ci est supposée être celle des « faibles », et la volonté celle des « forts ».

Dans cette représentation d'une lutte pour la vie dans laquelle survivent seulement les plus aptes, le principal protagoniste n'est pas l'individu mais la « race ». Je peux ici être très bref. Sur ce point aussi, les nazis reprennent une notion banale de l'anthropologie moderne. Qu'il y eût des races, et que celles-ci fussent à certains égards inégales, en tout cas qu'elles se trouvent à des stades inégaux de développement, était une idée répandue au XIXe siècle et au début du XXe. Mais le nazisme absolutise l'idée de race jusqu'au point où elle détruit l'idée même d'espèce humaine, ou de genre humain.

•

L'antisémitisme nazi peut apparaître comme un cas particulier du racisme nazi, les juifs représentant alors le plus bas degré dans l'échelle des races, non pas seulement une race à soumettre comme les Slaves, mais à éliminer complètement. En même temps, l'antisémitisme est si central dans le nazisme, si obsessionnel, qu'il ne saurait être considéré seulement comme une particularisation du racisme. Bien plutôt, le racisme devrait être considéré ici comme une « généralisation » de l'antisémitisme. En tout cas, l'antisémitisme est le centre de gravité du nazisme d'où tout part et où tout revient. La chose, direz-vous, est évidente. Certains historiens cependant veulent voir dans la « solution finale », dans la destruction des juifs d'Europe, le résultat d'un enchaînement de circonstances liées à la guerre plutôt que l'effet d'un propos délibéré. Je crois que cette thèse « fonctionnaliste » n'est pas tenable, et que la thèse « intentionnaliste » est la seule recevable. On ne tue pas six millions de personnes en trois ans – dont une majorité de femmes, d'enfants et de vieillards sans potentialité militaire – par suite d'un enchaînement de circonstances.

Reste la question centrale, reste le mystère : pourquoi cette haine meurtrière des juifs ? Bien entendu, les nazis n'ont pas inventé l'antisémitisme. En même temps, il apparaît que l'antisémitisme nazi ne peut pas être tenu simplement pour un cas particulier, et particulièrement virulent, d'un antisémitisme général et diffus. Vous savez qu'on distingue en général entre antisémitisme et antijudaïsme[1]. On appelle « antijudaïsme » l'hostilité traditionnelle aux juifs telle qu'elle se manifestait dans le monde chrétien pour des raisons originellement religieuses. Cet antijudaïsme suppose et produit la séparation : les juifs vivent dans des ghettos. Il se transforme en antisémitisme, ou l'antisémitisme apparaît, lorsque, avec la Révolution française et ses suites, les juifs sont émancipés et viennent participer à la vie publique. L'antisémitisme est une réaction à l'émancipation et à l'assimilation des juifs. Pourquoi cette réaction ?

Il est très difficile de répondre à cette question de manière satisfaisante. D'ailleurs, si l'on répond à cette question, si l'on explique l'antisémitisme de manière vraiment satisfaisante, est-ce qu'on ne le justifie pas en quelque façon ? Ce n'est ici qu'un cas particulier, mais un cas éminent et culminant, de l'explication du mal.

J'ai déjà donné un élément de réponse lorsque j'ai dit que l'antisémitisme fournissait une sorte de synthèse de deux passions politiques et sociales autrement contradictoires, l'anticommunisme et l'anticapitalisme. Dans une séance précédente, j'ai évoqué une perspective plus générale. Les juifs jouaient un rôle

1. Voir Léon Poliakov, *Le Mythe aryen*, Paris, Calmann-Lévy, 1971.

visible dans certains développements troublants du monde moderne : processus financiers, processus d'opinion, processus intellectuels, tous ces processus qui font de la société moderne un réseau en quelque sorte invisible ou insaisissable. Cette invisibilité, cette insaisissabilité, est facteur d'anxiété. J'ai dit plusieurs fois que la société moderne substituait le commerce au commandement, et que l'effacement du commandement était troublant : les hommes veulent savoir *qui gouverne*. Mais quand *personne* à proprement parler ne gouverne ? Alors le désir surgit irrésistiblement chez certains d'*identifier* celui qui gouverne la société que personne ne gouverne. Qui gouverne ? Réponse : les juifs. Les juifs, « rois de l'époque », selon le titre d'un des premiers livres exprimant cet antisémitisme moderne. Bien entendu, cette réponse est fausse, plus précisément « illusoire » en ce sens qu'elle traduit un désir et répond à l'anxiété sociale, et elle peut devenir aisément délirante.

Admettons cette analyse, direz-vous. Pourquoi le pouvoir invisible est-il attribué aux juifs plutôt qu'à d'autres groupes ou segments de la population ? De fait, d'autres groupes souvent sont incriminés : les jésuites, les francs-maçons, les capitalistes, etc. Mais le fantasme du pouvoir invisible revient toujours irrésistiblement aux juifs parce que l'histoire moderne des juifs paraît fournir le modèle du processus général : les juifs, en s'assimilant, disparaissent comme juifs, au moment où le pouvoir visible de commandement tend à s'effacer. Ainsi les juifs en particulier semblent-ils vouloir devenir invisibles au moment où le pouvoir en général devient invisible. Donc ce pouvoir invisible est le pouvoir secret des juifs. Ainsi concluent l'anxiété et le fantasme.

Un autre élément important : la politique démocratique aux XIXe et XXe siècles est « territorialisante ». L'ordre aristocratique et religieux traditionnel traversait, ou ignorait les frontières. L'ordre national nouveau a une conscience aiguë du territoire et de la frontière. En dépit de leurs efforts sincères pour se « nationaliser », en dépit de leur patriotisme dans chacune de leurs patries européennes, les juifs apparaissent comme « transnationaux », ou « sans patrie », *heimatlos*.

Une dernière remarque qui va vous paraître exagérément subtile. Elle est en tout cas paradoxale. Le nationalisme moderne affirme la particularité de la nation en tant que telle. Mais dans le contexte moderne, démocratique, il est difficile de s'en tenir à la seule particularité, d'affirmer la particularité seulement : l'universalité a été pleinement dégagée. L'humanité comme ensemble des êtres humains a été pour ainsi dire définitivement explicitée. Comment la seule particularité de la nation – cette nation fût-elle aussi admirable que le nationaliste se plaît à le penser – ferait-elle le poids face à l'universel ? La nation particulière doit avoir une tâche universelle. Cette tâche nationale peut être en effet universelle, et c'est la proposition de civilisation que chaque nation adresse aux autres. Mais cette voie haute est difficile à tenir. Il y a une voie basse qui est tentante. Par un retournement pervers, l'antisémitisme fournit au nationalisme le plus étroit ce qui semblerait devoir lui manquer absolument : un universalisme, ou une sorte d'universalisme – un universalisme caricatural, grimaçant, inversé, certes, mais enfin une sorte d'universalisme. Si les juifs sont les ennemis du genre humain, les nazis, en se donnant pour tâche première de détruire les juifs, accomplissent le bien de l'humanité, et sont de bons serviteurs de l'universel. C'est en déclarant les juifs ennemis du genre humain que le « particularisme » nazi accède à l'universalisme dont il est capable. En ce sens, l'antisémitisme, c'est l'universalisme des nazis.

•

Le camp d'extermination est l'expression à la fois première et ultime du projet nazi, sa vérité. On a remarqué à juste titre que le camp nazi met en scène et en œuvre la toute-puissance qu'un groupe d'hommes s'attribue sur les autres êtres humains, la domination totale. La domination que met en œuvre le camp est différente de toutes les autres dominations. Ce n'est pas la domination du victorieux, telle qu'elle se déployait par exemple dans le triomphe romain, où le victorieux jouit de voir sa victoire reconnue par le vaincu ; ce n'est pas même la domination du sadique qui se plaît à faire souffrir, même si le sadisme individuel a trouvé une vaste carrière dans le cadre des camps. Il s'agit de mener à bien, mais comme une tâche désintéressée, comme un devoir austère, comme un programme scientifique aussi, la déshumanisation de l'homme, de ramener certains hommes à la vérité que proclame la doctrine nazie, à savoir que ce ne sont pas des hommes, mais des animaux, et des animaux nuisibles. Il y a là une inconcevable entreprise dont l'impulsion première échappe au regard humain : il s'agit pour ainsi dire de « décréer » l'homme. Primo Levi a décrit avec une admirable simplicité cette entreprise de déshumanisation :

> Nous nous retrouvons dehors dans la neige bleue et glacée de l'aube, trousseau en main, obligés de courir nus et déchaussés jusqu'à une autre baraque, à cent mètres de là. Et là enfin, on nous permet de nous habiller.
>
> Cette opération terminée, chacun est resté dans son coin, sans oser lever les yeux sur les autres. Il n'y a pas de miroir, mais notre image est devant nous, reflétée par cent visages livides, cent pantins misérables et sordides. Nous voici transformés en ces mêmes fantômes entrevus hier au soir.
>
> Alors, pour la première fois, nous nous apercevons que notre langue manque de mots pour exprimer cette insulte : la démolition d'un homme. En un instant, dans une intuition quasi prophétique, la réalité nous apparaît : nous avons touché le fond. Il est impossible d'aller plus bas : il n'existe pas, il n'est pas possible de concevoir condition humaine plus misérable que la nôtre. Plus rien ne nous appartient : ils nous ont pris nos vêtements, nos chaussures, et même nos cheveux ; si nous parlons, ils ne nous écouteront pas, et même s'ils nous écoutaient, ils ne nous comprendraient pas. Ils nous enlèveront jusqu'à notre nom [...].
>
> Qu'on imagine maintenant un homme privé non seulement des êtres qu'il aime, mais de sa maison, de ses habitudes, de ses vêtements, de tout enfin, littéralement de tout ce qu'il possède : ce sera un homme vide, réduit à la souffrance et au besoin, dénué de tout discernement, oublieux de toute dignité : car il n'est pas rare, quand on a tout perdu, de se perdre soi-même ; ce sera un homme dont on pourra décider de la vie ou de la mort le cœur léger, sans

aucune considération d'ordre humain, si ce n'est, tout au plus, le critère d'utilité. On comprendra alors le double sens du terme « camp d'extermination » et ce que nous entendons par l'expression « toucher le fond »[1].

1. Primo Levi, *Si c'est un homme*, trad. fr. Paris, Julliard, 1987, p. 30-31.

Chapitre XVI

L'EMPIRE DU DROIT

I

Parmi les illusions qui tentent notre paresse, aucune n'est plus présente aujourd'hui que celle-ci : le droit doit être, et sera de plus en plus, le seul régulateur de la vie sociale. Il est urgent de mettre au jour la vacuité de cette illusion.

Qu'est-ce qu'une illusion ? Au sens le plus large, et c'est ainsi que je l'entends, une illusion est une représentation liée à un désir. Mais de quel désir s'agit-il ? Après tout, si nous parlons du droit, désirer que les relations humaines soient organisées, réglées selon le droit, c'est le projet même de la civilisation, et il n'a rien d'illusoire. Nous parlons ainsi du « droit romain », ou du « droit germanique », ou de la *common law*, comme de grands accomplissements de civilisation. Mais j'ai en vue quelque chose de plus spécifique, qui caractérise la situation contemporaine : non seulement le désir que le droit règne, mais qu'il règne *seul*. Dans une formule énergique, Kant écrivait déjà en 1795 : « La nature *veut* de manière irrésistible que le pouvoir suprême revienne finalement au droit[1]. » Nous hésiterions certes à dire que « la nature veut » ceci ou cela, mais sans aucun doute *nous* voulons que « le

1. *Projet de paix perpétuelle*, trad. fr. Paris, Vrin, 1984, p. 46.

pouvoir suprême revienne finalement au droit ». Et beaucoup d'entre nous sont convaincus que le mouvement de l'histoire nous conduit *irrésistiblement* dans cette direction. Cette volonté et cette conviction contemporaines comportent de nombreux aspects, que nous essaierons de dégager, mais deux viennent immédiatement à l'esprit, deux motifs de notre enthousiasme pour le droit.

Le premier est ancien, il remonte aux origines mêmes du régime démocratique moderne. Comme nous avons eu l'occasion de le voir plus en détail, l'humanité moderne a déclaré sa majorité en déclarant ses droits, les droits de l'homme. Les hommes ne naissent pas sujets de la loi, loi des ancêtres ou loi divine, plus généralement loi des « supérieurs », ils « naissent et demeurent libres et égaux en droits ». L'homme est l'être qui a des droits. Il y a loin bien sûr de la proclamation de ces droits à leur mise en œuvre et à leur garantie par des institutions stables, mais il est en somme naturel que des sociétés nées sous le signe des droits de l'homme finissent par placer explicitement le droit au centre de leur action comme de leur conscience, qu'elles finissent par se vouloir des sociétés gouvernées tout entières par le droit.

Le second motif est d'origine beaucoup plus récente : il se rattache à l'affaiblissement des régulations étatiques nationales et des souverainetés politiques territoriales, ce mouvement de grande ampleur que nous résumons par les mots de « globalisation » ou de « mondialisation ». Notre vie se déroule de plus en plus, semble-t-il, dans le cadre de cette société civile mondiale composée d'individus, d'entreprises, d'organisations non gouvernementales de toutes sortes, en particulier humanitaires – une société civile mondiale, en tout cas transnationale, réglée de plus en plus par des institutions non étatiques et non politiques, tribunaux ou corps quasi judiciaires chargés de faire respecter la liberté du commerce, les règles de la concurrence, l , droits de l'homme en général, bref l'ordre du droit, en y ajoutant les agences de *rating* et les cabinets d'arbitrage. Ces derniers ne sont pas des tribunaux, ils se substituent même aux tribunaux quand, par exemple, deux entreprises, plutôt que d'aller en justice, leur confient le soin de débrouiller et de régler leurs différends ; mais ils contribuent plus encore que les institutions judiciaires proprement dites à la désétatisation et à la dépolitisation des règles de la vie sociale.

Il est ainsi assez naturel que, vivant depuis deux siècles sous l'autorité spirituelle des droits de l'homme et depuis quelque temps sous la logique fonctionnelle de la mondialisation » – c'est-à-dire de la civilisation sans frontières –, nous envisagions de plus en plus la vie sociale dans une perspective juridique au sens large, c'est-à-dire comme devant être organisée de plus en plus exclusivement selon des règles de droit administrées et garanties par des juges ou quasi-juges. Mais pourquoi un processus qui semble si naturel a-t-il pris un si long temps ? Nous connaissons la réponse : c'est parce que, pendant près de deux siècles, disons de la Révolution française à la Seconde Guerre mondiale, les Européens ont voulu réaliser les droits de l'homme dans le cadre et par le moyen de l'État national souverain – cet État national souverain que les progrès du droit et de la société civile sont en train d'éroder et peut-être finalement de détruire, n'en laissant qu'une coquille vide. Ainsi nos pères ont-ils prétendu « rendre réels » les droits de l'homme par le moyen de cet État souverain qui nous semble à nous maintenant le principal ennemi de ces droits, ou en tout cas, dont nous voulons rendre les droits de l'homme indépendants : nous envisageons un monde où le droit serait garanti sans les moyens de l'État national. Je considérerai d'abord l'histoire et le sens de cette transformation *à l'intérieur* des États : comment nous en sommes venus à considérer le « gouvernement des juges » comme la meilleure manière, la plus civilisée, de régler la vie commune. Dans la prochaine séance, je considérerai l'ordre international : si les États souverains s'affaiblissent, tendent à se transformer en coquilles vides, il semble que la perspective s'impose, en tout cas se rapproche, d'un ordre international qui échappe à la logique interétatique – la logique de l'indépendance, de la concurrence et finalement de la guerre –, d'un ordre international fondé enfin sur un véritable *droit international*, c'est-à-dire non pas un droit interétatique, mais un droit véritablement *cosmopolitique*, dont les sujets ne sont plus les États, mais les individus et les groupes appartenant ou non à des États, qui ont des droits simplement parce qu'ils sont humains

•

J'ai dit en commençant qu'il était en somme assez naturel que des sociétés nées sous le signe des droits de l'homme finissent par placer le droit au centre de leur action comme de leur conscience, par se vouloir des sociétés gouvernées tout entières par le droit. L'argument est fort plausible. Il est en même temps trompeur car, historiquement et politiquement, les choses ne se sont pas passées ainsi. Pour le dire d'un mot : les droits de l'homme se sont d'abord imposés contre le droit, par le moyen de l'État.

L'État moderne, l'État des Lumières, opposa sa loi rationnelle, ou qui se voulait telle, à la jurisprudence supposée irrationnelle – cet écheveau indémêlable de droits « féodaux », ecclésiastiques, familiaux, de droits « coutumiers » qui valaient parce qu'ils étaient en vigueur, ayant été reçus des générations passées et incorporant précisément leur « jurisprudence ». Il y avait plusieurs droits, des droits de sources diverses, et cela était cause de confusion et d'abus. Le droit naissait en divers lieux. Désormais, la règle, la loi, naît en un seul lieu, le lieu du pouvoir d'État, le lieu où l'État légifère : Conseil du roi ou Parlement, ou roi en son Parlement (*King-in-Parliament*), Assemblée nationale... L'unicité du lieu, de la source de la règle, garantit l'impartialité et la rationalité de la règle.

C'est dans la doctrine de Hobbes que cette logique de l'État moderne se donne à voir de la manière la plus claire. Je résume très brièvement le nerf de l'argument hobbien. *Naturellement* les hommes vivent dans un état de guerre, qui est guerre de tous contre tous. Cette guerre tient au fait que les êtres humains désirent les mêmes choses, et sont donc concurrents, qu'ils sont orgueilleux, et donc chacun ou chacune veut être le premier ou la première, qu'ils se font des idées diverses de la vérité qu'ils veulent imposer les uns aux autres. La conséquence de cette guerre, c'est que les hommes vivent dans un danger continuel : j'ai déjà cité ces mots fameux, la vie dans l'état de nature est *solitary, poor, brutish, nasty and short.*

Les hommes risquent leur vie, et découvrent alors qu'ils veulent par-dessus tout vivre, et ne peuvent s'empêcher de le vouloir. Ils risquent de perdre le peu qu'ils possèdent, et découvrent qu'ils veulent conserver ce peu qu'ils possèdent, et ne peuvent s'empêcher de vouloir le conserver – de vouloir conserver et même accroître leur propriété. Ils risquent leur liberté, et découvrent qu'ils veulent conserver leur liberté, et ne peuvent s'empêcher de vouloir la conserver. La guerre de tous contre tous conduit tous les hommes à réfléchir sur leur condition à tous, qui se révèle une condition commune ou égale : ils se découvrent *également* menacés dans leur vie, leur propriété et leur liberté. Vivre, conserver et même accroître leur propriété, préserver leur liberté, ce sont leurs droits : se découvrant également menacés dans leurs droits, ils découvrent qu'ils ont des droits égaux. Ils désirent donc, tous tant qu'ils sont, voir ces droits garantis. Comment alors garantir, comment protéger les droits des sociétaires ? En construisant *au-dessus* de la société un lieu *séparé*, un lieu *neutre*, qui sera occupé par le *souverain*, un souverain nécessairement *absolu*. Dire que le droit du souverain est absolu, c'est dire simplement qu'il est *sans commune mesure* avec celui d'aucun des sociétaires, qu'il l'emporte essentiellement sur celui d'aucun des sociétaires – comme à la belote l'atout. S'il n'en était pas ainsi, si le pouvoir du souverain n'était pas capable d'écraser tout pouvoir intérieur à la société, les sociétaires ne pourraient tout simplement pas sortir de l'état de guerre. Tel est en gros le ressort de la doctrine hobbienne, mais aussi de la construction de l'État moderne.

Deux remarques s'imposent ici, qui sont décisives pour notre propos. La première, c'est que l'État souverain est l'instrument de la protection des droits. Il est souverain pour avoir la force de les protéger. Plus précisément, un État souverain est nécessaire pour garantir des droits *égaux*. Bien entendu, en même temps, un tel État est dangereux pour les droits et les libertés des sociétaires, puisqu'il a tellement plus de force qu'aucun pouvoir social. Nous sommes aujourd'hui, et à juste titre, très sensibles à ce second aspect du problème, à la manière dont l'État met les droits en danger. Nous ne devons cependant pas oublier le premier aspect : sans un État souverain, la logique naturellement inégalitaire de la société l'emporte irrésistiblement. Cela ne signifie pas bien sûr que l'État souverain soit le seul garant de l'égalité des droits, mais il est le garant en dernière instance parce qu'il a le monopole de la force publique. C'est ce qu'on vit aux États-Unis, dans les années 1960, à l'occasion du « mouvement des droits civiques » : jamais l'égalité des droits civiques pour les Noirs n'aurait été réalisée dans le Sud si elle n'avait été imposée par la *force publique* de l'État fédéral. On pourrait dire que, dans le régime moderne, l'État et les droits sont solidaires et adversaires, mais adversaires comme une conséquence de cette solidarité première. Voilà pour la première remarque.

La seconde remarque est plus technique. Hobbes critique les droits coutumiers, la jurisprudence, la *common law*, les pouvoirs sociaux, ce qui apparaîtra à nos révolutionnaires comme le fatras de la société féodale et de l'Ancien Régime, en vertu d'une logique juridique. Pour surmonter les conflits qui naissent inévitablement dans la société, il est besoin d'un lieu neutre, je l'ai dit, entre les parties aux prises, essentiellement supérieur à elles et dont les décisions s'imposent à elles sans contestation ; il est besoin d'un arbitre suprême, c'est-à-dire d'un juge suprême. Les autres juges, et plus généralement les autres pouvoirs, n'ont de pouvoir que par la commission, ou la permission, du juge suprême. Les autres juges et pouvoirs, ecclésiastiques ou laïques, invoquent une vérité, vérité juridique de la *common law* ou vérité religieuse contenue dans les dogmes professés : ces diverses vérités ne peuvent constituer la loi suprême de la société, parce qu'elles sont diverses et que chacune est d'interprétation contestée et incertaine. La loi suprême de la société réside donc en ceci : c'est le juge suprême, c'est le souverain, et lui seul, qui dit ce qu'est la loi. Selon la formule décisive de Hobbes, *auctoritas, non veritas, facit legem.*

Nous pouvons résumer ces deux remarques de la manière suivante. L'État moderne a pour raison d'être, ou pour finalité, la protection des droits ; et il se développe, et procède, selon une logique arbitrale, ou judiciaire. En ce sens, le phénomène contemporain dont j'ai parlé en commençant – le droit prétendant à être l'unique régulateur de la société – se trouve dans la continuité naturelle de l'État moderne comme État arbitre, mais au prix d'un renversement. Au souverain qui dit le droit succède ou veut succéder le droit souverain. En somme : nous sommes allés, ou nous voulons aller, du souverain juge au juge souverain.

•

Mais entre ces deux formules extrêmes, ou entre les périodes qu'elles définissent, a longtemps prévalu un tout autre idéal du droit et de sa place dans la société libre : l'idéal de la séparation des pouvoirs, idéal qui est encore le nôtre, du moins en principe. La séparation des pouvoirs doit permettre de résoudre le problème laissé par Hobbes en suspens : comment éviter que le pouvoir de l'État, construit pour protéger la société, ne se retourne contre elle pour l'opprimer ? Eh bien, en le « divisant » ou en le « distribuant ». En divisant, ou en distribuant le pouvoir de l'État en trois pouvoirs : pouvoir législatif, pouvoir exécutif, pouvoir judiciaire. C'est Montesquieu, on le sait, qui a analysé de la manière la plus rigoureuse et la plus ingénieuse le mécanisme de la séparation ou, donc, de la distribution des pouvoirs. Nous en avons parlé lors de la deuxième séance. Plus précisément, nous avons alors parlé du jeu entre l'exécutif et le législatif. Nous n'avons presque rien dit du judiciaire. C'est le moment d'y revenir.

On se trompe souvent sur la thèse de Montesquieu, ou on s'en fait une idée confuse. Il n'y a pas pour lui *le* pouvoir judiciaire. La forme et la fonction de celui-ci dépendent du régime politique. Dans le régime monarchique, dans la France du temps de Montesquieu, où le roi détient le pouvoir exécutif et le pouvoir législatif, il importe que le judiciaire soit véritablement un pouvoir distinct et consistant, faute de quoi le régime serait despotique : non seulement les parlements, composés de juges propriétaires de leurs charges, jugent les particuliers, mais encore ils doivent être chargés du « dépôt des lois fondamentales » de l'État[1]. Dans le régime républicain moderne, c'est-à-dire dans le régime « anglais », la fonction et la nature du judiciaire sont toutes différentes. La liberté y est produite et garantie, nous l'avons vu, par le jeu des deux autres pouvoirs et par les effets que ce jeu induit. Le judiciaire n'y est donc pas le gardien de la liberté comme il l'était dans la monarchie. Et même, pour aider à la liberté, il doit en quelque sorte disparaître comme pouvoir. Cela est possible car, dans un tel régime, d'une part les lois sont fixes et claires, et donc la nécessité d'interpréter les lois est réduite au minimum[2] ; d'autre part, le jugement se fait par jury, c'est-à-dire par des personnes « tirées du corps du peuple » et qui retournent à la société une fois le jugement rendu. Ainsi la justice est-elle rendue sans que les juges jouent de rôle propre dans le processus. Montesquieu résume son analyse dans un passage fameux : « De cette façon, la puissance de juger, si terrible parmi les hommes, n'étant attachée ni à un certain état, ni à une certaine profession, devient, pour ainsi dire, invisible et nulle. On n'a point continuellement des juges devant les yeux ; et l'on craint la magistrature, et non pas les magistrats[3]. »

Ces considérations de Montesquieu sont extrêmement intéressantes pour notre sujet. Bien entendu, elles sont assez inexactes historiquement : les juges jouaient un plus grand rôle, et donc le jury un rôle bien moindre, dans l'Angleterre du XVIIIe siècle, que Montesquieu ne le dit ici. Nulle trace du *hanging judge* dans les pages consacrées à la Constitution d'Angleterre ! Mais ces inexactitudes sont délibérées. Il s'agit ici de dessiner le mécanisme idéal du régime républicain représentatif. On le voit, un tel régime ignore ce que nous appelons le « pouvoir des juges ». Le fait est surprenant pour nous, parce que nous avons appris à dresser une égalité entre régime libéral et pouvoir des juges, à mesurer la qualité d'un régime libéral à la quantité de pouvoir des juges. Montesquieu est l'analyste le

1. Voir *De l'esprit des lois*, II, 4.
2. « Plus le gouvernement approche de la république, plus la manière de juger devient fixe » (*ibid.*, VI, 3).
3. *Ibid.*, XI, 6.

plus aigu et le théoricien le plus compétent du libéralisme, et pourtant il veut réduire le pouvoir des juges au minimum, le rendre pour ainsi dire « invisible » et « nul ». Pourquoi ? Parce que la « puissance de juger » est « terrible ». La différence de perception entre lui et nous est frappante : le pouvoir qui nous semble le plus inoffensif, en vérité le plus salutaire, est celui qui, aux yeux de Montesquieu, est intrinsèquement le plus redoutable, même s'il admettrait sans aucun doute qu'il est nécessaire, partant salutaire.

Montesquieu serait surpris de voir les pays d'Europe s'enthousiasmer aujourd'hui pour le pouvoir des juges, mais il ne serait pas surpris que le pays libre qui leur accorde le plus de pouvoir, les États-Unis d'Amérique, soit aussi celui où il y a de loin le plus de citoyens en prison ou sous contrôle judiciaire. Je le note en passant : si nous ne craignons pas le pouvoir judiciaire, c'est parce qu'il ignore, en principe, l'arbitraire, il se borne à « appliquer la loi ». Soit, mais sa vertu risque de devenir son vice, son absence d'arbitraire de devenir raideur mécanique – une raideur mécanique produisant des effets cumulés passablement pervers, comme on le voit aux États-Unis où certaines lois fédérales, ou des États, sont tellement claires et rigoureuses, tellement « fixes » dirait Montesquieu, que les juges ne peuvent que les appliquer strictement, et sont ainsi obligés d'envoyer en prison pour dix ou douze ans incompressibles des auteurs de délits mineurs lorsque ces délits concernent la drogue, ou encore, comme en Californie, de condamner à la prison à vie sans possibilité de libération anticipée ceux qui en sont à leur seconde récidive même si là encore il ne s'agit que de délits mineurs. On dira qu'on ne peut parler ici d'excès du pouvoir judiciaire, puisque ces lois déraisonnables sont votées par les législatures, et que les juges, comme je l'ai souligné, ne font dans ce cas que les appliquer. Cela est vrai, mais cela signifie que le pouvoir législatif confie au pouvoir judiciaire le soin de résoudre certains problèmes sociaux en exerçant une répression que beaucoup jugent excessive. Ainsi se réalise une possibilité que Montesquieu ne semble pas avoir envisagée : parce que le pouvoir judiciaire est « invisible », on lui confie une tâche « terrible ».

•

Quoi qu'il en soit de ces dernières considérations, une chose maintenant est claire : la promotion du pouvoir des juges ne s'enracine ni dans la matrice de l'État souverain, ni dans celle de l'État libéral en tant que tel. Mais alors d'où vient-elle ? Elle dérive, répond Philippe Raynaud, « de l'expérience politique des régimes libéraux, et notamment de ceux qui sont issus de la tradition anglo-saxonne[1] ». Il souligne le rôle décisif de la révolution et de l'expérience constitutionnelle américaines. Qu'est-ce qui est propre à cette expérience constitutionnelle ? Bien des choses assurément, mais Raynaud en souligne deux. D'une part, à la différence des Français et des Anglais, les Américains ont été très tôt sensibles aux virtualités despotiques de la représentation, c'est-à-dire du législatif : les colons d'Amérique se sentaient victimes du Parlement de Londres qui était censé les « représenter » sans qu'ils y eussent des « représentants ». D'autre part, par suite de la nature fédérale de leur État, les Américains avaient besoin d'une Constitution écrite complexe qui distribue les pouvoirs et les fonctions entre les différents niveaux de la construction fédérale, et cette Constitution allait donner sa forme et son âme au corps politique américain. Raynaud écrit : « L'évolution qui conduit de l'adoption, par les États issus des treize colonies indépendantes, de *Déclarations des droits* qui limitent le pouvoir des législatures à la Constitution de 1787 et, au-delà, au contrôle de la constitutionnalité des lois fédérales par la Cour suprême des États-Unis (arrêt Marbury *vs* Madison, 1803) obéit à une indiscutable logique[2]. » Le pouvoir des juges constitutionnels n'est certes pas un pouvoir souverain. Comme l'indiquaient déjà les auteurs du *Fédéraliste*, le pouvoir donné à une cour de déclarer nuls les actes législatifs ne peut se fonder que sur la supériorité de la Constitution, c'est-à-dire sur la souveraineté populaire, déclarée

1. Philippe Raynaud, article « Juge », *in* Philippe Raynaud et Stéphane Rials (dir.), *Dictionnaire de philosophie politique*, Paris, PUF, 1996, p. 313. Voir aussi les très judicieux développements du même auteur dans « Un nouvel âge du droit ? », *Archives de philosophie*, n° 64, 2001.

2. Ph. Raynaud, article « Juge », art. cité, p. 314.

dans la Constitution[1]. Mais pour donner voix à la Constitution, les juges doivent l'interpréter.

Que signifie : « interpréter la Constitution » ? Sur ce point, bien sûr, les avis s'opposent vivement dans la discussion constitutionnelle américaine, qui est, bien plus que dans la plupart des autres pays, une partie de la discussion politique. Selon les conservateurs, il importe, pour interpréter la Constitution, de revenir toujours à l'*original intent* des Pères fondateurs. Selon les progressistes, il s'agit d'adapter les règles aux besoins nouveaux et aux lumières nouvelles. Dans cette dernière perspective, le juge « crée » le droit. Bien entendu, cette division en conservateurs et progressistes est extrêmement sommaire. Un philosophe du droit comme Ronald Dworkin donne un tour « rationaliste » à son « progressisme ». Je cite encore Raynaud : Dworkin « cherche à éviter l'imputation d'"activisme judiciaire" en faisant du juge le garant de l'unité du droit, qui dégage progressivement des différentes règles une conception cohérente de la justice et de l'équité, et qui, quelle que soit sa liberté, admet implicitement que, pour chaque cas, il existe une "bonne réponse"[2] ».

Les changements profonds qu'a connus récemment la situation constitutionnelle française sont incompréhensibles à moins de reconnaître un large rôle au prestige de la formule et de l'expérience américaines et à l'influence des discussions américaines. Pour le dire simplement, et même un peu sommairement, s'il n'y avait pas la Cour suprême, il n'y aurait pas de Conseil constitutionnel, ou du moins le Conseil constitutionnel n'aurait pas acquis les pouvoirs qu'il a acquis ces dernières années, en rupture avec la tradition constitutionnelle française, ou même avec nos deux traditions constitutionnelles ennemies – la tradition républicaine, révolutionnaire, « légicentrique », comme on voudra dire, qui favorise le législatif, d'un côté, et la tradition consulaire, « révisionniste », ou gaulliste, comme on voudra dire, qui veut renforcer l'exécutif, de l'autre.

1. Voir notamment le *Fédéraliste*, n° 78.
2. Ph. Raynaud, article « Juge », art. cité, p. 314.

Bien entendu, cette explication ne suffit pas. L'évolution constitutionnelle française n'est pas seulement un effet de l'influence américaine. Elle répond aussi, et peut-être d'abord, à la nouvelle situation politique et morale des démocraties qui rejettent de plus en plus le pouvoir politique comme tel – et donc les deux pouvoirs en lesquels le politique se partage principalement, et qui sont le législatif et l'exécutif – au profit d'une revendication morale qui est aussi stridente qu'elle est vague. En favorisant le pouvoir judiciaire, on satisfait d'un seul coup ces deux postulations négative et positive : d'une part, le pouvoir judiciaire est un pouvoir politiquement « invisible », même lorsqu'il accomplit une révolution politique, comme tout récemment en Italie ; d'autre part, le pouvoir judiciaire apparaît comme un pouvoir qui ne prend en considération ultimement que la justice et la morale puisque, en France en particulier, la Déclaration des droits de l'homme a valeur constitutionnelle et est donnée comme le fondement ultime de tous les jugements. On pourrait dire plus simplement : le pouvoir judiciaire est un pouvoir qui semble ne pas être un pouvoir politique, et qui semble être un pouvoir spirituel. J'y reviendrai dans la dernière séance.

II

Nous avons considéré les progrès du droit dans l'ordre intérieur des nations, ou, plus précisément et plus prosaïquement, les progrès du « gouvernement des juges » à l'intérieur des nations. Bien entendu, la perspective d'un « empire du droit » ne se limite pas à l'ordre intérieur, elle embrasse l'ordre extérieur, l'ordre international, ou transnational, ou mondial, comme on voudra dire. C'est ce qu'avait en vue le président Bush lorsque, au moment de la guerre du Golfe, il parla de « nouvel ordre mondial ». L'invasion du Koweït par l'Irak allait être repoussée et sanctionnée par la communauté internationale : la coalition militaire menée par les États-Unis mettait en œuvre une sorte de « pouvoir de police » s'exerçant non plus sur des individus délinquants, mais sur des *États* délinquants. Je l'ai déjà relevé, les Américains ont une expression pour désigner ces États qui, à leurs yeux, représentent un danger aigu pour la paix et la sécurité commune, ils les appellent des *rogue States*. Ce qui nous intéresse ici, bien entendu, ce ne sont pas les circonstances particulières de la guerre du Golfe, ni les modalités de la politique étrangère américaine, mais plutôt, pour employer une expression emphatique mais aujourd'hui courante, le « changement de paradigme » que ces développements récents signalent ou du moins esquissent. Je voudrais étudier plus précisément les implications de ce changement de paradigme pour ce qu'on considérait jusque-là comme le « droit international ».

Pour le dire d'un mot : on suppose aujourd'hui, sans en être toujours clairement conscient certes, que les États peuvent être motivés à agir, en particulier à agir militairement, par un pur respect pour le droit, un respect détaché de leur intérêt particulier d'État. Si l'action militaire est une action de police internationale, ceux qui la mènent n'ont pas plus d'intérêt particulier à cette action que, à l'intérieur des États, les policiers qui arrêtent un meurtrier ou un braqueur de banque. Les policiers arrêtent le braqueur de banque parce qu'il a violé la loi, non parce qu'il aurait attaqué *leur* banque et pris *leurs* économies. En ce sens, ils sont parfaitement désintéressés. Peut-on imaginer que les États seront de plus en plus susceptibles de se conduire sur ces principes, abjurant ainsi ce motif de l'intérêt – l'intérêt national – dont on admettait jusque-là très généralement la légitimité ? En tout cas, c'est bien un changement d'une telle ampleur qui est impliqué dans les deux grandes actions militaires récentes des États-Unis et de leurs alliés, la guerre du Golfe et le bombardement de la Serbie suivi de l'intervention au Kosovo et finalement de la présentation de Milosevic devant le Tribunal international de La Haye.

On peut bien sûr interjeter immédiatement que ces développements récents ne signalent aucun changement politique important, sinon peut-être un progrès de l'hypocrisie internationale, en tout cas américaine et occidentale : dans l'affaire du Golfe comme dans celle du Kosovo, les Américains et leurs alliés n'ont fait que revêtir du langage du droit une action motivée par leurs seuls intérêts et, ce faisant, ils se sont comportés comme les États ont toujours fait. Je ne crois pas que cette appréciation « cynique », assez répandue, soit suffisante. À supposer que la guerre du Golfe puisse être assez aisément rattachée aux intérêts immédiats des États-Unis et de leurs alliés dans la région, ce n'est pas le cas de l'intervention au Kosovo. Il ne faut certes pas sous-estimer la pesanteur des intérêts, ni le rôle de l'hypocrisie. En même temps, les représentations, les idées que nous nous formons du monde dans lequel nous agissons, non moins que nos intérêts, motivent directement nos actions. D'ailleurs, nous ne prenons conscience de nos intérêts qu'à l'intérieur d'une certaine représentation du monde qui ne découle pas simplement de nos intérêts. Il ne faut donc pas sous-estimer *a priori* le rôle de cette représentation d'une humanité virtuellement unifiée, qui rendrait caduque la vieille logique interétatique.

•

Dans l'ordre traditionnel des choses, celui qui a régné pendant la plus grande partie de l'histoire humaine, le droit n'a proprement de sens qu'*à l'intérieur* des corps politiques. Réglant la vie commune, le droit ne trouve son sens que dans le cadre de la vie commune, c'est-à-dire de la chose publique, de la cité. Bien sûr, circule depuis longtemps en Europe la notion de *jus gentium*, traduite en français par l'expression peu claire de « droit des gens ». La notion remonte au droit romain. Elle désigne confusément tous les droits qui ne relèvent pas du *jus civile*, du droit civil ou politique, du droit intérieur à la cité. Elle désigne donc, tantôt simultanément, tantôt séparément, le droit international (ce que les Modernes appellent ainsi), mais aussi le droit des êtres humains en tant qu'êtres humains indépendamment de leur appartenance politique (le droit de l'étranger par exemple), mais aussi le droit relevant des institutions communes à tous les peuples (par exemple le droit général de la famille : il sera contraire au droit des gens de séparer les enfants de leurs parents même pour les instruire dans la vraie religion, même pour leur permettre d'avoir une vie plus libre et plus prospère, etc.), mais encore, parfois, le droit commun aux êtres animés (un droit qui enveloppe donc alors les animaux, du moins certaines espèces d'animaux). Encore une fois, le flottement ou la pluralité de sens de la notion tient au fait qu'elle recueille de manière confuse toutes les formes du droit qui ne relèvent pas du droit civil, ou du droit des cités. Définition négative donc, qui confirme la primauté et la centralité du droit intérieur aux corps politiques.

Cette dualité et cette dissymétrie du droit se décantent et s'éclaircissent, elles trouvent leur forme « classique » avec la constitution progressive du « droit public européen », qui se déploie du XVIIe au XIXe siècle, disons des traités de Westphalie à la conférence de Berlin de 1878. Selon les dispositions du droit public européen, le droit est principalement droit intérieur aux États, droit civil ou politique donc. Il l'est même plus que jamais car les États, de plus en plus « souverains », distinguent de plus en plus rigoureusement entre l'intérieur et l'extérieur. Et dans l'ordre extérieur, les États sont pour ainsi dire les seuls sujets de droit – les individus ne peuvent être sujets de droit qu'en tant que « ressortissants » d'un État. Ce droit « extérieur » est le « droit international », qui se ramène principalement aux conventions passées entre États. Ce n'est pas rien, car ces conventions codifient les relations entre États, en particulier cette relation qui semble par nature étrangère au droit, à savoir la guerre : la guerre doit être déclarée, les ambassadeurs et plénipotentiaires avoir leur sécurité et leur liberté garanties, les civils doivent être épargnés, les prisonniers de guerre bien traités, l'utilisation de certains types d'armes est interdite, etc. Ces conventions concrétisent le fait que, dans l'Europe civilisée, suivant une expression frappante que l'on trouve en particulier chez Rousseau, la guerre est une relation d'État à État et non pas une relation d'homme à homme. Il n'est pas douteux que le droit public européen a constitué un grand accomplissement de la civilisation, précisément parce qu'il a tant bien que mal donné forme et efficacité à cette fiction salutaire.

En même temps, il va de soi pour tout le monde que, puisque les sujets de droit sont les États, et que ces États sont indépendants et souverains, les conventions ne sont valides qu'aussi longtemps que les États les considèrent telles, c'est-à-dire aussi longtemps que les États considèrent qu'elles répondent à leurs intérêts. Les conventions internationales sont évidemment subordonnées à l'intérêt étatique ou national, même si certaines de ces conventions, en particulier du genre de celles que j'ai rappelées plus haut, apparaissent normalement conformes à l'intérêt de tous et reçoivent de là une autorité particulière. Ainsi donc, en dépit des conventions et traités, les États vivent finalement dans l'état de nature, c'est-à-dire sans supérieur commun autorisé à leur donner des règles de droit, et capable de les faire respecter. (Vous le savez, Thomas Hobbes, lorsqu'il veut donner une idée de la condition originelle de l'humanité, de l'état de nature donc, évoque les relations qui prévalent entre les États. Les États restent dans l'état de nature, tandis que les individus en sortent, précisément en constituant des États.) Réduit à son épure, le droit public européen peut être décrit ainsi : il n'y a de droit proprement dit qu'à l'intérieur des États souverains ; à l'extérieur, entre les États souverains, règne l'état de nature, un état de nature civilisé par des conventions fragiles, mais précieuses.

Il faut ajouter quelque chose. Un tel ordre international semble extrêmement fragile. Après tout, l'état de nature, c'est ultimement l'état de guerre, ou c'est la menace permanente de la guerre. L'Europe du droit public européen, ce dut être une Europe en guerre permanente, ou dans l'angoisse permanente de la guerre. Or, en dépit de guerres sanglantes, en dépit de grands cycles guerriers – la guerre de Succession d'Espagne, les guerres de la Révolution et de l'Empire par exemple –, du XVIIe au XIXe siècle la tendance est plutôt à une paix croissante. Une des causes en est bien sûr le développement du commerce dont j'ai longuement parlé, qui substitue l'esprit d'échange à l'esprit de conquête. Mais un autre facteur intervient ici, qui concerne immédiatement les relations internationales, et qui motive lui aussi l'optimisme des Européens. Il s'agit du phénomène de l'« équilibre européen », ou de la *balance of power*. Ces époques sont réalistes et scientifiques ; elles sont newtoniennes : elles croient à l'égalité de l'action et de la réaction, elles croient que les relations entre les États, comme les relations entre les planètes, forment un système stable, prévisible, régulier. En Europe, et c'est en somme le secret de la civilisation européenne, les différentes nations se disposent les unes par rapport aux autres, à travers alliances et renversements d'alliances, à travers des coalitions à géométrie variable, de telle manière qu'aucune d'entre elles n'est en mesure de menacer sérieusement les autres, de telle manière que l'équilibre européen est préservé. Dans ce mécanisme, le Royaume-Uni joue évidemment un rôle pivot, toute la politique anglaise consistant d'une part à s'assurer la maîtrise des mers, d'autre part à empêcher, par une intervention militaire directe ou en aidant financièrement ses alliés sur le continent, qu'une puissance continentale parvienne à l'hégémonie continentale. Il nous faut donc compléter ainsi notre épure de l'ordre européen classique : le droit appartient proprement à la vie intérieure des États ; les États sont souverains, motivés principalement et légitimement par l'intérêt national ; entre les États règne un état de nature civilisé par des conventions ; cet état de nature tend vers l'équilibre pacifique parce qu'il est réglé, idéalement et réellement, par la *balance of power*.

Cette formule, qui prévalut pendant la période la plus glorieuse de l'histoire de l'Europe, n'était pas sans mérites, je l'ai dit. Elle parut à beaucoup de contemporains représenter un progrès appréciable de la civilisation. Rétrospectivement aussi, vue à la lumière des guerres hyperboliques du XXe siècle qui ignorent la distinction entre combattants et non-combattants, et dans lesquelles tous les moyens sont bons, surtout les pires, elle parut une sorte d'âge d'or. Bien entendu, ce n'était pas l'âge d'or, malgré Fanfan la Tulipe. Et cette formule parut inadmissible et intenable à d'autres contemporains. Les deux philosophes les plus critiques de l'ordre politique européen, du droit public européen classique, sont Rousseau et Kant. Kant par exemple considère que le système de la *balance of power* est une « chimère », et il le compare à « la maison de Swift, qui avait été construite par un architecte en si parfait accord avec toutes les lois de l'équilibre qu'elle s'effondra aussitôt qu'un moineau vint s'y poser[1] ». Quant à Rousseau, voici comment il dénonce la formule politique classique :

> Nous examinerons si l'on n'en a pas fait trop ou trop peu dans l'institution sociale, si les individus soumis aux lois et aux hommes, tandis que les sociétés gardent entre elles l'indépendance de la nature, ne restent pas exposés aux maux des deux états sans en avoir les avantages, et s'il ne vaudrait pas mieux qu'il n'y eût point de société civile au monde que d'y en avoir plusieurs ? [...] N'est-ce pas cette association partielle et imparfaite qui produit la tyrannie et la guerre, et la tyrannie et la guerre ne sont-elles pas les plus grands fléaux de l'humanité[2] ?

Pour ces deux philosophes, il est impossible de se satisfaire du statu quo dit civilisé. C'est Kant qui va chercher avec le plus d'obstination les moyens de surmonter l'ordre politique et humain qui suppose et inclut la guerre, afin de parvenir à la « paix perpétuelle ». (Rousseau est trop privé d'espérance, trop sceptique à l'endroit des artifices humains, pour s'y essayer sérieusement.) Nous allons suivre rapidement la démarche de Kant, en nous aidant de la reconstitution qu'en donne Pierre Hassner[3].

Kant n'est pas un « pacifiste bêlant ». Il reconnaît les vertus civilisatrices, la valeur formatrice, des dispositions agressives de l'homme : « Remercions donc la nature pour cette humeur peu conciliante, pour la vanité rivalisant dans l'envie, pour l'appétit insatiable de possession ou même de domination. Sans cela toutes les dispositions naturelles excellentes de l'humanité seraient étouffées dans un éternel sommeil. L'homme veut la concorde, mais la nature sait mieux que lui ce qui est bon pour son espèce : elle veut la discorde[4]. » Bien sûr, en même temps,

1. « Sur le lieu commun : il se peut que ce soit juste en théorie mais, en pratique, cela ne vaut point » (*Œuvres philosophiques*, Paris, Gallimard, « Bibliothèque de la Pléiade », 1986, t. III, p. 279).
2. *Émile*, dans *Œuvres complètes*, Paris, Gallimard, « Bibliothèque de la Pléiade », t. IV, 1969, p. 848.
3. Voir son article « Guerre et paix » du *Dictionnaire de philosophie politique*, *op. cit.*, p. 257-266. Voir aussi son « Kant » dans Leo Strauss et Joseph Cropsey (dir.), *Histoire de la philosophie politique*, trad. fr. O. Sedeyn, Paris, PUF, coll. « Léviathan », 1994.
4. *Idée d'une histoire universelle au point de vue cosmopolitique*, 4e proposition, in *Opuscules sur l'histoire*, Paris, Garnier-Flammarion, p. 75.

Kant déteste la guerre. Ainsi Kant dit-il à la fois : « Les plus grands maux qui accablent les peuples civilisés nous sont amenés par la guerre, et à vrai dire non pas tant par celle qui réellement a lieu ou a eu lieu, que par les *préparatifs* incessants et même régulièrement accrus en vue d'une guerre à venir » ; et il dit en même temps : « Au degré de culture auquel est parvenu le genre humain, la guerre est un moyen indispensable pour la perfectionner encore ; et ce n'est qu'après l'achèvement (Dieu sait quand) de cette culture qu'une paix éternelle nous serait salutaire et deviendrait de ce fait possible[1]. » Ici une ambiguïté s'introduit. Kant dit à la fois : la paix sera moralement nécessaire quand elle sera possible ; mais aussi : la paix est possible parce qu'elle est moralement nécessaire. En effet : « La raison moralement pratique exprime en nous son *veto* irrésistible : *il ne doit pas y avoir de guerre*, ni celle qui peut intervenir entre toi et moi dans l'état de nature, ni celle qui peut surgir entre nous en tant qu'États [...]. En ce sens, la question n'est plus de savoir si la paix perpétuelle est une réalité ou une chimère [...], mais il nous faut, comme si la chose, qui peut-être n'est pas, avait une réalité, agir en vue de sa fondation [...]. On peut dire que cette pacification universelle et perpétuelle constitue, non pas simplement une partie, mais le but final tout entier de la doctrine du droit dans les limites de la simple raison[2]. »

Mais comment mettre en œuvre cet impératif de la raison moralement pratique, comment agir en vue de la fondation de cette paix perpétuelle ? C'est bien sûr dans son *Projet de paix perpétuelle* (1795) que Kant formule ses idées de la manière la plus précise. L'accord de paix, condition et moyen de la pacification, comporte trois articles :

1) *Dans tout État la Constitution civile doit être républicaine.* Pourquoi ? Parce que, dans une telle Constitution, « l'assentiment des citoyens est exigé pour décider s'il y aura ou non la

1. *Conjectures sur les débuts de l'histoire humaine*, Remarque finale, *ibid.*, p. 161.

2. *Doctrine du droit*, dans *Métaphysique des mœurs*, IIe partie, Conclusion, trad. A. Renaut, Paris, Garnier-Flammarion, p. 182-183.

guerre », et ceux-ci « réfléchiront mûrement avant d'entreprendre un jeu aussi pernicieux[1] ».

2) *Le droit des gens* (*Völkerrecht*) *doit être fondé sur un fédéralisme d'États libres.* Qu'est-ce que Kant entend par là ? Cela est incertain et les interprètes sont partagés. Envisage-t-il une république universelle, une sorte d'État fédéral mondial ? Il semble plutôt qu'il s'en tienne à l'idée plus pratique d'une alliance lâche, ou, si les circonstances sont favorables, d'une association plus étroite, des États (républicains) contre la guerre.

3) La troisième clause concerne le « droit cosmopolitique ». Cette clause dérive du fait que « les relations (plus ou moins étroites ou larges), prévalant désormais communément entre les peuples de la terre, en sont au point qu'une violation du droit en *un seul* lieu est ressentie partout ailleurs ». Dès lors, un droit cosmopolitique, c'est-à-dire protégeant tout homme en tant qu'homme – nous parlerions aujourd'hui de « droit humanitaire », ou simplement de « droits de l'homme » –, n'est plus chimérique. On ne peut que saluer chez Kant l'anticipation très claire d'une thématique qui nous est chère. On est frappé en même temps par les limites étroites dans lesquelles Kant enserre ce « droit cosmopolitique ». Dans la pratique, en effet, il limite ce droit « aux conditions de l'hospitalité universelle », c'est-à-dire au « droit qu'a l'étranger, à son arrivée dans le territoire d'autrui, de ne pas y être traité en ennemi[2] ».

Kant nous laisse dans l'incertitude. On dirait volontiers qu'il est le plus idéaliste des philosophes réalistes, ou le plus réaliste des philosophes idéalistes, mais cela ne nous avance pas beaucoup. Je voudrais cependant essayer de résumer et de discuter en quelques phrases l'ensemble de sa perspective.

La paix universelle, ou le règne du droit, est moralement désirable, donc moralement nécessaire. On peut s'en approcher grâce aux progrès de la civilisation : progrès de la Constitution républicaine à l'intérieur des États, progrès de la communication, du commerce, entre les États et, évidemment, progrès de

1. *Projet de paix perpétuelle, op. cit.*, p. 16-17.
2. *Ibid.*, p. 33 et 29.

la « ressemblance républicaine » entre les États. Mais ce progrès, comme tout progrès de la civilisation jusqu'ici, suppose l'activation des facultés agressives de l'homme – il faut que les hommes « se battent pour la république » –, l'activation de ce que Kant appelle son « insociable sociabilité ». On peut donc concevoir que l'humanité s'approche toujours plus près de cette paix universelle, mais comme la courbe de son asymptote, sans jamais la toucher réellement, et avec des rechutes, ou des régressions, qui sont nécessairement impliquées dans l'activation des facultés agressives de l'homme. Leo Strauss a résumé la difficulté dans cette épigramme : le progrès continu vers la paix perpétuelle, c'est la guerre perpétuelle.

D'autre part, quels sont les *motifs* des hommes engagés dans cette longue marche vers la paix ? Dans la plupart des cas, ces motifs sont intéressés : intérêts « matériels » de ceux qui recherchent dans la paix principalement la garantie de leurs « jouissances », intérêts « moraux », ou d'amour-propre, de ceux qui veulent « gagner la bataille de la paix », « vaincre définitivement les fauteurs de guerre », etc. Ces motifs en tout cas ne sont pas « moraux » au sens rigoureux que Kant donnait à ce terme : rares, très rares parmi les « combattants » de la paix, ceux qui agissent par pur respect de la loi morale ! De sorte que, si nous supposons même que la paix est acquise, ce sera une paix extérieure, c'est-à-dire plutôt une absence de guerre. Ou si l'objet de notre désir est une vraie paix, une paix complète, donc aussi intérieure et morale, il faut imaginer que l'humanité dans son ensemble soit capable de faire un saut, d'accomplir une conversion morale, alors que cette conversion morale, cette conversion à la loi morale, ne peut être au mieux que le fait rare de rares individus. Kant nous fait subir, il fait subir à l'humanité le supplice de Tantale : il approche de nous la paix par le droit, plus près, toujours plus près, grâce au progrès de la civilisation, et au moment où nous allions la toucher et nous en saisir, il nous la retire entièrement car cette paix n'est pas la paix, mais une tranquillité extérieure accessible même à « un peuple de démons, pourvu qu'ils aient quelque intelligence[1] ». Mais

1. *Ibid.*, 1er supplément, p. 44.

peut-on imaginer des démons heureux ? Des démons en paix avec eux-mêmes ?

Nous en sommes là. Je veux dire que nous ne sommes pas plus avancés que Kant. Ses espoirs sont les nôtres, comme ses hésitations et perplexités. Nous aussi nous cherchons la paix par le droit au terme du progrès asymptotique de la civilisation, du commerce et de la communication. Mais nous reconnaissons aussi la nécessité d'une conversion morale – nous dirions peut-être plutôt aujourd'hui : d'une « prise de conscience humanitaire » – et nous ne savons pas mieux que Kant comment articuler le changement intérieur et les transformations extérieures : entre les deux, il n'y a pas de lien naturel et intrinsèque. Or, l'existence d'un tel lien serait nécessaire pour que nous ayons le droit d'espérer sérieusement la paix – la vraie paix – par le droit. Et nous pensons finalement, comme Kant, que nous avons le devoir de travailler à cette paix par le droit que nous n'avons pas le droit d'espérer, mais que nous espérons néanmoins.

•

Je voudrais essayer de conclure par quelques remarques sur les difficultés auxquelles se trouve aujourd'hui confrontée notre « conscience kantienne » de la guerre et de la paix. Je rejoindrai ainsi les premières considérations de cet exposé.

Je viens de dire que Kant nous faisait subir le supplice de Tantale. C'est bien entendu une manière de parler. C'est *nous* qui nous infligeons le supplice de Tantale, c'est l'humanité moderne qui se l'inflige par ses espérances peut-être immodérées. Nous pensons que nous nous rapprochons sans cesse de la paix, que nous n'avons jamais été aussi près de la paix, que la paix *devrait être là*. Et si elle n'est pas là, pensons-nous, c'est par la faute de certains acteurs politiques reconnaissables comme des ennemis de la paix, par exemple ces États délinquants, ces *rogue States* dont le Département d'État américain dresse chaque année la liste : Irak, Libye, Iran, etc. Personne ne contestera, après le massacre du World Trade Center à New York, que certains États, ou groupes terroristes, agissent comme s'ils étaient mus par la haine du genre humain, et qu'il est urgent de les mettre hors d'état de nuire. En même temps, et c'est la difficulté sur laquelle je voudrais attirer l'attention, nous faisons comme si, justice ayant été faite des criminels, la paix ne manquerait pas de s'épanouir. Or ce présupposé est soit tautologique, soit eschatologique. Tautologique : si nous supprimons par la pensée tous les facteurs de trouble, que reste-t-il en effet sinon la paix et la tranquillité ? (Nous oublions seulement de penser aux nouveaux facteurs de trouble qui ne manqueront pas de surgir.) Eschatologique : nous supposons que les « derniers temps » sont arrivés et qu'après un « dernier combat » nous jouirons des fruits d'or de la paix. Alors nous anticipons sur ces « derniers temps », nous anticipons sur cette paix à venir, et nous faisons *comme si* elle était déjà là. La conséquence est que, comme je l'indiquais en commençant, les guerres que nous menons sont d'un type inédit : elles sont présentées par nos gouvernements comme des opérations de police. Nous avons bombardé massivement la Serbie pendant soixante-dix-huit jours sans lui déclarer la guerre. Je crois que nous avons commis là une faute grave, non pas en faisant la guerre à Milosevic, mais en disant que nous ne lui faisions pas la guerre.

Nous nous sommes engagés dans un mensonge moral de grande ampleur : nous avons menti, et nous nous sommes menti sur ce que nous faisions. Au lieu de dire la vérité simple et honorable, que nous menions une guerre pour des raisons inséparablement politiques et morales, nous avons adopté une posture simplement morale, nous nous sommes placés au pinacle de toutes les vertus, nous menions simplement le pur combat de la justice et du droit, nos alliés albanais menaient le bon combat de la liberté et du droit des peuples... Symétriquement, bien sûr, l'adversaire devait apparaître comme un pur et simple criminel ; et comme les crimes bien réels qu'il avait commis ne suffisaient pas à notre bonne conscience, nous lui en imputâmes qu'il n'avait pas commis... Tout cela n'était plus très honorable.

Le refus de déclarer la guerre ne relevait pas seulement, ni même principalement de notre « hypocrisie ». Toutes sortes d'intérêts divers bouillonnaient assurément dans le chaudron de nos délibérations, mais les conseils occidentaux étaient en quelque sorte sidérés par l'idée pure de l'humanité d'un côté, et l'idée pure du crime contre l'humanité de l'autre. Nos gouvernants semblaient incapables de rien penser, ni dire, sans le secours de ce contraste. Si la disproportion des forces n'avait été si énorme – si énorme qu'elle rendait comiques nos martiales postures –, nous aurions payé cher une approche aussi faussée de la réalité.

La conséquence politique la plus grave de ce refus de reconnaître que l'on fait la guerre, c'est sans doute l'extrême difficulté de faire la paix. En Bosnie, au Kosovo, en Macédoine, nous sommes en position d'occupants et de protecteurs. Occupants et protecteurs bien intentionnés certes, ou plutôt hélas : nous n'avons pour nous guider que nos bonnes intentions, au milieu de populations qui ont des besoins et des passions. Le plus souvent ces populations *ne veulent pas* vivre ensemble. Nous, nous *ne voulons pas* voir ce fait. Ou nous l'assimilons au crime de « nettoyage ethnique ». Nous ne voulons envisager de politique que purement morale. Dès lors, écartelés entre le statu quo frontalier auquel, pour des raisons mystérieuses, nous refusons de toucher, et la politique purement morale que nous prétendons imposer à des êtres humains qui ont tout de même le droit de n'être pas des anges, écartelés entre l'être et le devoir-être, nous ne considérons pas ce qui est politiquement possible. Au nom de l'humanitarisme, nous sommes inhumains.

Je parlais de notre « conscience kantienne » de la guerre et de la paix. En vérité, nous sommes sur ce point plus kantiens que Kant. Nous avons délégitimé complètement la guerre, ce que Kant n'avait pas fait même s'il en fut bien près, nous l'avons vu, lorsqu'il disait dans la *Doctrine du droit* : « La raison moralement pratique énonce en nous son *veto* irrésistible : *il ne doit y avoir aucune guerre.* » Nous n'acceptons la guerre qu'en tant que guerre contre la guerre, contre la tyrannie, contre le crime, donc au service de la justice pure, et c'est pourquoi nous refusons de l'appeler guerre et de la déclarer. La cause ou la conséquence de ce refus, c'est que nous refusons d'admettre que les États, les corps politiques, aient des intérêts particuliers, donc susceptibles de diverger, et de diverger jusqu'au point où au moins un *risque* de guerre peut apparaître. Nous supposons que les intérêts matériels et moraux des communautés politiques ou bien se trouvent dans une harmonie naturelle ou bien peuvent être harmonisés par la mise en œuvre de règles communes qui n'imposent à personne de sacrifice inacceptable. C'est là un postulat salutaire dans la mesure où, dans une situation donnée, il incite chacun à chercher les motifs d'accord plutôt que de désaccord. Penser que la paix est possible, qu'elle est normale, qu'elle est nécessaire, cette conviction aide certainement à trouver les voies de la paix. En même temps, ce postulat exclut que, dans une situation donnée, un corps politique ou un État puisse légitimement juger que ses intérêts matériels et moraux sont à ce point lésés ou négligés que l'emploi de la force reste son seul recours pour défendre sa liberté et son honneur. Or qu'en savons-nous ? À postuler que la liberté et l'honneur d'un corps politique ne justifient jamais le risque de guerre, ne privons-nous pas, au nom de la morale, la vie politique d'une partie essentielle de sa moralité ?

Chapitre XVII

L'EMPIRE DE LA MORALE

Depuis le début de ce cours, j'ai souligné ce qui me semble le trait majeur du monde présent, à savoir la tension entre d'un côté ce qu'on appellera l'ordre ancien, certains diraient : l'ordre « naturel », de la politique, et de l'autre le projet et l'espérance d'un ordre nouveau, métapolitique ou post-politique, l'ordre nouveau de l'humanité unifiée. J'ai souligné à maintes reprises que, contrairement aux prédictions ou aux espérances de beaucoup, l'ordre politique restait encore largement déterminant, que la vie des hommes était encore largement définie par les circonstances et le cadre politiques, par le régime et la forme politiques.

Il y a deux manières principales de concevoir une Humanité métapolitique, une Humanité ayant surmonté ou dépassé sa condition politique. Ce peut être une humanité organisée selon le droit, ce peut être une humanité vivant selon la morale. Une humanité vivant selon la morale, j'en traiterai plus loin, c'est une humanité vivant dans le respect de la dignité humaine. De l'humanité organisée selon le droit, j'ai traité dans les deux séances précédentes, distinguant entre droit intérieur et droit extérieur (international et « cosmopolitique »). Quant au droit intérieur, j'ai considéré le pouvoir accru des juges. J'ai à ce propos employé l'expression de « pouvoir spirituel ». Vous m'avez interrogé sur le sens que je donnais ici à cette expression d'origine saint-simonienne.

Ce qui justifie l'expression à mes yeux, c'est que le pouvoir des juges aujourd'hui s'appuie ultimement non pas sur les lois de la nation considérée, non pas même sur sa Constitution, mais sur ce qui est au principe des lois et de la Constitution, ou qui les surplombe, à savoir les « droits de l'homme » et l'idée de « l'humanité ». Écartant lois locales, usages reçus et conventions et traités internationaux, les juges prétendent de plus en plus parler *immédiatement* au nom de l'humanité. Cela apparaît comme un progrès, et pour des motifs bien compréhensibles : les formalités compliquées qui ralentissaient et parfois même empêchaient l'exercice de la justice sont balayées comme autant de chiffons de papier ; le juge exerce un droit immédiat à inculper le présumé coupable, quel qu'il soit, où qu'il se trouve, ainsi qu'un juge espagnol le fit voir récemment en faisant arrêter le général chilien Pinochet par les autorités anglaises, ainsi que le Tribunal international de La Haye le montre chaque jour en faisant le procès de Milosevic, l'ancien président yougoslave. Aussi naturel et légitime que soit notre désir de voir punir les criminels, cette juridiction inconditionnelle que s'arrogent de plus en plus les juges soulève des difficultés sérieuses. Laissant de côté les incohérences de la situation politique et juridique actuelle – et d'abord ce fait tout de même énorme que les États-Unis ont exigé la comparution de Milosevic devant un tribunal dont quant à eux ils refusent de reconnaître la légitimité –, je mentionnerai trois difficultés principales.

D'abord, les Déclarations des droits de l'homme sont sans doute plus nobles, mais beaucoup plus vagues que les lois et les Constitutions nationales. Si l'on s'appuie principalement sur les droits de l'homme, la « manière de juger » ne pourra guère être « fixe ». L'arbitraire, c'est-à-dire ce contre quoi précisément nos régimes ont voulu se prémunir en instituant le contrôle de constitutionnalité, ira croissant, et sera paradoxalement le fait des juges.

Ensuite, un pouvoir qui découvre qu'il peut agir arbitrairement, ne tarde pas à user et à abuser de cette latitude. Il tend au despotisme. Peut-être l'opération « Mains propres » en Italie nous a-t-elle donné une première idée de ce que sera le despotisme des juges si la tendance actuelle se confirme : les juges italiens ont changé la carte politique de leur pays sans que le peuple italien soit à aucun moment consulté.

Enfin, une difficulté risque de se présenter rapidement, à laquelle on n'a pas encore suffisamment réfléchi. Si les principes de la justice, ce sont immédiatement les droits de l'homme, pourquoi leur activation serait-elle réservée aux juges ? Les juges rendaient jusqu'ici la justice parce qu'ils détenaient la science du droit et des lois. Dès lors que la médiation du droit et des lois est balayée au profit de l'appel immédiat aux droits de l'homme, la médiation du juge perd sa raison d'être. Chaque être humain est en principe capable d'avoir connaissance des droits de l'homme et d'appliquer cette connaissance au cas qui l'intéresse. Mais c'est exactement la définition que les premiers auteurs libéraux, et en particulier Locke, donnaient de l'état de nature ! Le pouvoir des juges risque de nous ramener à l'état de nature, qui est l'autre nom de l'état de guerre.

En tout cas, le pouvoir nouveau des juges illustre notre impatience à l'égard des médiations, en particulier politiques, notre désir de reconnaître et de réaliser l'humanité *immédiatement*. Ce désir est en somme naturel à nos sociétés démocratiques dominées par le sentiment de la ressemblance humaine, par l'évidence de l'humanité de l'autre homme. Je voudrais maintenant considérer les différentes versions de cette reconnaissance morale immédiate de l'humanité de l'autre homme, qui nous préoccupe tant aujourd'hui.

•

Il faut d'abord distinguer rigoureusement entre les différentes versions du sentiment démocratique du semblable, entre les différentes versions de l'humanitarisme d'un côté, et l'amour du prochain spécifiquement chrétien de l'autre. La question intéresse plusieurs d'entre vous, je le sais. Elle est évidemment très complexe, mais un certain nombre d'éléments en sont clairs. Proposition synthétique : l'amour chrétien du prochain est essentiellement différent du sentiment démocratique du semblable. Je dis : « essentiellement ». Bien entendu, ils peuvent avoir beaucoup d'effets pratiques comparables, ou même identiques. Rien ne distingue matériellement un repas servi dans un « restaurant du cœur » d'un repas servi dans une entraide paroissiale. Mais la disposition intérieure de ceux qui le servent est en principe différente. (Je dis : en principe, car aujourd'hui beaucoup de chrétiens sont mus autant, ou plus, par le sentiment démocratique du semblable que par l'amour spécifiquement chrétien du prochain.)

Quelle est la différence ? C'est que l'amour chrétien ne s'adresse jamais uniquement au prochain. Il ne s'arrête pas au prochain. Ou plus brutalement : le prochain n'est pas aimé pour lui-même, il est aimé « pour l'amour de Dieu ». (Nietzsche, quoique furieusement antichrétien, dit cependant qu'aimer le prochain pour l'amour de Dieu, c'est le sentiment moral le plus raffiné auquel les hommes soient parvenus jusqu'à présent.) Le prochain est aimé en tant que créature, en tant qu'image de Dieu. Et il est aimé « dans le Christ » ou « en Christ ». Ces diverses expressions ne sont pas équivalentes, mais elles visent toutes un même fait central de la conscience chrétienne : les sentiments humains, les dispositions et les actions humaines ne s'inscrivent dans la perspective chrétienne que s'ils s'adressent d'abord à Dieu. En somme, cela est assez logique.

L'amour chrétien du prochain porte un nom particulier, un nom pour ainsi dire technique : la charité. Or, la charité n'est pas seulement une notion religieuse, c'est en même temps une notion politique, en prenant le terme « politique » au sens large. Si l'amour du prochain présuppose l'amour de Dieu, il présuppose l'amour du vrai Dieu. Par conséquent, il n'est véritable, il n'est charité au sens plein du terme que dans la vraie Église, c'est-à-dire dans une communauté particulière, aussi vaste soit-elle. D'où la formule : hors de l'Église point de salut. La charité devient alors séparatrice, avec tous les phénomènes d'intolérance et de persécution que cela entraîne, et que l'on a observés dans l'histoire des Églises. Ici réside bien sûr la cause historique, politique, morale et logique, de la substitution de l'« humanité »

– au sens que ce terme prit au XVIIIe siècle – à la charité comme vertu par excellence. L'universalisme chrétien est en principe sans limite : tout homme étant à l'image de Dieu, la charité s'adresse à tout homme. En même temps cet universalisme, pour se réaliser, se particularise dans une Église qui n'embrasse pas le tout de l'humanité, loin de là, du moins de manière visible. Il semble donc un universalisme imparfait, ou incomplet. Le XVIIIe siècle propose alors une charité détachée de toute Église, qui n'est donc plus la charité mais l'« humanité ». L'« humanité » est cette disposition bienveillante qui s'adresse à tout homme en tant qu'homme, quelle que soit sa race, nation, classe, opinion, religion, etc. C'est alors que les Européens ont le sentiment que l'humanité en tant qu'ensemble des hommes est parvenue à sa majorité, au moins dans ses représentants les plus avancés : l'universalisme maximum, si je puis dire, est atteint ; tout homme est désormais simplement un semblable. Aujourd'hui, après plus de deux siècles, les sociétés démocratiques vivent encore sur cette idée de l'humanité, et en somme il n'y a pas de raison que cela change, ou alors ce changement ne pourrait être qu'une régression puisque encore une fois cette idée d'humanité représente l'universalisme maximum. L'extension ne pourrait se faire qu'en direction de nos « frères inférieurs », les animaux. Le mouvement d'ailleurs a déjà commencé.

Tout est donc pour le mieux, dira-t-on. Vive l'humanité, et considérons la charité comme une étape préparatoire sur le chemin qui a conduit à cet universalisme maximum ! Les choses ne sont pas si simples parce que ce maximum n'est un maximum qu'en extension. La vertu d'humanité, le sentiment du semblable, s'adressent à tout homme, bien. Mais en quoi consiste ce sentiment ? Qu'est-ce que vise, à quoi s'adresse la vertu d'humanité ? En quoi consiste le rapport qui relie alors chaque homme à son semblable ? Eh bien, il y a deux grandes versions, deux grandes interprétations de ce rapport. Elles ont bien sûr été élaborées en même temps que l'idée générale d'humanité au XVIIIe siècle, et pour lui donner sens et contenu. On peut dire que notre bienveillance pour l'autre être humain s'adresse d'abord à celui qui souffre, et dont la souffrance est visible ;

notre bienveillance s'adresse d'abord au corps qui souffre – de la maladie, de la faim, etc. –, et elle s'appelle donc *pitié* ou *compassion*. Dans cette version, le lien humain universel, c'est le lien de la pitié, ou de la compassion. Telle est l'interprétation de la vertu d'humanité élaborée par Rousseau, et qui aura tant d'influence sur la sensibilité moderne. On peut dire que le fondement de l'humanitarisme contemporain, c'est la pitié au sens rousseauiste. Je préciserai dans un instant ce que Rousseau entend exactement par pitié. La seconde interprétation est tout autre, elle est même presque contraire : la relation ne s'adresse pas au corps visible et souffrant, elle s'adresse à quelque chose d'invisible, à l'âme si vous voulez, plus précisément à la *dignité* de la personne. La disposition intérieure qui s'adresse à la dignité de la personne, qui la reconnaît, c'est le *respect*. Telle est l'interprétation, la version de Kant. Pitié pour le corps souffrant, respect pour la dignité, nécessairement spirituelle, de la personne : ce sont les deux grandes conceptions de l'humanisme, ou de l'universalisme, contemporain.

Commençons donc par la pitié. Pourquoi Rousseau lui fait-il une telle confiance, compte-t-il tellement sur elle pour lier les hommes ensemble ? D'abord c'est un affect universel, et universel en deux sens. D'une part, tous les êtres humains sont objets potentiels de pitié puisqu'ils ont un corps susceptible de souffrir ; d'autre part, tous les êtres humains sont sujets potentiels de la pitié, je veux dire : susceptibles d'éprouver la pitié, puisqu'ils sont capables de s'identifier aisément à la souffrance physique des autres, ayant eux-mêmes un corps susceptible de souffrir. On comprend immédiatement la souffrance physique, on l'imagine aisément. On sympathise avec une rage de dents, une colique néphrétique, deux jours sans manger ni boire, plus aisément qu'avec une humiliation morale, une préoccupation intellectuelle, une angoisse spirituelle. Bref, dans la pitié sensible, physique, nous communiquons immédiatement avec l'autre, avec le semblable, sans la médiation d'idées complexes, sans que s'interposent entre lui et moi des idées complexes, les idées proprement humaines. La compassion physique nous offre le sentiment du semblable le plus facile, le plus direct, le plus général. À la fin du *Voyage au bout de la nuit*, Ferdinand, le narrateur, assiste à l'agonie de son ami Léon. Il fait cette remarque :

> Mais il n'y avait que moi, bien moi, moi tout seul, à côté de lui, un Ferdinand bien véritable auquel il manquait ce qui ferait un homme plus grand que sa simple vie, l'amour de la vie des autres. De ça, j'en avais pas, ou vraiment si peu que c'était pas la peine de le montrer. J'étais pas grand comme la mort moi. J'étais bien plus petit. J'avais pas la grande idée humaine moi. J'aurais même je crois senti plus facilement du chagrin pour un chien en train de crever que pour lui Robinson, parce qu'un chien c'est pas malin, tandis que lui il était un peu malin malgré tout Léon. Moi aussi j'étais malin, on était des malins [1]...

En même temps, c'est le second grand argument de Rousseau, et c'est un argument qui va vous paraître bas, « ignoble » même, on peut s'appuyer sur la pitié pour lier les hommes parce que la pitié est un sentiment, un affect, une disposition, qui ne demande pas de transformation morale, qui ne réclame pas de dépassement de soi. La pitié n'est pas un sentiment désintéressé et c'est ce qui fait sa valeur sociale. L'être humain d'ailleurs pour Rousseau n'est pas capable d'un sentiment désintéressé : il recherche naturellement, c'est-à-dire nécessairement, son intérêt et son plaisir. Cet être naturellement intéressé éprouve naturellement la pitié. Pourquoi ? Parce que la souffrance que l'autre éprouve, et que je vois, ou que j'imagine, je me dis immédiatement que je pourrais aussi l'éprouver, qu'en tant que corps susceptible de souffrir, je suis aussi vulnérable que l'autre. Bref, en voyant l'autre souffrir, je pense à moi, je reviens sur moi-même, je *m'identifie* à l'autre souffrant : alors bien sûr je m'efforce de soulager l'autre. Comment me désintéresser d'une souffrance dont je sens vivement qu'elle pourrait m'atteindre ? Mais les ruses intéressées de la compassion ne s'arrêtent pas là. Car cette souffrance que je perçois si vivement, je ne l'éprouve pas effectivement, je sais bien que je ne l'éprouve pas effective-

1. *Voyage au bout de la nuit*, Paris, Gallimard, 1952, p. 496-497.

ment, et je jouis donc d'en être exempt, j'éprouve le plaisir de *ne pas* souffrir. Ainsi, selon l'analyse de Rousseau, la compassion est un sentiment altruiste qui a deux motifs, ou deux composants, égoïstes : la peur de souffrir soi-même, et le plaisir de ne pas souffrir soi-même. Fonder une morale sociale sur la pitié n'a donc rien d'idéaliste, ou d'utopique. Si la société moderne veut surmonter quelque peu l'isolement et la séparation des sociétaires, l'individualisme qui la caractérisent, pense Rousseau, alors elle doit cultiver la pitié, la compassion, et encore une fois cela n'a rien d'une entreprise héroïque puisque les ressorts de la pitié sont dans l'égoïsme de chacun. Rousseau nous donnait là la formule qui a effectivement prévalu dans la société démocratique libérale, dans la société bourgeoise, dans notre société, comme on voudra dire. C'est la société des « Resto du cœur ».

Cette formule a beaucoup d'avantages politiques, sociaux, psychiques. Tirant l'altruisme de l'égoïsme, elle est économique moralement : elle exige peu de nous. Elle a cependant au moins un inconvénient. Comme toujours dans les choses humaines, c'est le revers de ses avantages. La pitié sur laquelle Rousseau veut construire s'adresse au corps souffrant ; elle n'est donc pas par elle-même un sentiment essentiellement, ou spécifiquement, humain. Elle s'adresse à l'animal en nous, et elle est le fait de l'animal en nous. Si notre pitié s'adresse au corps souffrant, elle peut prendre pour objet la souffrance des animaux tout autant que celle des corps humains. D'ailleurs, les animaux aussi sont susceptibles d'éprouver la pitié. Rousseau fait lui-même ces remarques. Elles confirment le caractère entièrement *naturel* de la pitié : à la différence de la charité, la pitié est indépendante de toute opinion religieuse ou philosophique, elle ne peut pas devenir séparatrice, et c'est ce qui lui importe avant tout au moment où il écrit[1]. Mais enfin, tout cela signifie que si ce sentiment est fondé sur la ressemblance, cette ressemblance n'est pas proprement humaine. La pitié sensible que prône Rousseau préserve l'humanité, cela est sûr, puisque celle-ci a une base, ou

1. Voir le *Discours sur l'origine et les fondements de l'inégalité parmi les hommes*, Paris, Presses Pocket, p. 89-90 et 91-92.

une part, animale, mais en même temps elle tend à affaiblir la conscience et le sentiment du propre de l'homme. S'il s'agit de prendre soin des êtres vivants qui souffrent, alors les animaux ont autant de droit à notre compassion que les hommes.

La tendance naturelle d'une société fondée sur la pitié sensible sera donc d'accorder des droits aux animaux comme aux hommes, et finalement les mêmes droits, ou plutôt le même droit, celui de ne pas souffrir. C'est bien la tendance observable dans la société contemporaine, en particulier en Europe du Nord. On s'y efforce d'obtenir que les animaux destinés à la nourriture des hommes vivent dans les conditions les plus confortables possible avant d'être mis à mort de la manière la plus indolore possible. Mais on continue de les tuer, direz-vous. Oui, mais cela n'est pas très important puisque, dans une telle société, le mal n'est pas tant la mort que la souffrance physique. Le mal en général tend à se confondre avec la souffrance physique. C'est pourquoi d'ailleurs on y promeut la mort humanitaire des êtres humains dont les souffrances sont extrêmes, ou dont les conditions de survie sont misérables : l'euthanasie. La condition animale et la condition humaine se rapprochent alors jusqu'à presque se confondre : on ne fait plus souffrir les animaux, et on tue les êtres humains pour qu'ils ne souffrent pas.

Aux yeux de certains, cette obsession de la souffrance physique conduit à la perte du sentiment du propre de l'homme, de la différence humaine : à la perte du sentiment de la dignité humaine. Il est vrai que, de leur côté, les partisans de l'euthanasie invoquent le « droit de mourir dans la dignité ». Ce n'est pas mon propos ici d'arbitrer entre les deux parties. Ces remarques suffisent en tout cas à prouver que la « dignité » est au cœur de la problématique morale contemporaine.

•

La « dignité humaine » est la notion morale la plus haute de l'humanité démocratique. C'est Kant qui l'a élaborée de la manière la plus rigoureuse et la plus complète, et qui l'a placée au centre de sa doctrine morale et sociale. Elle est d'origine stoïcienne et chrétienne. Les stoïciens déjà formulèrent une distinction entre ce qui a un prix et ce qui a une dignité : dans le langage de Sénèque, entre *pretium* et *dignitas*. Cette distinction sera reprise par Kant. Dans le christianisme aussi est affirmée l'idée d'une dignité propre de l'homme, c'est-à-dire d'une noblesse particulière en regard des autres créatures. La *dignitas* de l'homme, c'est que Dieu l'a remis au pouvoir de son propre conseil, c'est qu'à la différence des animaux qui suivent l'impul sion de la nature, les hommes obéissent librement, et donc peuvent désobéir, à la loi de la nature et à la loi divine. On pourrait dire que la conception kantienne est une radicalisation, et donc une transformation, de la conception chrétienne que saint Thomas en particulier avait mise au point. Si pour saint Thomas la dignité humaine consiste à obéir librement à la loi naturelle et divine, elle consiste pour Kant à obéir à la loi que l'homme se donne à lui-même. On pourrait dire : pour le chrétien l'homme *a* une dignité (encore une fois : reçue de Dieu, qui l'a remis au pouvoir de son propre conseil) ; pour Kant, et c'est une différence à la fois subtile et radicale, être homme *est* une dignité.

Être homme, c'est être une personne ; être une personne, c'est être autonome ; être autonome, c'est agir librement, c'est-à-dire obéir à la loi qu'on s'est donnée. Il ne faut pas dire simplement : la dignité humaine, c'est la liberté humaine. La dignité réside plus précisément dans le rapport de l'homme à la loi morale, une loi qu'ultimement il se donne à lui-même certes, mais à l'égard de laquelle il éprouve un sentiment très spécifique, un sentiment purement spirituel, que Kant appelle le *respect*. C'est un affect que l'être humain découvre en soi, qu'il ne peut pas fabriquer et qu'il ne peut pas effacer : le pire criminel garde au fond de lui-même le respect pour la loi. Même si la loi est contraire à toutes nos inclinations nécessairement intéressées, nous sentons que nous devrions, et donc que nous pourrions obéir à la loi. Nous sentons en nous – le respect est ce sentiment – la possibilité et la nécessité d'une action purement désintéressée, c'est-à-dire d'une action accomplie par pur respect pour la loi[1]. Tel est le contenu, le cœur, de la notion kantienne de dignité humaine : respecter la dignité de l'autre homme, c'est respecter le respect qu'il ne peut pas ne pas avoir pour la loi morale en lui (encore une fois, fût-il le pire criminel), le respect qu'il ne peut pas ne pas éprouver pour lui-même par suite de la présence en lui de la loi, c'est respecter son respect de soi. C'est dans la *Doctrine de la vertu*, seconde partie de la *Métaphysique des mœurs*, que cette idée est formulée de la manière la plus synthétique et la plus claire :

> L'humanité elle-même est une dignité ; car l'homme ne peut être utilisé par aucun homme (ni par d'autres, ni même par lui) simplement comme moyen, mais il faut toujours qu'il le soit en même temps comme une fin, et c'est en cela précisément que consiste sa dignité (la personnalité), grâce à laquelle il s'élève au-dessus de tous les autres êtres du monde qui ne sont pas des êtres humains et qui peuvent en tout état de cause être utilisés, par conséquent au-dessus de toutes les choses. De même, donc, qu'il ne peut se dessaisir de lui-même pour aucun prix (ce qui entrerait en contradiction avec le devoir de s'estimer soi-même), de même il ne peut pas non plus agir à l'encontre de la tout aussi nécessaire estime de soi que d'autres se portent à eux-mêmes en tant qu'hommes : autrement dit, il est obligé de reconnaître dans le registre pratique la dignité de l'humanité en tout autre homme, et par conséquent repose sur lui un devoir se rapportant au respect qui doit être nécessairement témoigné à tout autre homme[2].

Tel est, fidèlement restitué je crois, l'essentiel de l'idée kantienne. Elle est certainement très impressionnante ; et elle reste très influente. En même temps, la conscience morale contemporaine a de la peine à y adhérer complètement. Elle est partagée. D'une part, cette idée de dignité lui est devenue indispensable. Il est frappant de constater qu'alors qu'elle était absente de la *Déclaration des droits de l'homme et du citoyen* de 1789, elle est introduite dès les premiers mots du préambule

1. Voir *Critique de la raison pratique*, « Des mobiles de la raison pure pratique ».
2. *Métaphysique des mœurs*, *op. cit.*, p. 333.

de la *Déclaration universelle des droits de l'homme* du 10 décembre 1948 : « Considérant que la reconnaissance de la dignité inhérente à tous les membres de la famille humaine et de leurs droits égaux et inaliénables constitue le fondement de la liberté, de la justice et de la paix dans le monde », etc. La dignité ici vient même avant les droits. Ce changement avait sa cause bien sûr dans l'expérience toute récente de la guerre et des crimes contre l'humanité commis par les nazis. On ne pouvait pas dire simplement que les camps représentaient la négation des droits de l'homme : aussi vrai que cela fût, l'expression eût semblé trop faible. Il semblait plus juste de voir dans les camps une entreprise systématique pour offenser, et essayer de détruire, la dignité humaine. À la lumière, si l'on peut dire, de l'expérience des camps, la dignité humaine paraît un principe plus profond, plus précieux encore, que celui des droits de l'homme.

Si nous regardons les choses de plus près, nous constatons qu'entre les droits et la dignité, la différence n'est pas du moins au plus sur un même gradient. C'est d'une différence qualitative qu'il s'agit. Et donc il y a une tension très caractérisée entre l'idée de la dignité et celle des droits. Dans leur source originelle, les droits de l'homme, ce sont les droits *naturels* de l'homme, ceux qui sont inscrits dans sa nature élémentaire, dans ses besoins et désirs, et d'abord dans son désir de conservation. La dignité humaine en revanche se constitue, selon Kant, en prenant une distance radicale ou essentielle par rapport aux besoins et désirs de la nature. La dignité humaine consiste dans le fait que l'être humain peut être mû par un motif complètement indépendant de la nature et supérieur à elle, par une causalité purement spirituelle. D'une manière un peu brutale on dira : les droits de l'homme, c'est la liberté de la nature, y compris et d'abord de la nature animale et sensible ; la dignité humaine, c'est la liberté contre la nature sensible ou en général intéressée, c'est la liberté spirituelle.

•

Le désir de la conscience morale contemporaine, et l'effort de la réflexion morale contemporaine, c'est évidemment de réduire cette tension, de maintenir l'idée de la dignité en la détachant de toute idée de loi morale et de causalité spirituelle, de fondre ensemble l'idée des droits et l'idée de la dignité, ou plutôt d'absorber, mais sans la perdre, l'idée de la dignité dans celle des droits. Cela suppose une transformation complète, en vérité un abandon, de la doctrine kantienne – abandon qu'on masque par le maintien ou plutôt l'usage effréné de son langage, celui du « respect de la dignité humaine ». Respecter la dignité de l'autre être humain, ce n'est plus respecter le respect qu'il conserve en lui-même pour la loi morale, c'est aujourd'hui, de plus en plus, respecter le choix qu'il a fait, quel que soit ce choix, en réalisation de ses droits. Pour Kant, le respect de la dignité humaine, c'est le respect de la forme même de l'humanité ; pour le moralisme contemporain, le respect de la dignité humaine, c'est le respect des « contenus de vie », quels qu'ils soient, de l'autre être humain. Les mêmes mots sont conservés, mais c'est d'une tout autre perspective morale qu'il s'agit.

La moralité contemporaine conduit à ce que les Anglo-Saxons appellent une « politique de la reconnaissance » (*politics of recognition*). Chaque « style de vie » réclame d'être reconnu à l'égal de tous les autres. Il y a là une revendication très compréhensible, mais qui se heurte à des difficultés morales et politiques sérieuses. La formule kantienne paraît sévère, rigoriste, irréalisable ; la formule actuelle paraît généreuse, libérale, réalisable. Je crois que c'est le contraire qui est vrai. La formule kantienne a l'inconvénient d'être formelle ; c'est aussi son avantage. Mon respect s'adresse à l'humanité de l'autre être humain ; en tant qu'être humain, il ou elle est essentiellement respectable. Maintenant, ce qu'il ou elle fait de sa vie, ses « contenus de vie », c'est autre chose : je peux les approuver, les désapprouver, être indifférent, perplexe, bref, se déploie naturellement ici toute la gamme des sentiments et des jugements que la vie suscite en nous. La formule contemporaine a l'avantage d'être concrète ; c'est aussi son inconvénient. On demande de respecter tous les contenus de vie, ou tous les choix de vie, ou tous les styles de vie. Or cette formule n'a pas véritablement de sens. Ou son seul sens assignable, c'est qu'on demande d'approuver, d'apprécier, de valoriser, d'applaudir tous les contenus de vie, tous les choix de vie, tous les styles de vie. Or cela est simplement impossible.

Le respect s'adresse à la personne, et on peut et on doit respecter toutes les personnes. Mais on ne peut pas et on ne doit pas approuver, apprécier, valoriser, applaudir tous les contenus de vie, tous les choix politiques, moraux, religieux, des personnes. Si tous les choix de vie devaient être approuvés par tous, la vie deviendrait vraiment ennuyeuse et même sinistre, car cela signifierait que nos choix personnels sont sans importance ni signification. Le choix que je fais ne peut avoir de valeur pour moi que si vous réagissez à ce choix les uns par l'approbation certes, mais d'autres par la désapprobation, ou même l'indignation, d'autres encore par l'incompréhension, bref, si le choix que je fais comporte le risque, aussi minime soit-il, qui est inséparable de la liberté.

Cette revendication du respect est souvent avancée aujourd'hui en faveur de ce qu'on appelle l'orientation sexuelle. J'en parlerai dans un instant. Mais je crois que le problème concerne tous les contenus de vie. Je vais prendre un exemple moins sensible aujourd'hui, mais qui pendant fort longtemps, et récemment encore, fut l'objet de débats bien plus passionnés et étendus qu'à présent la question de l'orientation sexuelle. Je veux parler du choix religieux. Les hommes ont longtemps considéré que c'était là pour chacun le choix fondamental. Dieu existe-t-il ? S'il existe, quelle est sa nature ? Que nous demande-t-il, quelle est sa loi ? Comment se révèle-t-il à nous ? Comme les hommes prennent intensément à cœur ces questions en effet fondamentales, les désaccords sont difficiles à supporter. Le croyant orthodoxe ne peut s'empêcher de penser que l'hérétique est mû par l'orgueil ; l'hérétique que l'orthodoxe préfère le pouvoir à la vérité. Le croyant pense que l'athée refuse de croire parce qu'au fond de lui-même il rejette toute loi ; l'athée pense que le croyant est incapable d'autonomie, ou d'accepter courageusement la fin de son être, etc. Bref, les choix positifs que nous faisons sont inséparables de rejets, de choix négatifs en quelque sorte. Il est inévitable, et pour autant légitime, que l'athée considère le croyant comme affecté d'une certaine faiblesse morale – il a « besoin de croire », il a « besoin de consolation » ; réciproquement, il est inévitable, et pour autant légitime, que le croyant considère l'athée comme un aveugle volontaire, qui refuse orgueilleusement de reconnaître sa véritable condition. Le croyant peut, et doit, respecter l'humanité, la personne de l'athée ; on ne saurait lui demander de « respecter son athéisme », formule à laquelle il ne saurait donner de sens. L'athée peut, et doit, respecter l'humanité, la personne du croyant ; on ne saurait lui demander de « respecter sa croyance », formule à laquelle il ne saurait donner de sens.

Certains d'entre vous m'objectent que le parallèle ne tient pas, parce que les convictions religieuses sont librement choisies, tandis que l'orientation sexuelle relève de la nature individuelle et non pas de la liberté. Implicite dans cette remarque est le reproche suivant : il est particulièrement odieux, de la part de la société ou de l'État, de ne pas reconnaître, de ne pas « respecter », un élément essentiel de la vie d'une personne sur lequel celle-ci n'a aucun pouvoir. C'est en quelque sorte la condamner pour ce qu'elle *est*. D'où l'assimilation parfois de ce qu'on appelle l'« homophobie » au racisme.

J'admets certes que conviction religieuse et orientation sexuelle ne sont pas la même chose, qu'il y a sans doute plus de liberté dans la première et plus de « nature » dans la seconde. Mais il ne faut pas exagérer ce contraste. Que veut dire que la conviction religieuse, ou irreligieuse, est librement choisie ? Que, dans le meilleur des cas, la personne s'est instruite sérieusement de l'état de la question, a examiné impartialement les arguments opposés, et a fait son choix dans le silence des passions ? Soit, et certainement ce n'est pas ainsi qu'on « choisit » son orientation sexuelle ! En même temps, c'était un argument traditionnel contre la contrainte religieuse, contre la religion d'État, que la personne n'avait pour ainsi dire pas de pouvoir – en tout cas, pas de pouvoir souverain – sur les conclusions de son esprit : vous voulez que je croie, vous prétendez me faire croire, mais quand bien même je ferais l'effort le plus sincère, je n'y arriverais pas, je ne peux pas me forcer à croire, je suis incroyant, c'est un fait que vous devez accepter comme moi. Symétriquement, aussi déterminée que soit l'orientation sexuelle par la nature individuelle, ce n'est pas un fait objectif dépourvu de sens subjectif, c'est un rapport à soi et aux autres dans lequel la liberté est évidemment impliquée. Tout ce qui importe profondément aux êtres humains est un mélange indémêlable de nature et de liberté, qui engage toute la personne.

C'est parce que ces choix, ou orientations, engagent toute la personne que la neutralité de l'État a quelque chose d'insupportable. Qu'est-ce que cela veut dire que l'État reconnaît ma dignité s'il ne reconnaît pas ce qui est très important, peut-être le plus important, pour moi ? En quoi reconnaît-il mon humanité s'il ne reconnaît pas le contenu de cette humanité ? Nous sommes là au cœur d'une grande difficulté de nos sociétés. Longtemps, je l'ai dit, les croyants ardents ont dénoncé cet état de fait : l'État se dit neutre et libéral, en réalité il est athée, l'école se dit laïque, en réalité elle est « sans Dieu ». Rejeter dans le privé la vie religieuse, c'est déclarer par implication que la religion est sans valeur, puisque ce qui vaut vraiment pour une société est reconnu dans l'espace public. Beaucoup de nos concitoyens doivent constater que des choses qui leur tiennent profondément à cœur sont regardées avec indifférence par l'espace public, une indifférence qui leur paraît hostilité. Notre régime politique, je l'ai souligné maintes fois, repose sur des *séparations*. Et nous ne pouvons nous empêcher de désirer, et donc de rechercher, l'*unité* de notre vie. Il nous faut vivre avec cette tension. Nous ne pourrions la supprimer qu'au prix de la destruction, ou d'une grave corruption, de notre régime politique.

Je peux revenir, après ce détour, à la question de l'orientation sexuelle. Il est possible, dans notre régime, de satisfaire la plupart des revendications des homosexuels, ou de ceux qui s'expriment en leur nom. Mais pas toutes. Ou plutôt une seule est impossible à satisfaire. Il est impossible que le corps politique « reconnaisse » leur « style de vie » : aucun « style de vie » n'est « reconnu » par notre régime. C'est pourquoi il est libéral. Mais il « reconnaît » le « mariage hétérosexuel » ? Certes, et pour une bonne raison : ce mariage produit des enfants, c'est-à-dire des citoyens, et cela relève de l'intérêt *public*.

On dira que beaucoup de mariages hétérosexuels sont inféconds, pour des raisons de nature ou pour des raisons de choix, et que, d'ailleurs, la légalisation de l'adoption par des couples homosexuels, sans parler des fécondations par donneurs, priverait l'argument « démographique » de toute validité. Assurément, l'artifice technique, joint à l'artifice législatif, est capable de produire des résultats étonnants. Mais voyez comment ceux qui proposent de telles « solutions » se contredisent. On veut priver de toute validité, de toute pertinence, la « division naturelle » entre les sexes. Mais pour obtenir quel résultat au terme de ce grand travail ? Une famille, avec des parents et des enfants, c'est-à-dire une association humaine qui *imite* celle dont le fondement humain et la cause première sont évidemment dans la division naturelle entre les sexes – dans cette nature qu'on a voulu congédier. Le « mariage homosexuel » *imite* le mariage hétérosexuel, et aucune invocation de l'« égalité des droits » ne le délivrera de cette contradiction intérieure. Ceux qui réclament sa légalisation sont esclaves de la division sexuelle, ils sont esclaves de la nature, au moment même où ils croient en triompher.

Il y a beaucoup de confusion intellectuelle dans un certain militantisme homosexuel. L'expression par exemple de *gay pride* est particulièrement mal choisie. Comment parler de « fierté » alors qu'on quête l'approbation bénisseuse et l'édredon unanimiste ? Jadis, ou encore naguère, il y avait dans l'homosexualité une part d'aventure et de vérité : peut-être douloureusement, l'homosexuel découvrait l'amplitude et les irrégularités d'Éros, et les limites de son expression la plus ordinaire. Il était plus apte que d'autres à déjouer les mensonges de la convention. Cela était payé d'une certaine discrétion, mais n'est-ce pas le vœu même d'Éros qui, comme la vérité, aime à se cacher ? Tout cela est perdu dans la mise en scène contemporaine qui ne sait plus que singer la convention hétérosexuelle la plus plate : tous époux, tous parents, que diable !

Je l'ai dit, presque toutes les revendications homosexuelles peuvent, et doivent, être satisfaites. Location ou achat en commun d'un appartement, possibilité d'hériter du partenaire, tous ces droits élémentaires de la vie bourgeoise, il est bon que le corps politique les garantisse aux homosexuels. Il est bon – et cela certes touche à la dignité ! – que le partenaire plus âgé puisse faire du partenaire plus jeune son héritier sans être obligé, comme par le passé, de recourir à la convention humiliante d'une « adoption » mensongère. En même temps, nous sommes tous tenus, homosexuels ou pas, à un certain « devoir de réserve ». Précisément parce que notre régime est un régime de liberté et pour qu'il puisse le rester, nous n'avons pas le droit d'exiger de nos concitoyens qu'ils approuvent nos « styles » ou « contenus de vie » : ce serait tyrannie. Que la dignité de chacun soit respectée, c'est le moins que l'on puisse demander, mais c'est aussi le plus que l'on ait le droit de demander.

Chapitre XVIII

LA CONDITION POLITIQUE DE L'HOMME ET L'UNITÉ DU GENRE HUMAIN

Une conclusion se doit d'être concluante, c'est-à-dire de résoudre le problème, ou les problèmes, qui ont été posés. Une telle conclusion est ici hors de notre portée. Si les problèmes que nous avons considérés étaient solubles – comme est soluble un problème mathématique, ou en général un problème technique –, l'histoire humaine serait achevée, ou en voie d'achèvement. Certains auteurs ont pensé qu'il en était bien ainsi, que la fin de l'histoire était proche parce que l'humanité moderne était en train de résoudre le problème humain. Le plus profond de ces auteurs, parce que le plus conscient de l'ampleur et de la difficulté du problème, c'est Hegel. Certes, il ne pensait pas que le problème humain était un problème technique, ou qu'il était réductible à des problèmes techniques. Quel est pour Hegel le problème humain par excellence ? C'est celui de la *reconnaissance réciproque* : chaque être humain, chacun de nous, désire être reconnu dans son humanité, dans sa liberté, par tous les autres. L'histoire humaine est une longue lutte pour la reconnaissance réciproque. Au début de l'histoire, en Asie, dans les empires asiatiques, un seul est libre : l'empereur. En Grèce, sont libres seulement les citoyens, le petit nombre de ceux qui sont citoyens. Dans l'Europe moderne, à partir de la Révolution française, tous sont libres : l'humanité de tous est reconnue par tous, puisque les droits égaux de tous sont déclarés, reconnus et garantis, au moins en principe. En ce sens-là, l'histoire est achevée. Et en ce sens-là d'ailleurs, on peut donner raison à Hegel. On peut penser qu'un certain résultat humain a été acquis, et acquis définitivement.

Il reste cependant des difficultés, difficultés dont Hegel était parfaitement conscient, mais dont il estimait sans doute que des citoyens rationnels devaient les accepter comme des inconvénients inévitables, et se tenir pour satisfaits. Ces difficultés sont liées aux modalités et aux limites de la reconnaissance. À qui, ou à quoi, s'adresse la reconnaissance des autres ? Qu'est-ce qu'ils « reconnaissent » quand ils me reconnaissent dans mon « humanité » ? La reconnaissance peut s'adresser à la particularité de cet individu, à ce qui fait qu'il est *celui-ci* et non pas celui-là. Ou alors elle peut s'adresser à son humanité en général, à l'humanité qui est en lui. Nous avons vu qu'il y avait là une ambiguïté considérable, ambiguïté qui est à l'origine de débats sociaux et moraux fort vifs. Hegel envisageait une reconnaissance qui enveloppe et la particularité et la généralité, les dépassant l'une et l'autre. L'État moderne est cette institutionnalisation de la reconnaissance réciproque qui dépasse l'opposition du particulier et du général, qui est vraiment concrète : chacun est reconnu non seulement dans sa généralité de citoyen mais encore pour sa contribution particulière à la vie économique et sociale, au « système des besoins ». Les droits généraux de son humanité sont reconnus en même temps que ses talents particuliers sont récompensés.

Ce n'est pas seulement Hegel, c'est tout le XIXe siècle, c'est l'Europe au moins jusqu'à la guerre de 1914 et au-delà, qui a estimé que l'État-nation était la forme supérieure de l'organisation collective, réconciliant la particularité et l'universalité. Une humanité composée de nations indépendantes et démocratiques, liées peut-être par une collaboration croissante, tel fut l'horizon du progressisme du XIXe et du premier XXe siècle. Cette perspective a été abandonnée parce que le crédit de l'État-nation en Europe a été irrémédiablement entamé, sinon ruiné, par les guerres du XXe siècle. Plus précisément, ou plus profondément, ce que ces grandes guerres ont manifesté, c'est que l'État-nation n'était pas seulement le principal moyen, l'instrument éminent, de la reconnaissance réciproque. Il était aussi le contraire, tout le contraire : ce qui empêchait cette reconnaissance réciproque de parvenir à son terme, ce qui produisait même le contraire de la reconnaissance réciproque, à savoir la guerre générale. Ainsi l'État-nation moderne était-il lui aussi affecté, et finalement ruiné, par le phénomène de l'organe-obstacle, ou de l'instrument-obstacle, qui avait affecté et ruiné les formes politiques antérieures.

•

Qu'est-ce que j'appelle le phénomène de l'organe-obstacle, ou de l'instrument-obstacle ? C'est quelque chose de très simple qui peut être observé dans tous les domaines de la vie. Ce qui permet de réaliser un objectif est aussi ce qui empêche d'aller plus loin dans la réalisation de cet objectif, ou même oblige à aller en sens inverse de la réalisation de cet objectif. Ce phénomène est observable dans tous les domaines de la vie, mais c'est dans l'ordre politique peut-être qu'il est le plus saillant et le plus déterminant. Les exemples abondent : la loi, destinée à protéger le faible contre le fort, finit presque inévitablement par avantager le fort contre le faible[1] ; l'État souverain destiné à garantir la paix est un facteur de guerre, etc. Il me semble que ce que les sociologues appellent aujourd'hui « effet pervers » relève de ce phénomène. Par exemple, les institutions et mesures de l'État-providence, destinées à supprimer la misère et à prévenir l'exclusion, contribuent aux yeux de certains, au moins dans certaines circonstances, à perpétuer la misère et à entretenir l'exclusion. Eh bien, c'est au niveau politique que ce phénomène vient au jour de la manière la plus nette, la plus éclatante même et pour ainsi dire la plus dramatique. La vie politique, l'histoire politique, dans ce qu'elles ont de plus profond, l'histoire des formes

1. Voir Rousseau : « L'esprit universel des lois de tous les pays est de favoriser toujours le fort contre le faible, et celui qui a, contre celui qui n'a rien ; cet inconvénient est inévitable, et il est sans exception » (*Émile*, *op. cit.*, livre IV, p. 524 note).

politiques, c'est finalement la manière dont une forme politique apparaît d'abord comme l'instrument de solution d'un problème pour ensuite se révéler un obstacle à cette solution.

Par exemple, la cité grecque surgit comme la découverte par les hommes de leur condition politique, du fait qu'ils sont capables de se gouverner eux-mêmes. Les hommes réalisent leur nature en se gouvernant dans le cadre et par le moyen de la cité. Ils réalisent leur nature universelle – commune à *tous* les hommes – dans une cité particulière, ne comprenant qu'un *petit nombre* d'hommes, une cité dont la particularité est insurmontable et finit par faire échouer le projet de gouvernement de soi par soi. La particularité, la limite, de la cité se donne à voir dans le fait que la cité est toujours une cité parmi d'autres cités, avec lesquelles elle est toujours potentiellement en guerre, et dans le fait aussi que, à l'intérieur de la cité, c'est le petit nombre – le petit nombre du petit nombre – qui est citoyen. Je ne reprends pas l'histoire des formes politiques, je rappelle simplement qu'à partir d'un certain moment, l'État-nation a connu le destin de la cité grecque ; il est apparu aussi *particulier* qu'elle, aussi incapable de résoudre le problème de la réalisation de la liberté humaine.

On est tenté de dire, raisonnant par analogie, qu'une nouvelle forme politique, plus universaliste que l'État-nation, ou qui sera à l'État-nation ce que celui-ci fut à la cité grecque, va probablement apparaître, pleine de promesses d'abord, puis décevante, et qu'il apparaîtra tôt ou tard qu'elle n'est pas plus capable de résoudre le problème de la reconnaissance réciproque que ne le furent la cité ou l'État-nation. Ou plutôt, on est tenté de dire que l'Europe en construction est cette forme politique nouvelle, qui est à l'État-nation ce que celui-ci fut à la cité. J'ai longuement expliqué pourquoi je ne pensais pas que « l'Europe », telle qu'elle s'élabore depuis un demi-siècle, offre une telle perspective : précisément en tant que forme politique, elle reste indéterminée. Je l'ai souligné, l'ambiguïté irrésolue de « l'Europe » tient à ceci qu'elle désigne deux choses rigoureusement contra dictoires : ou bien une nouvelle nation, une grande, très grande nation, capable d'être un des grands protagonistes du nouveau siècle avec les États-Unis, la Chine, etc. ; ou bien tout le contraire, non pas un nouveau corps politique, mais l'institutionnalisation de la fin du politique, la réduction de la vie commune aux droits et aux règles de la société civile et de la civilisation. Il me semble que toutes nos dispositions nous poussent vers le second terme de l'alternative.

« L'Europe » est une promesse politique parce qu'elle promet la sortie du politique, l'adieu au politique. Ainsi échapperons-nous aux limites, et à la déception, inséparables de toute forme politique. Tous les éléments définissant la situation nouvelle, ou la situation présente en tant qu'elle est nouvelle, vont dans la même direction. Nous avons le sentiment que le monde se dispose pour sortir de l'âge du politique, pour s'organiser sans la médiation du politique, et nous acquiesçons à ce mouvement parce qu'il semble promettre la réalisation finale de la reconnaissance réciproque. Ce qu'aucune forme politique n'avait permis de réaliser complètement, la sortie du politique va nous permettre de l'accomplir. Un monde méta-, ou post-politique s'annonce, un monde immédiatement humain.

•

Il faut souligner l'adverbe *immédiatement*. L'humanité moderne est impatiente à l'égard de toutes les médiations. Dans les siècles antérieurs, prédémocratiques, la reconnaissance réciproque passait par une multitude de formes qu'il était impératif de respecter ; elle était conditionnée, et donc limitée, par ces formes. La politesse et les cérémonies jouaient un rôle politique éminent. Il y avait une manière différente de s'adresser à, et de se conduire avec, les hommes et les femmes, les militaires et les civils, les ecclésiastiques et les laïcs, les jeunes et les vieux, les supérieurs et les inférieurs, etc. La démocratie a progressivement érodé ces formes, ces médiations qui, en maintenant un ordre compartimenté et hiérarchique, rendaient impossible la reconnaissance de l'humanité comme telle, de l'humanité sans particularisation sociale, sexuelle, professionnelle, etc. La démocratie recherche dans tous les domaines cette expression humaine commune qui signifie qu'on appartient comme les autres à la même humanité. Le comportement, le langage, les vêtements, doivent manifester cette inclusion. Avant, il s'agissait de se distinguer, par ses vêtements, son langage, sa conduite, de montrer qu'on était « distingué » précisément, en tout cas bien élevé, qu'on avait des manières, qu'on savait se tenir, etc. Aujourd'hui, l'impératif social a changé, il s'est pour ainsi dire inversé. Ce n'est pas que les êtres humains dans nos sociétés éprouvent moins le désir de se distinguer : ce désir semble inscrit dans la nature morale de l'homme. Mais on se distingue aujourd'hui en montrant son aptitude à faire usage du langage, des vêtements, des allures, qui manifestent cette humanité immédiate, commune, naturelle, informelle. On se distingue aujourd'hui en étant *cool*.

Qu'est-ce qui est *cool* ? Ici, il faut faire attention. Le *cool* n'est pas le contraire du distingué ; le contraire du distingué, c'est le commun, le vulgaire, qui peut aller jusqu'au débraillé. Le débraillé manifeste seulement l'absence, ou éventuellement le rejet, des formes élémentaires du vêtement ou du geste. Le *cool* manifeste la présence immédiate de l'humanité commune par-delà les formes, de l'humanité qui n'a pas besoin de formes pour être. La chemise qui sort du pantalon, c'est débraillé. La chemise sans cravate, dont le col ouvert, libre du nœud cruel, symbolise si bien la liberté de la nature, la chemise sans cravate, c'est *cool*. Ces choses de la vie, apparemment très superficielles, sont bien sûr très révélatrices. Jusqu'à une date récente, un homme politique, même dans un régime démocratique, devait marquer par son langage, ses vêtements, sa tenue générale, la dignité de sa fonction, qui représentait ultimement la dignité et la grandeur de l'État et de la nation. Aujourd'hui, il doit marquer deux choses : d'abord bien sûr qu'il est *cool*, c'est-à-dire, comme nous venons de le voir, que l'humanité commune est présente en lui immédiatement, sans forme qui la masque et qui le distingue ; ensuite, ou en même temps, qu'il est humain, compatissant, *caring*, non pas d'abord qu'il a souci de l'intérêt et de la grandeur de l'État, mais qu'il est capable de répondre immédiatement à la douleur des autres, indépendamment de toute considération politique. Un homme politique aujourd'hui est difficilement éligible s'il ne manifeste pas ces deux qualités, ou ces deux caractéristiques. Aujourd'hui en France, la cohabitation entre le président de la République et le Premier ministre ressemble souvent à un double concours de *cool* et de compassion ostentatoire.

Ces remarques pourraient bien sûr être indéfiniment prolongées et raffinées. Ce que je voulais marquer, c'est la force de l'exigence d'immédiateté. Il s'agit pour chacun, et d'abord pour les hommes politiques qui nous représentent, de donner à voir et pour ainsi dire à toucher sa propre humanité, qui réagit immédiatement par la sympathie à l'humanité d'autrui. Le phénomène n'est pas limité à la vie sociale et politique. Le désir, l'exigence d'immédiateté tend à dominer tous les aspects de la vie démocratique moderne. Il serait intéressant d'étudier sous cet angle l'art moderne. Je ne suis nullement un spécialiste, et je vais dire des choses très sommaires, mais il me semble que son évolution, ou le principe de son évolution, est aussi celui de la suppression des formes et des médiations. Prenons la peinture, dont le destin a déterminé celui de l'art moderne en général : l'égalisation des genres, l'abandon de la perspective, le rejet des conventions de la représentation, tout cela pointe vers une expérience qui se veut pure, simple et absolue, l'expérience que l'homme fait de lui-même en tant que créateur. Expérience détachée du reste de la vie politique et sociale, religieuse et intellectuelle, expérience qui se veut à la fois élémentaire et totale, expérience que l'être humain fait de son humanité. C'est pourquoi l'art moderne est essentiellement non figuratif. Paradoxalement, c'est pour être plus purement humain. L'art figuratif, l'art de l'imitation et de la ressemblance, entre en réseau et en résonance avec les autres expériences, politiques, sociales et morales, communique avec elles, se confond pour partie avec elles, et pour autant ne peut provoquer une expérience « pure », ou purement et simplement humaine. On comprend que l'art non figuratif paraisse à beaucoup conduire au « non-art », ou à des expressions qui relèvent de l'« imposture ». Sa logique est en effet de supprimer de plus en plus tout ce qui manifeste un travail d'élaboration raffiné – les signes d'un tel travail sont une sorte de « figuration » –, d'aller vers l'art « brut », c'est-à-dire vers la proclamation arbitraire et la présentation immédiate comme une œuvre d'art d'une chose non élaborée.

On pourrait dire que, de toutes parts, dans tous les domaines de sa vie, l'homme contemporain cherche une expérience immédiate de lui-même et de l'humanité. *Cool*, compatissant, artiste, ou plutôt « créateur », c'est le même désir, ou le même projet, qui est à l'œuvre. (J'aurais pu aussi bien parler du refus des médiations, et d'abord de la durée, dans la vie sentimentale : la représentation contemporaine substitue l'abréviation du « sexe » à la longue et lente herméneutique de l'amour.)

Or, et c'est ici que se rejoignent les fils du propos, le grand obstacle, la grande entrave, à cette expérience immédiate, c'est l'ordre politique en tant que tel, parce qu'il est la grande médiation, ou la médiation des médiations.

•

Qu'est-ce que je veux dire par ces expressions ? Quelque chose de très simple, mais qui est souvent oublié, ou plutôt interprété de manière réductrice et négative. On voit le rapport du politique aux autres aspects de la vie comme un rapport extérieur et essentiellement oppressif. Le politique, remarque-t-on, intervient de mille façons dans la vie privée des citoyens, y compris dans le travail des artistes. Dans le pire des cas, il impose, dicte, ou alors interdit ou réprime certaines activités, certaines opinions ; dans le meilleur des cas, il les autorise, il les laisse libres, il les « encourage » et même il les « subventionne ». Mais, interdiction ou autorisation, c'est toujours un rapport extérieur que l'on décrit. En réalité, si bien sûr les phénomènes auxquels je viens de faire allusion forment la matière de l'histoire politique et sociale, ils n'en présentent que la face visible, extérieure. On pourrait dire, plus généreusement et, je crois, plus exactement, que le politique fait tenir ensemble les divers aspects de la vie humaine, individuelle comme sociale. Une forme, un régime politique, c'est une certaine manière, toujours partiale certes, et même toujours répressive en quelque mesure, mais une certaine manière de faire tenir ensemble les divers aspects de la vie humaine. Le politique permet aux diverses expériences de communiquer les unes avec les autres, et il les oblige à ainsi communiquer, à chaque fois selon la forme et le régime. Voilà pourquoi je disais que le politique était la grande médiation ou la médiation des médiations : il empêche qu'aucune expérience prétende à la validité absolue, il l'empêche de saturer le champ social et la conscience individuelle, il l'oblige à coexister et à communiquer avec les autres expériences. En ce sens, le politique est le gardien de la richesse et de la complexité de la vie humaine.

Si cette analyse a quelque chose de vrai, il devient clair que l'homme démocratique que nous avons décrit est particulièrement hostile à l'ordre politique en tant que tel dans la mesure où celui-ci entrave l'immédiateté des expériences. De fait, l'ordre politique démocratique lui-même a quelque chose d'antipolitique, puisqu'il prétend réduire le plus possible la place du politique : le politique n'est que le représentant et l'instrument des individus qui « font valoir à leur gré leur indépendance », comme le dit Montesquieu des Anglais. L'ordre démocratique se donne pour tâche de préserver l'authenticité de chaque expérience : il autorise et il protège. Il autorise et il protège chaque expérience et chaque liberté, dans l'égalité, au moins en principe. Il encourage donc chaque expérience à se vouloir toujours plus authentique, toujours plus immédiate et absolue, mais il ne peut faire qu'il ne la frustre car elle voudrait être la seule authentique, et il doit protéger les autres expériences, toutes les autres, dans l'égalité. En ce sens, l'ordre démocratique paraît le plus pesant parce qu'il veut être, et est sans doute effectivement, le plus léger.

L'ordre politique démocratique reste toujours la grande médiation, mais il exerce cette médiation d'une manière paradoxale, par des séparations. Nous l'avons vu, notre régime s'organise sur des séparations : séparation entre l'État et la société, séparation des pouvoirs, séparation entre les valeurs, etc. Et nous venons de le voir, nous lui demandons de protéger l'authenticité, la pureté, de chacune de nos expériences, c'est-à-dire sa séparation d'avec toutes les autres. D'où le paradoxe que je notai à l'instant, qu'à certains égards, ou aux yeux de certains, l'ordre démocratique paraît le plus pesant alors qu'il est construit pour être le plus léger. Je m'arrête un instant sur ce point.

Les ordres politiques prédémocratiques sont toujours explicitement, officiellement, contraignants : il s'agit d'obéir à la loi. Chaque expérience humaine sait qu'elle doit tenir compte des autres. Elle voudrait bien être la seule, et immédiate, et absolue, mais cette possibilité ne lui est pas ouverte : elle est obligée de tenir compte des autres, et de participer à une élaboration commune réglée par la loi. Dans l'ordre politique démocratique, je viens de le dire, chaque expérience est autorisée à être ce qu'elle est, et protégée dans sa spécificité et son authenticité. Par là même elle est encouragée à se vouloir unique, immédiate et absolue. Elle est donc encouragée à se révolter contre l'ordre politique démocratique lui-même.

On peut rencontrer alors deux possibilités. Ou bien elle se révolte contre l'ordre politique démocratique dans ce qu'il a de démocratique, et le sujet s'oriente alors vers une forme ou une autre de projet totalitaire qui mettra fin aux séparations : c'est le politique lui-même qui devient l'objet et l'élément de l'expérience désirée, de l'expérience immédiate et absolue. D'où la surpolitisation des mouvements totalitaires et la complaisance de beaucoup d'artistes pour ces mouvements au moins dans les débuts. Ou bien l'expérience se révolte contre l'ordre politique démocratique dans ce qu'il a de politique, le sujet forme alors le projet de sortir du politique afin de sortir définitivement du monde des médiations. Le XXe siècle a connu la, ou les, tentations totalitaires. Nous sommes en train de connaître la tentation antipolitique ou humanitaire, tentation certes beaucoup plus douce, et donc plus tentante, mais on observera peut-être bientôt que la dépolitisation humanitaire n'est à terme guère plus vivable que la surpolitisation totalitaire.

•

Bien entendu, le désir, ou le projet, de sortir du politique n'est pas engendré seulement par le mécanisme politique et psychologique que je viens d'essayer de décrire. Il est motivé aussi par des développements observables qui rendent une telle transformation de la vie collective, plausible, raisonnable, souhaitable. Nous avons rencontré trois grands développements allant dans ce sens :

– L'émancipation du *commerce*. Le commerce lie ensemble des individus – non pas nécessairement des concitoyens – qui, chacun pour lui-même et librement, font le calcul de leur intérêt. La dépendance réciproque est tout entière médiatisée par l'intérêt privé ; elle s'exprime tout entière, elle passe tout entière par l'intérêt privé. On pourrait dire : dans la relation commerciale, je dépends de l'autre, mais je ne pense qu'à moi. Sous l'empire du commerce, l'ordre naît spontanément de l'interaction des libertés individuelles à la recherche de leur intérêt, c'est un ordre entre égaux (« le commerce est la profession des gens egaux », disait Montesquieu), qui se substitue progressivement, car il le rend inutile, à l'ordre du commandement.

– L'émancipation du *droit*. Cet homme indépendant, libre, égal, se définit comme l'être qui a des droits. Ces droits ne sont pas uniquement des droits individuels ou privés ; ils sont aussi des droits politiques ou civiques. Mais tous ces droits, attributs de l'être qui a des droits, s'enracinent exclusivement dans l'individu. Ils sont des attributs de tout être humain en tant qu'humain. Tendanciellement, ou idéalement, ils sont déclarés et garantis par les juges – des juges de plus en plus indépendants de l'ordre politique, ou qui devraient l'être. Cependant, nous l'avons vu, ce pouvoir des juges se fondant sur les droits de l'homme qui sont naturellement accessibles, compréhensibles à tout être humain, tout être humain devient en quelque sorte juge et défenseur des droits de l'homme. Ce qui nous conduit au troisième développement.

– L'émancipation de la *morale*. La morale n'a sans doute jamais été simplement sociale, jamais simplement l'expression des hiérarchies et conventions sociales. Mais, dans l'ordre prédémocratique, elle se spécifiait, nous l'avons vu, selon les divers sujets et destinataires de l'action ou de la conduite : selon qu'ils étaient homme ou femme, socialement inférieur ou supérieur, etc. À partir d'un certain moment, la morale se détache de la trame sociale, elle devient pur rapport humain à l'humain, rapport de l'être simplement humain à l'être simplement humain. C'est le moment où, selon l'expression de Kant, être homme devient une dignité, et la dignité suprême.

Le commerce, le droit, la morale : tels sont donc les trois systèmes, les trois empires qui, chacun dans son registre, promettent la sortie du politique. Chacun dans son registre : le commerce selon le réalisme, le prosaïsme, de l'intérêt bien compris ; le droit selon la cohérence intellectuelle d'un réseau de droits qui se déduisent rigoureusement du fait de l'autonomie individuelle ; la morale enfin selon la visée sublime de la pure dignité humaine à laquelle on se rapporte par ce sentiment purement spirituel qu'est le respect. De sorte que, si l'on considère ensemble les trois systèmes, le commerce, le droit et la morale, il semble que s'affirme irrésistiblement la promesse d'un monde nouveau et complet, à la fois réaliste et idéaliste, avec de quoi satisfaire le corps, l'esprit et l'âme, un monde nouveau et complet, mais sans politique. Ce n'est pas que la politique doive nécessairement disparaître sans laisser de trace, mais elle ne sera plus, elle n'est déjà plus, que l'instrument de ces trois grandes instances non politiques, l'instrument du commerce, l'instrument du droit, l'instrument de la morale. Nous en sommes là.

•

Encore une fois, il est compréhensible que l'on se laisse séduire par une telle perspective. Je ne crois pas cependant qu'elle soit raisonnable. Pourquoi ? On ne peut se contenter de dire qu'il s'agit d'une utopie, qu'il est impossible de gouverner les hommes, ou de régler leurs relations, simplement par le commerce, le droit et la morale, que le commandement et la force seront toujours nécessaires dans certaines circonstances. D'ailleurs, l'utopie en question n'exclut nullement l'usage de la force – simplement, la force sera employée exclusivement au service de la morale, du droit, éventuellement de la liberté du commerce. La faiblesse intérieure du nouvel empire humanitaire est plus subtile et plus profonde que ne le suggèrent les critiques simplement réalistes.

Il s'agit d'une faiblesse *morale*. Dans l'action humanitaire, *on ne sait pas ce que l'on fait*. Mais comment, direz-vous, rien n'est plus clair, défini, évident, que le propos de l'action humanitaire : sauver des vies, mettre un terme à des exactions, etc. ! Certes, mais voyons les choses de plus près.

D'abord, le principe humanitaire est silencieux sur le sujet de l'action. Si l'on ne prend en compte que l'urgence humanitaire, alors n'importe qui est autorisé en principe à « intervenir ». Dans le cas du Kosovo, une alliance islamique aurait été justifiée à intervenir, en place de l'Otan, pour protéger les musulmans du Kosovo. Ou alors la Turquie toute seule, qui a gouverné ces régions pendant des siècles. Ou, pourquoi pas, l'Italie voisine ? Ou n'importe quel pays, ou groupe d'hommes, vivement ému par le sort des Kosovars. Bref, au nom de l'urgence humanitaire, n'importe qui est autorisé à faire n'importe quoi. Plus précisément, le langage du « devoir d'ingérence » contribue à rétablir ce que la première philosophie politique moderne appelait l'état de nature. Dans l'état de nature, chacun est autorisé à juger et à punir les violations de la loi de nature, et cela conduit à la guerre de tous contre tous. L'exigence humanitaire est une exigence bien réelle, mais il ne faut pas se dissimuler que, abandonnée à sa seule logique, elle signifie la guerre de tous contre tous.

Par ailleurs, la guerre humanitaire, ou plutôt l'action militaire à but humanitaire, revêt nécessairement des caractères spécifiques qui en font un instrument très approximatif pour ordonner les choses humaines. Dans une guerre « normale », les buts de guerre, déterminés par l'instance politique, orientent tous les constituants de l'action. Si les acteurs sont normalement civilisés, ils s'efforceront de limiter non seulement leurs propres pertes, mais aussi les pertes civiles de l'ennemi. Bien entendu, cette considération « humanitaire » est subordonnée à la réalisation des buts de guerre. Le problème de l'action militaire à but humanitaire, c'est qu'elle n'est pas unifiée, finalisée, par un but politique. Nos troupes sont en Bosnie et au Kosovo, elles y resteront sans doute longtemps, mais *pour quoi faire*, personne en vérité ne le sait. Dans l'action humanitaire, puisque le but politique est absent, les différents éléments de l'action sont indépendants les uns des autres, et chacun d'eux prétend à la primauté : il s'agit bien sûr de faire plier l'ennemi, ou plutôt le criminel, mais tout autant d'éviter les pertes civiles et tout autant de réduire le plus possible les pertes de l'armée humanitaire. En pratique, c'est la troisième exigence qui l'emporte, la considération normalement subordonnée devenant principale. On se trouve alors dans cette situation étrange où des soldats ont pour principal objectif non pas de réaliser leurs buts de guerre, mais de réduire leurs pertes, si possible jusqu'à zéro. Et, bien entendu, comme on l'a vu dans les bombardements de l'Otan sur la Serbie et le Kosovo, les militaires, pour réduire leurs pertes, prennent le risque de multiplier les pertes civiles, ce qui les met en contradiction avec leur objectif humanitaire.

Cette situation ne tient nullement à un manque de courage dans les armées d'aujourd'hui, ni même aux habitudes de l'armée américaine, mais à la logique humanitaire elle-même, plus précisément et plus profondément à la logique de la compassion. La compassion réduite à elle-même a deux effets : le premier est assurément de vouloir porter secours à celui qui souffre, et même de prendre le risque de « mourir pour Pristina » ; mais le second est tout autre, et finalement contraire. La compassion, en tournant l'attention vers la vie, le corps, la souffrance, avive en chacun le désir de ne pas souffrir, et bien sûr de ne pas mourir. Comme Rousseau l'avait bien vu, la compassion réduite à elle-même est inséparable du bonheur de ne pas souffrir soi-même Le sentiment de l'autre en quoi consiste la compassion exacerbe le sentiment de soi. Réduite à elle-même, la compassion ne conduit qu'à une action timide et velléitaire. Motif faible et équivoque, la seule compassion ne saurait en tout cas motiver une action durable et cohérente.

Aucun ordre nouveau satisfaisant ne pourra être établi sur des bases simplement humanitaires.

Par ce détour, nous retrouvons le sens de l'ordre politique. Il semble moins pur, moins noble, moins humain, que l'ordre humanitaire. Il n'est pas l'ordre humain universel, il ne s'adresse pas immédiatement à l'homme en tant qu'homme. Mais, précisément, il permet de tisser ensemble d'une manière efficace le sentiment de soi et le sentiment de l'autre. Pourquoi ? Parce que, dans l'ordre politique, le soi et l'autre ont quelque chose *en commun* : l'ordre politique précisément, le corps politique, la république qui est *chose commune*. Dans l'ordre politique, par suite de cette mise en commun, il y a une sorte de confusion active de soi et de l'autre : il est alors possible pour l'individu de s'oublier soi-même et de se sacrifier, dans un sacrifice à la fois égoïste et généreux, le sacrifice patriotique. C'est Rousseau encore qui, attentif aux vertus et aux limites de la compassion humaine générale, souligna que le patriotisme est la source des plus grandes vertus, qu'on n'en a pas trouvé d'autre, et que sans doute on n'en trouvera pas d'autre. Pour que le sentiment humain ait de la force, une force durable, nous dit-il, il faut le concentrer dans une cité particulière. Si vous l'étendez à l'humanité entière, il est plus juste et plus moral certes, au moins en principe, mais il est beaucoup plus faible, trop faible pour soutenir une association humaine tolérablement juste et heureuse.

La promesse de progrès moral contenue dans la sensibilité humanitaire contemporaine restera stérile si nous ne savons pas dessiner le cadre politique dans lequel elle pourra produire des effets réels et durables. Il n'y aura d'ordre nouveau que si nous acceptons résolument les contraintes de l'ordre ancien, c'est-à-dire les contraintes de notre condition politique. Et ces contraintes comportent à leur tour une promesse, celle d'accomplir l'humanité de l'homme sans illusion, mais dans la vérité de sa nature politique.

INDEX

TABLE DES MATIÈRES

tel

Volumes parus

235. Galien : *Œuvres médicales choisies*, tome 1 *(De l'utilité des parties du corps humain).*
236. Galien : *Œuvres médicales choisies*, tome 2 *(Des facultés naturelles — Des lieux affectés — De la méthode thérapeutique, à Glaucon).*
237. Aristote : *De l'âme.*
238. Jacques Colette : *Kierkegaard et la non-philosophie.*
239. Shmuel Trigano : *La demeure oubliée (Genèse religieuse du politique).*
240. Jean-Yves Tadié : *Le récit poétique.*
241. Michel Heller : *La machine et les rouages.*
242. Xénophon : *Banquet* suivi d'*Apologie de Socrate.*
243. Walter Laqueur : *Histoire du sionisme*, I.
244. Walter Laqueur : *Histoire du sionisme*, II.
245. Robert Abirached : *La crise du personnage dans le théâtre moderne.*
246. Jean-René Ladmiral : *Traduire, théorèmes pour la traduction.*
247. E.E. Evans-Pritchard : *Les Nuer (Description des modes de vie et des institutions politiques d'un peuple nilote).*
248. Michel Foucault : *Histoire de la sexualité, tome I (La volonté de savoir).*
249. Cicéron : *La République* suivi de *Le Destin.*
250. Gilbert Gadoffre : *Du Bellay et le sacré.*
251. Claude Nicolet : *L'idée républicaine en France (1789-1924). Essai d'histoire critique.*
252. Antoine Berman : *L'épreuve de l'étranger.*
253. Jean Bollack : *La naissance d'Œdipe.*
254. Donald Kenrick et Grattan Puxon : *Destins gitans.*
255. Isaac Newton : *De la gravitation* suivi de *Du mouvement des corps.*
256. Eberhard Jäckel : *Hitler idéologue.*
257. Pierre Birnbaum : *Un mythe politique : la « République juive ».*

258. Peter Gay : *Le suicide d'une République (Weimar 1918-1933).*
259. Friedrich Nietzsche : *La volonté de puissance, I.*
260. Friedrich Nietzsche : *La volonté de puissance, II.*
261. Françoise van Rossum-Guyon : *Critique du roman (Essai sur « La Modification » de Michel Butor).*
262. Leibniz : *Discours de métaphysique* suivi de *Monadologie.*
263. Paul Veyne : *René Char en ses poèmes.*
264. Angus Wilson : *Le monde de Charles Dickens.*
265. Sénèque : *La vie heureuse* suivi de *Les bienfaits.*
266. Rémy Stricker : *Robert Schumann.*
267. Collectif : *De Vienne à Cambridge.*
268. Raymond Aron : *Les désillusions du progrès.*
269. Martin Heidegger : *Approche de Hölderlin.*
270. Alain Besançon : *Les origines intellectuelles du léninisme.*
271. Auguste Comte : *Philosophie des sciences.*
272. Aristote : *Poétique.*
273. Michel Butor : *Répertoire littéraire.*
275. Xénophon-Aristote : *Constitution de Sparte - Constitution d'Athènes.*
276. Isaac Newton : *Écrits sur la religion.*
277. Max Horkheimer : *Théorie traditionnelle et théorie critique.*
278. Gaëtan Picon : *L'écrivain et son ombre (Introduction à une esthétique de la littérature, I).*
279. Michel Foucault : *Histoire de la sexualité, tome 2 (L'usage des plaisirs).*
280. Michel Foucault : *Histoire de la sexualité, tome 3 (Le souci de soi).*
281. Collectif : *Les Stoïciens, tome 1.*
282. Collectif : *Les Stoïciens, tome 2.*
283. Ludwig Wittgenstein : *Carnets 1914-1916.*
284. Louis Dumont : *Groupes de filiation et alliance de mariage.*
285. Alfred Einstein : *Schubert. Portrait d'un musicien.*
286. Alexandre Kojève : *Essai d'une histoire raisonnée de la philosophie païenne, I (Les Présocratiques).*
287. Alexandre Kojève : *Essai d'une histoire raisonnée de la philosophie païenne, II (Platon - Aristote).*
288. Alexandre Kojève : *Essai d'une histoire raisonnée de la philosophie païenne, III (La philosophie hellénistique - Les néo-platoniciens).*
289. Karl Schlechta : *Le cas Nietzsche.*
290. Valery Larbaud : *Sous l'invocation de saint Jérôme.*

291. Alain Jouffroy : *De l'individualisme révolutionnaire.*
292. Laurent Clauzade : *L'Idéologie ou la révolution de l'analyse.*
293. Marcel Detienne : *Dionysos mis à mort.*
294. Henri Heine : *De l'Allemagne.*
295. Ernst Bloch : *Traces.*
296. Aristote : *Rhétorique.*
297. Friedrich List : *Système national d'économie politique.*
298. Emmanuel Jacquart : *Le théâtre de dérision (Beckett - Ionesco - Adamov).*
299. Alexandre Kojève : *L'athéisme.*
300. Mario Praz : *La chair, la mort et le diable dans la littérature du XIXe siècle.*
301. Jean Starobinski : *L'œil vivant.*
302. Alain : *Balzac.*
303. Mona Ozouf : *Les Mots des femmes.*
304. Philippe Muray : *Le XIXe siècle à travers les âges.*
305. Philippe Muray : *Désaccord parfait.*
306. Nietzsche : *Mauvaises pensées choisies.*
307. David Schoenbaum : *La révolution brune.*
308. Alfred Sauvy : *La vieillesse des nations.*
309. Charles Rosen : *Le style classique. Haydn, Mozart, Beethoven.*
310. Kostas Papaioannou : *Marx et les marxistes.*
311. Ludwig Wittgenstein : *Tractatus logico-philosophicus.*
312. Philippe Muray : *Céline.*
313. Wladimir Granoff : *Filiations (L'avenir du complexe d'Œdipe).*
314. Jean Starobinski : *La relation critique.*
315. Pierre Manent : *Les libéraux.*
316. Marc Fumaroli : *La diplomatie de l'esprit.*
317. Marcel Gauchet : *La démocratie contre elle-même.*
318. Bertrand de Jouvenel : *Arcadie. Essai sur le mieux-vivre.*
319. John Maynard Keynes : *La pauvreté dans l'abondance.*
320. John Maynard Keynes & Jacques Bainville : *Les conséquences économiques de la paix. Les conséquences politiques de la paix.*
321. Bernard de Fallois : *Simenon.*
322. Léon Bloy : *L'Âme de Napoléon.*
323. Patrice Gueniffey : *La politique de la Terreur.*
324. Denis Lacorne : *La crise de l'identité américaine.*
325. Angelo Tasca : *Naissance du fascisme. L'Italie de l'armistice à la marche sur Rome.*

Ouvrage reproduit
par procédé photomécanique.
Impression Société Nouvelle Firmin-Didot
à Mesnil-sur-l'Estrée, le 6 septembre 2004.
Dépôt légal : septembre 2004.
Numéro d'imprimeur : 68961.

ISBN 2-07-076728-0/Imprimé en France.

14881